Michael Tilly
So lebten Jesu Zeitgenossen

ctb calwer taschenbibliothek 113

Michael Tilly

So lebten Jesu Zeitgenossen

Alltag und Glaube im antiken Judentum

Calwer Verlag Stuttgart

Bibliografische Information der Deutschen Bibliothek

Die Deutsche Bibliothek verzeichnet diese Publikation
in der Deutschen Nationalbibliografie; detaillierte
bibliografische Daten sind im Internet über
http://dnb.ddb.de abrufbar.

ISBN 978–3–7668–4062–2

© 2008 by Calwer Verlag Stuttgart
Alle Rechte vorbehalten. Abdruck, auch
auszugsweise, nur mit Genehmigung des Verlags.
Umschlaggestaltung: ES Typo-Graphic, Stuttgart
Umschlagmotiv: Mosaikkarte von Madeba (Ausschnitt), um 560 n. Chr.
Satz und Herstellung: Karin Klopfer, Calwer Verlag
Druck und Verarbeitung: AZ Druck und Datentechnik, Kempten/Allgäu

E-mail: info@calwer.com
Internet: www.calwer.com

Inhalt

1. Vom Bildschirm zur Tonscherbe 7
   1.1 Wir wissen viel und verstehen wenig 7
   1.2 Strukturen des antiken Judentums 14
   1.3 Die Quellen 29
       1.3.1 Die Schriften des Neuen Testaments 29
       1.3.2 Jüdische Schriften aus hellenistisch-römischer
             Zeit 31
       1.3.3 Die rabbinische Traditionsliteratur 34
       1.3.4 Philon von Alexandria 39
       1.3.5 Flavius Josephus 40
       1.3.6 Griechische und römische Autoren 42
       1.3.7 Nichtliterarische Quellen 43
       1.3.8 Archäologische Quellen 43

2. Zu Gast bei Juda und Mirjam 45
   2.1 Wir mühen uns ab mit unserer Hände Arbeit 46
   2.2 Gebt dem Kaiser, was des Kaisers ist 57
   2.3 Geh hin in dein Haus zu den Deinen 70
   2.4 Und es entstand Zwietracht unter ihnen 86

3. In der Synagoge von Kapernaum 102
   3.1 Sie gingen am Sabbat in die Synagoge 102
   3.2 Und Mose wird alle Sabbattage in den
       Synagogen gelesen 119

4. Der Tempel in Jerusalem 127
   4.1 Es war aber nahe das Laubhüttenfest der Juden ... 127
   4.2 Geht ihr hinauf zum Fest! 132
   4.3 Und er soll Gott täglich ein Brandopfer darbringen ... 139
   4.4 Abschied von Juda und Mirjam 149

5. Anhang 151
　Zeittafel 151
　Karte: Palästina in hellenistisch-römischer Zeit 155
　Glossar 156
　Quellennachweis 159
　Sachregister 160
　Anmerkungen 163

1. Vom Bildschirm zur Tonscherbe

1.1 Wir wissen viel und verstehen wenig

Was haben Internet und Digitalfernsehen mit der Zeit des antiken Judentums und der ersten Christinnen und Christen zu tun? Worin liegt der Unterschied zwischen der Welt, wie sie die Menschen in Palästina im 1. Jahrhundert n. Chr. aus ihrem ganz persönlichen Blickwinkel wahrgenommen haben, und unserer Art und Weise, die Welt ringsum zu betrachten? Lesen wir heute beispielsweise in den Büchern des Neuen Testaments, fällt es uns oft nicht leicht zu verstehen, welche immense Bedeutung man hier der Religion, dem Kult und einem dem Anspruch Gottes gemäßen Leben in Frömmigkeit und Reinheit beimaß. Viele Jahrhunderte sind seitdem vergangen und die Welt hat sich weitergedreht. Unser Leben verläuft in vieler Hinsicht völlig anders als das Leben der Menschen in der hellenistisch-römischen Antike. Manche sind recht froh darüber, manche bedauern es: Religion ist kein bestimmender Faktor in unserer modernen westlichen Gesellschaft mehr. Für die meisten von uns ist die Kirche nicht mehr das Zentrum des öffentlichen Lebens. Persönliche Frömmigkeit und kirchengemeindliches Engagement oder gar Kirchentage und Pilgerfahrten werden von immer mehr Menschen als rein individuelle religiöse Aktivitäten und spirituelle Erlebnisse gewertet. Der Gedanke, dass das, was in einer Kirche oder in einer Gemeinde geschieht, den Verlauf des Geschehens in der Welt direkt beeinflussen könnte, erscheint heute auch den meisten Christinnen und Christen ebenso abwegig wie die Vorstellung, durch den eigenen Kirchenaustritt oder -ausschluss alle persönlichen Bindungen und sozialen Absicherungen zu verlieren.

Knapp zwei Jahrtausende liegen zwischen uns und den jüdischen Zeitgenossen Jesu und den ersten Christen. Zwei Jahrtausende, in denen uns die Lebensbewältigung und die Lebensauffassung dieser Menschen fremd geworden sind. Lesen wir heute im Neuen Testament Geschichten aus dieser so völlig fernen und oftmals schwer verständlichen Welt, holen wir dabei viel zu oft Vorstellungen aus der Requisitenkammer unserer Phantasie, die bestenfalls aus der Tradition der christlichen Kunst, oft jedoch direkt aus Hollywood kommen. Mit wirklichen Lebensumständen der Menschen in der Antike haben diese Vorstellungen in den meisten Fällen recht wenig zu tun.

Vieles von dem, was uns bei der biblischen Lektüre begegnet, kommt in Bildern daher, die aus Kinderbibel und Gemäldegalerie, aus Passionsspiel und Monumentalfilm stammen. Dies alles verklebt unsere Phantasie und versperrt uns den Blick darauf, was Geschichtswissenschaft und Archäologie über die Menschen im 1. Jahrhundert n. Chr., über ihr Leben und auch über ihre Art und Weise, die Welt zu betrachten, herausgefunden haben.

Wir sehen ihre Welt mit unseren Augen, verschwommen und verzerrt. Das eigentliche Problem dabei steckt aber noch viel tiefer: Internet und Satellitenfernsehen sowie andere visuelle Medien vermitteln uns den Eindruck, weitaus mehr wahrzunehmen, als wir mit unseren eigenen Augen sehen. Das ist zwar prinzipiell eine großartige Sache, aber es verleitet uns zu einer Überschätzung des Ausschnittes der Wirklichkeit, den wir tatsächlich überblicken können.

Wir sind (oder halten uns zumindest für) umfassend informiert. Mobiltelefone, iPhones und BlackBerrys erlauben uns, mit anderen Menschen zu kommunizieren, wo auch immer wir uns befinden. Das aktuelle Geschehen an unserem Wohnort, in unserem Land und auf der ganzen Welt bringen uns Kabel und Satelliten zeitnah auf den heimischen Flachbildschirm. Ob im Nachbarort eine fernöstliche Sekte eine Filiale eröffnet hat oder ob auf der anderen Seite des Globus Christen unterdrückt werden – die täglichen Nachrichten liefern uns alles, was wir wissen müssen, wollen und sollen, bequem ins Wohnzimmer. Es ist nahezu selbstverständlich geworden, Bescheid zu wissen über all die berichtenswerten Vorgänge und interessanten Ereignisse, die sich Tag für Tag kreuz und quer über den Erdball abspielen.

Dies und auch die ebenso selbstverständliche Möglichkeit, ins Auto, in den Zug oder ins Flugzeug zu steigen und binnen Stunden Tausende von Kilometern zurückzulegen, haben dazu geführt, dass wir unsere Welt anders wahrnehmen als noch unsere Vorfahren vor

1.1 Wir wissen viel und verstehen wenig

wenigen Jahrhunderten, völlig anders als die Menschen in den kleinen und abgelegenen Orten Galiläas, in denen nach dem Bericht der Evangelien Jesus aus Nazaret lebte und lehrte. Der Transport von Nachrichten war für Privatleute damals schwer zu bewerkstelligen. Auch das Reisen war ganz und gar nicht einfach.[1] Wer sich nur zu Fuß, auf einem Esel oder bestenfalls mit einem Segelschiff fortbewegen konnte, wen Familie und Broterwerb auf Dauer an den Wohnort banden, wer auf die wenigen Nachrichten und Neuigkeiten angewiesen war, die durchreisende Pilgergruppen, Wanderarbeiter und Händler mitbrachten, für den gab es nur wenige Möglichkeiten, mehr von der Welt zu erfahren als das, was er mit seinen eigenen Augen sah und mit seinen eigenen Ohren hörte.

Ein weiterer wichtiger Punkt beeinflusst die Art und Weise, wie wir die Welt betrachten: Wir können lesen und – was unbedingt dazugehört – es ist nahezu überall Lesestoff im Überfluss verfügbar. Wir können in zahlreichen Bibliotheken und Datenbanken, wie z. B. die Perseus Digital Library oder Wikipedia, auf die Erfahrungen und das Wissen all derer zurückgreifen, die in den vergangenen Jahrtausenden aufgeschrieben haben, wie die Welt funktioniert und wie sie die Welt verstehen. Anhand des breiten Spektrums von Nachrichten und deren unterschiedlichen Interpretationen und Bewertungen können wir uns schließlich unser eigenes Bild des Geschehens machen. Durch Bücher und Webseiten können wir uns über jedes Thema, das uns gerade interessiert, ausführlich informieren und vieles von dem, was uns andere Menschen glauben machen wollen, selbst überprüfen.

Auch das ist nicht selbstverständlich. Noch lange nach der Erfindung des Buchdrucks war der freie Zugang zu Büchern oder gar ihr privater Besitz überhaupt keine Selbstverständlichkeit. In der Antike war beides zwar mindestens so verbreitet wie im europäischen Mittelalter, doch gab es nur an wenigen Orten Lesestoff. Diesen Lesestoff konnte man zumeist nur mit nach Hause nehmen, indem man ihn entweder selbst abschrieb oder auswendig lernte, was man las bzw. was einem ein Lehrer oder Vorleser vortrug.[2]

Internet und Digitalfernsehen, Mobiltelefone, Radios, Tageszeitungen und ein überwältigendes Buchangebot sind Kennzeichen unserer modernen Weltsicht und unseres Wissenshorizontes, sie sind aber zugleich auch Quellen, die die Art und Weise bestimmen, wie wir unsere Vergangenheit, Gegenwart und Zukunft deuten. Man kann sich kaum vorstellen, auf all diese Wissensquellen zu verzichten und überwiegend darauf angewiesen zu sein, was wir selbst erleben. Aber genau hier müssen wir beginnen, wenn wir verstehen wollen, wie man sich zur Zeit Jesu und der ersten Christen die Welt vorstellte, wie man seine alltägliche Umgebung wahrnahm und wie man seinem Glauben Ausdruck verlieh.

In diesem Buch geht es darum, einen kleinen Eindruck davon zu vermitteln. Einige Bereiche werden ausführlich behandelt, manche nur gestreift, andere bleiben völlig außerhalb des Blickfeldes. Es soll hier keine umfassende Darstellung der Geschichte, Religion und Kultur des antiken Judentums geboten werden. Hierzu gibt es eine Reihe ausgezeichneter Werke, auf die in den Endnoten verwiesen wird. Das eigentliche Anliegen dieses Buches ist vielmehr, Interesse und vor allem Verständnis zu wecken für die uns oft fremd und unverständlich anmutenden Lebens- und Denkweisen der Menschen im 1. Jahrhundert n. Chr., die die Erzähltraditionen, das Bildrepertoire und die Lehrüberlieferungen der antiken jüdischen und auch der frühchristlichen Literatur prägen. Nicht selten müssen wir uns dabei eingestehen, dass sich unsere Fragen anhand der verfügbaren Quellen nicht befriedigend beantworten lassen.

Wer Bücher über die Zeit des Neuen Testaments aus der Feder (oder aus der Tastatur) christlicher Autorinnen und Autoren liest, wird zuweilen auf die Bezeichnungen »*Frühjudentum*« und »*Spätjudentum*« stoßen. Gegen die Verwendung beider Begriffe lassen sich Gründe anführen, ohne gleich der überzogenen »political correctness« verdächtig zu werden. Wenden wir uns zuerst dem früher nicht seltenen Begriff »Spätjudentum« zur Bezeichnung der jüdischen Zeitgenossen Jesu und der ersten Christen zu. Er unterstellt unausgesprochen, das nachantike und vor allem das heutige Judentum sei ein Anachronismus, ein von der Geschichte überholtes Relikt vergangener Zeiten ohne jegliche Existenzberechtigung. Was bereits vor 2000 Jahren »spät« war (genau das ist nämlich gemeint!), das ist heute längst am Ende, abgehakt, überflüssig, tot und begraben.

1.1 Wir wissen viel und verstehen wenig

Auch der Begriff »Frühjudentum« riecht ein wenig nach der modernen Zivilisationskrankheit der Überheblichkeit gegenüber früheren Zeiten, denn er lässt heutige Leserinnen und Leser durchaus an einen »unfertigen«, »unausgereiften«, »unausgegorenen« Charakter der vielgestaltigen antiken jüdischen Religion denken. Auch das ist eine handfeste Unterstellung. Zudem weist der Begriff auf die ganz und gar nicht zutreffende Vorstellung hin, das spätere rabbinische Judentum habe eine generelle »normierende« Bedeutung gehabt. Die in der englischsprachigen Welt heute gebräuchliche Bezeichnung »*Second Temple Judaism*« ist sachlich durchaus berechtigt, ins Deutsche übertragen allerdings viel zu umständlich. »*Middle Judaism*« schließlich klingt nach einem faulen Kompromiss.[3] Halten wir uns hier lieber an diejenigen Autoren, die den Begriff *antikes Judentum* verwenden.

Ein lapidarer Satz von großer Tragweite: Die Schriften des Neuen Testamentes sind antike Texte. Als solche sind sie damals wie heute Grundlage und Ausdruck des christlichen Glaubens. Von niemandem darf jedoch gefordert werden, dass er selbst zum Erkenntnisstand und zum Weltbild der Antike zurückkehren soll, wenn er die Bibel liest. Wir wissen heute viel mehr von der Welt als damals, und das ist gut so. Aber um besser zu verstehen, was diese Menschen uns hinterlassen haben, müssen wir versuchen, sie und ihr Denken so gut wie möglich kennen zu lernen.

Es gehört zu den Aufgaben eines Historikers, anhand der Quellen, also der Schriftstücke, Monumente und Ausgrabungsfunde, zu rekonstruieren, wie die Menschen in einer bestimmten Epoche gelebt haben, was sie taten, was sie dachten, was sie wussten und glaubten. Wir laufen dabei aber immer wieder Gefahr zu vergessen, dass wir die Autoren, die all die Texte geschrieben haben, die wir Jahrtausende später lesen, analysieren und interpretieren, die Menschen, die all das geschaffen, gebaut und hinterlassen haben, was wir scharfsinnig untersuchen, betrachten wie ein Naturforscher die versteinerten Überreste eines Dinosauriers.

Unser Standpunkt erlaubt es uns, die Werke von Menschen miteinander zu vergleichen, die einander in ihrem Leben niemals begegnet sind und die auch nichts voneinander wussten. Für uns ist

Vergangenheit, was für die antiken Menschen ferne Zukunft war. Für uns ist Geschichte, was für sie Hoffnungen waren, Träume und Ängste.

Zu beachten ist auch, dass jede Geschichtsschreibung stets aktuelle Fragestellungen bedient und deshalb stets interessengeleitet ist. Genauer Bescheid wissen will man vor allem darüber, was einem hilft, in der Gegenwart zurechtzukommen. Solche aktuellen Erfordernisse bzw. der sich stetig wandelnde Bezugsrahmen der Gegenwart, und nicht die bloße Ansammlung von realgeschichtlichen Daten und Fakten prägen die erinnernde Wahrnehmung. »Vergangenheit« entsteht nicht von selbst. Vergangenheit ist vielmehr stets das Ergebnis einer kulturellen Konstruktion; sie wird immer von spezifischen Motiven, Erwartungen, Hoffnungen, Zielen geleitet und von dem Bezugsrahmen der Gegenwart geformt. Langfristig im Gedächtnis haften bleibt das, was einem hilft, die Gegenwart zu verstehen. In Form von Erinnerungen überlieferte und gedeutete Geschichte ist wichtig, denn sie hat immer eine begründende und orientierende Funktion für die aktuelle menschliche Lebensdeutung angesichts der alltäglichen menschlichen Erfahrung von Planlosigkeit, Zufall, Chaos und Vieldeutigkeit.

Wer sich über die Vergangenheit Gedanken macht, will zugleich die Gegenwart gestalten. Ebenso wie wir deshalb die Zeitgeschichte Jesu aus Nazaret und der ersten Christen daraufhin befragen, was sie für unser heutiges Verständnis des Neuen Testaments austrägt, und dabei viele Dinge ausblenden, die uns überhaupt nicht interessieren, anderen aber besonders nachgehen, weil wir sie als aktuell und spannend betrachten, so haben bereits die antiken jüdischen und christlichen Autoren die sie umgebende Wirklichkeit und ihre Erinnerungen an die Vergangenheit nicht fotographisch abgebildet, sondern grundsätzlich mit ihren ganz persönlichen Sichtweisen, Hoffungen und Erwartungen vermischt. Unsere antiken Quellentexte sind also ihrerseits oft auswählend, deutend, verzerrend, pointierend. Sie bilden ihre Lebenswelt vor allem ab, wie sie sein soll und nicht nur, wie sie wirklich ist.

Wenn wir heute ein Buch über *die* Religion *des* antiken Judentums aufschlagen, erfahren wir zunächst einmal nur das, was nach gründlicher Auswertung aller verfügbaren Quellen über das Werk derer zu sagen ist, die ihrer Nachwelt irgendwelche schriftlichen, steinernen oder wie auch immer gearteten Zeugnisse hinterlassen haben. Aber größerer materieller Besitz und höhere Bildung waren damals extrem rar. Selbst Lesen und Schreiben erfordern Freizeit – und auch die hatte in der Antike so gut wie niemand. Ohne unmittelbare Bezeugung bleiben das Leben und das Denken der großen Mehrheit derer, von denen wir keine solchen Hinterlassenschaften besitzen, sei es, weil sie verloren gegangen sind, oder sei es, weil diese Menschen bereits mit ihrem (Über-)Leben vollauf beschäftigt waren. Wir müssen also berücksichtigen, dass uns die geschichtlichen Quellen zunächst nur einen Ausschnitt aus dem Leben und Denken der Menschen vergangener Epochen zeigen, denn sie repräsentieren immer nur die persönlichen Leistungen, Erfahrungen, Kenntnisse, Überzeugungen und Interessen eines Einzelnen oder einer Gruppe.

Nun schöpften allerdings Menschen zu allen Zeiten bei der Gestaltung der verschiedenen Bereiche ihres Lebens stets aus einer begrenzten Anzahl vorgegebener Möglichkeiten. Aus diesem Grund können wir unsere Quellen – mit der gebotenen Vorsicht – trotz aller Einschränkungen, die sich aus ihrem individuellen Charakter ergeben, dazu heranziehen, mit ihrer Hilfe ein Bild des *allgemeinen* Lebens und Denkens einer bestimmten Epoche entstehen zu lassen. Dass dieses Bild stets der Erweiterung und Präzisierung bedarf und nie sämtliche Randbereiche und Nebenströmungen des antiken Judentums beinhaltet, steht außer Frage.

Eine Geschichtsschreibung, die allein nach den Mächtigen, den Herrschern und ihren mehr oder weniger glorreichen Taten fragt, gehört der Vergangenheit an. Es hat sich in den vergangenen Jahrzehnten durchgesetzt, auch nach den Lebensumständen und den Lebensäußerungen der so genannten »einfachen Leute« zu fragen. Diese Absicht ist prinzipiell lobenswert, denn sie strebt danach, den Blick auf die Masse derer zu richten, die den politischen, wirtschaftlichen und militärischen Entscheidungen der jeweiligen Machthaber ausgeliefert waren, die aber – gerade im antiken Judentum und im frühen Christentum – jeder obrigkeitlichen Unterdrückung trotzend die Basis für die weitere Entwicklung beider Weltreligionen bildeten. Jedoch besteht gerade durch den Mangel an einschlägigem Quellenmaterial immer wieder die große Gefahr, Leben und Glauben der »einfachen Leute« in den jüdischen Gemeinden der Antike als Projektionsfläche für aktuelle Probleme und Konflikte zu benutzen oder beides gar dazu zu missbrauchen, das eigene schwärmerische Bedürfnis nach verklärter religiöser Romantik zu befriedigen. Auf diese Weise wird jedoch weder das Judentum als vielgestaltige und lebendige Weltreligion wahrgenommen noch seiner bewegten Geschichte Rechnung getragen. Und völlig vernebelt wird das Bewusstsein der grundsätzlichen Eigenständigkeit des Judentums und des Christentums, die Voraussetzung eines jeden fruchtbaren Dialogs. Die vorrangige wissenschaftliche Aufgabe bei der Erforschung der Zeugnisse des antiken Judentums besteht deshalb in deren sachgemäßer Auswertung und der Rekonstruktion der Glaubensüberzeugungen und Lebensumstände derjenigen Menschen, die sie uns hinterlassen haben.

1.2 Strukturen des antiken Judentums

Wer heute von *dem* Christentum spricht und dabei unterschlägt, dass es überall auf der Welt die unterschiedlichsten christlichen Konfessionen und Glaubensrichtungen gibt, rührt diese zu einem ungenießbaren Einheitsbrei zusammen, der weder der bunten Vielfalt der Menschen noch ihrem individuellen Glauben gerecht wird. Aussagen, die auf dieser Grundlage getroffen werden, geraten zumeist völlig schief. Nicht selten sind sie schlicht und einfach falsch.

Reden wir von *dem* antiken Judentum, laufen wir ebenso Gefahr, in unzulässiger Weise zu verallgemeinern. Wann, wo, in welchem Umfeld und unter welchen Bedingungen Menschen jeweils lebten, welche gesellschaftliche Stellung sie innehatten, welchen Gruppen sie sich zugehörig fühlten – dies alles prägte ihren persönlichen Alltag und auch ihre persönliche Religiosität.

1.2 Strukturen des antiken Judentums

Es wurde bereits angesprochen, dass die Möglichkeiten der individuellen Lebensgestaltung eines jeden Menschen prinzipiell durch die ihn umgebende Gesellschaft begrenzt sind. Hieraus wiederum ergeben sich für jede kulturelle Epoche in einem bestimmten Kulturkreis mehr oder weniger definierte Zivilisationsmuster. Es gab somit auch im antiken Judentum trotz aller Vielfalt immer wieder eine Allgemeinheit, die sich nach dem richtete, was ihr als traditionell, üblich, geläufig, gewöhnlich, normal und unanstößig galt. Deren Lebensweise und religiöse Überzeugung kann durchaus als repräsentativ gelten. Ebenso gab es im Judentum überall und immer wieder *Minderheiten*, die sich ihrerseits durch ihre Glaubensüberzeugung und ihre Lebensgestaltung von der Mehrheit unterschieden.

Ein solches allgemeines Zivilisationsmuster verband die meisten Menschen im gesamten antiken Mittelmeerraum und somit auch die meisten Juden, gleichgültig ob sie mitten in Jerusalem lebten oder in einem entlegenen Winkel Kleinasiens, ob sie der Jerusalemer Priesteraristokratie entstammten oder als Tagelöhner irgendwo in der Diaspora ihr Leben fristeten. Dieser »gemeinsame Nenner« ihrer Lebensgestaltung bestand in der Verwurzelung in der jüdischen Tradition mit der Offenheit gegenüber der hellenistischen Kultur. Beides darf nicht voneinander getrennt werden.

Seit der Annexion Syriens durch den makedonischen »Welteroberer« Alexander den Großen (356–323 v. Chr.) im Jahr 332 v. Chr. lebte das Judentum im Orient unter dem kontinuierlichen Einfluss des *Hellenismus*. Ein interkultureller Begegnungsprozess zwischen Juden und Griechen war zu diesem Zeitpunkt bereits im Gang. Wirtschaftliche Kontakte mit Griechenland hatten schon Jahrhunderte zuvor bestanden. Mit den Handelswaren waren dabei immer wieder auch Ideen, Mythen, Geschichten und Riten ausgetauscht worden, hatten sich die reichen Kulturen Griechenlands, Roms, Ägyptens, Syriens, Persiens und Babyloniens gegenseitig befruchtet. Aber erst in der Epoche des Hellenismus drang die griechische Kultur – direkt oder indirekt – in alle Bereiche des Lebens ein: In Sprache und Literatur, Religion und Philosophie, Wissenschaft und Kunst, Politik und Wirtschaft, Recht, Bildung und Erziehung. Erst jetzt wuchs die politische Bedeutung der Monarchien, stieg die Mobilität der Menschen und entstanden große Wirtschafts- und Währungsräume.[4]

Nach dem Tod Alexanders in Babylon im Jahre 323 v. Chr. teilten die Diadochen, seine Generäle und direkten Nachfolger, das makedonische Großreich unter sich auf. Nach langen kriegerischen Auseinandersetzungen zwischen den Diadochen festigte sich schließlich in Ägypten das Reich der *Ptolemäer*; in Syrien herrschte das Geschlecht der *Seleukiden*. Im Jahre 301 v. Chr. wurde Syrien-Palästina mitsamt Judäa Teil des Ptolemäerreichs. Doch auch die Seleukiden erhoben bald Besitzanspruch auf dieses fruchtbare und strategisch günstig gelegene Gebiet, was im 3. Jahrhundert v. Chr. immer wieder zu heftigen militärischen Auseinandersetzungen zwischen den beiden Reichen wurde. Sieben Mal zogen ägyptische und syrische Armeen durch das Land. Im Jahr 199 v. Chr. schließlich gelang dem Seleukiden Antiochos III. (223–187 v. Chr.) die Eroberung des jüdischen Kernlandes. Der hellenistische Herrscher bestätigte den Status Judäas als eines tributpflichtigen, jedoch autonomen Tempelstaates. Er bestimmte, dass die hier lebenden Juden weiterhin der Autorität ihrer traditionellen Gesetze unterworfen sein sollten, und erkannte die im Pentateuch fixierte Gestalt der Tora (hebr. »Lehre«, »Weisung«) ausdrücklich als Staatsgesetz Jerusalems an (2. Makk 3,1–3; Jos. Ant 12,138–144). Allerdings beruhte die Bedeutung der Stadt für alle Juden von nun an nicht mehr auf ihrer eigenen Macht, sondern allein auf dem Edikt eines fremden Herrschers.[5]

Der Epochenbegriff »Hellenismus« erfuhr seine maßgebliche Prägung durch den klassischen Philologen und Althistoriker *Johann Gustav Droysen* (1808–1884), der ihn bereits als Fünfundzwanzigjähriger in seiner berühmt gewordenen »Geschichte Alexanders des Großen« (Berlin 1833) und dann drei Jahre später im ersten Teil seiner »Geschichte des Hellenismus« (Hamburg 1836) zur Bezeichnung der mit den siegreichen Feldzügen des makedonischen Königs beginnenden und mit der Eroberung Ägyptens durch Oktavian (den späteren römischen Kaiser Augustus; 63 v. Chr.–19 n. Chr.) endenden Epoche der Ausbreitung des Griechentums im Orient einführte. In den folgenden Jahrhunderten der ägyptischen und syrischen Oberherrschaft über den Tempelstaat Judäa entwickelte sich eine blühende hellenistische Kultur im ganzen Land. Die zeitweilige Herrschaft der Makkabäerbrüder und ihrer Nachkommen als hellenistische Regenten und Hohepriester konnte und wollte diese Entwicklung nicht aufhalten. Nach der Eroberung Jerusalems durch Pompeius Magnus im Jahre 63 v. Chr. und der politischen Eingliederung des Landes in das *Imperium Romanum* wurden die Kontakte zwischen Judentum und Hellenismus noch weitaus intensiver.[6]

Auch Herodes der Große (37–4 v. Chr.), vom römischen Senat als »Freund und Bundesgenosse« auf Lebenszeit zum König von Judäa ernannt, regierte im Stil der hellenistischen Fürsten. Nach seinem Tod teilte Kaiser Augustus (27 v. Chr.–14 n. Chr.) das tributpflichtige Reich des jüdischen Königs von Roms Gnaden unter seinen Söhnen Archelaos, Herodes Antipas und Philippos auf. Herodes Antipas herrschte fortan als *Tetrarch* (»Teilfürst«) über die beiden Landesteile Galiläa und Peräa ohne die Dekapolis. Philippos erhielt die Herrschaft über die nordöstlich des Sees Genezaret gelegenen Gebiete der Trachonitis, Auranitis, Gaulanitis, Batanea und den Ort Paneion zugewiesen. Archelaos bekam Judäa und Samaria zugesprochen. Letzteres sollte sich bald als eine schlechte Entscheidung erweisen. Wegen seiner grausamen und tyrannischen Herrschaft, aber auch wegen seiner Heirat mit Glaphyra, der Witwe seines Halbbruders Alexandros, die der Tora widersprach (Lev 18,16; 20,21; vgl. Dtn 25,5), wurde er seinen jüdischen Untertanen zunehmend verhasst und deshalb ein »Sicherheitsrisiko« auch für die antike Weltmacht Rom. Aus diesem Grund wurde er von Augustus im Jahre 6 n. Chr. mitsamt seinen Brüdern nach Rom zitiert, abgesetzt und nach Vienna in Gallien verbannt. Sein Herrschaftsgebiet war fortan eine prokuratorische Provinz unter direkter römischer Verwaltung durch einen in der Hafenstadt Caesarea Maritima residierenden Statthalter aus dem Ritterstand.

Im Rahmen der dauerhaften und vielfältigen kulturellen Begegnung entwickelte sich aus den Formen alttestamentlicher Religion das Judentum, wie es sich im 1. Jahrhundert n. Chr. darstellt. Beispiele für eine solche Verflechtung von Judentum und Hellenismus gibt es viele, denn die hellenistische Kultur war damals auch im Judentum »modern«.[7] So ist nicht nur das Neue Testament, sondern auch ein großer Teil der zeitgenössischen jüdischen Literatur in griechischer Sprache verfasst. Zahlreiche griechische Lehnwörter drangen in die hebräische und in die aramäische Sprache ein. Die meisten Juden in der Antike beherrschten Dialekte der *Koiné*, der griechischen Verkehrs- und Standardsprache des gesamten östlichen Mittelmeerraums; für viele war sie sogar die Muttersprache.[8] Die beiden berühmtesten antiken jüdischen Schriftsteller, Flavius Josephus und Philon von Alexandria (wir werden weiter unten mehr von ihnen hören), schrieben ihre Werke in griechischer Sprache und Schrift.

Die griechische Übersetzung der Tora (s. u. S. 24ff) ist die Keimzelle der Septuaginta, der griechischen Bibel (der Begriff »Bibel« ist christlichen Ursprungs). Diese Übersetzung war bereits im 3. Jahrhundert v. Chr. in der multiethnischen und multireligiösen Großstadt Alexandria aus der Notwendigkeit heraus entstanden, die von vielen in der ägyptischen Metropole lebenden Juden nicht mehr ausreichend verstandenen hebräischen heiligen Schriften in ihre Alltagssprache zu übersetzen. Die alexandrinischen Übersetzer strebten aber auch danach, die Tora für Juden in einem veränderten sozialen, kulturellen und sprachlichen Umfeld so deutlich und so verständlich wie möglich zu machen. Die »modernisierte« griechische Übersetzung wurde damit zum Vehikel der absichtsvollen Verstärkung der zeitgemäßen Verständlichkeit, der Praktikabilität, der Relevanz und der Akzeptanz ihrer altehrwürdigen hebräischen Textvorlage.[9]

Griechische Übersetzungen weiterer hebräischer autoritativer Bücher kursierten bald in unterschiedlichen Versionen und an vielen Orten. Anders als die alexandrinische Übersetzung der Tora entsprachen diese Übersetzungen aber keinem allgemeinen religiösen Interesse bzw. den Bedürfnissen einer geschlossenen jüdischen Siedlungsgruppe, sondern entstanden im Wesentlichen aufgrund privater Initiativen und innerhalb randständiger jüdischer Gemeinschaften. Das Interesse solcher Sondergemeinschaften gerade an den Propheten, deren Botschaft sie zumeist als Weissagungen lasen und die sie in aktualisierend deutender Weise auf ihre besondere Weltsicht bezogen, fußte auf ihren gruppenspezifischen Geschichtsdeutungen und stand nicht selten in enger Verbindung mit endgeschichtlich bzw. »apokalyptisch« orientierten Zukunftshoffnungen (s. u. S. 33f).

Man hat auch in Judäa solche griechischen Handschriften gefunden, was zeigt, dass sie von hier lebenden Juden (vgl. Apg 6,9; 9,29) benutzt wurden. Da die jüdischen griechischen Übersetzungen der autoritativen Schriften anders als ihre hebräischen Vorlagen im gesamten römischen Reich problemlos verstanden wurden, bekamen sie auch im Christentum bald einen besonderen Rang als allgemeinverständliches Medium der Vermittlung der christlichen Botschaft an die nichtjüdische, Griechisch sprechende Welt. Zugespitzt formuliert: Die jüdische Übersetzung der hebräischen Heiligen Schriften ins Griechische wurde später zu einer wichtigen Voraussetzung der christlichen Kirche aus Juden und Griechen.

Der Hellenismus wurde von den Menschen im östlichen Mittelmeerraum je nach individuellem Standpunkt und persönlicher Lebenssituation als Bedrohung, als Herausforderung oder als Bereicherung empfunden. Sein Einfluss erfasste zunächst die führenden Gesellschaftsschichten. Ebenso machte er sich in den städtischen Metropolen ungleich stärker bemerkbar als im Hinterland. Natürlich kann man sich gut vorstellen, dass ein jüdischer Feldarbeiter in irgendeinem Provinznest die »Errungenschaften der Moderne« kaum mitbekam und auch nicht vermisste, und es gab sicher manche Juden, die kein Wort Griechisch verstanden. Jedoch konnte sich letztendlich niemand auf Dauer der allgemeinen Hellenisierung der Sprache, der Lebensform, aber auch der Religion völlig entziehen. In den meisten Orten Palästinas wohnten im 1. Jahrhundert n. Chr. Juden und Nichtjuden in unmittelbarer Nachbarschaft. Überall lebten Juden in Spannung zwischen der Bindung an den einen Gott und die Tora und der Öffnung gegenüber der nichtjüdischen polytheistischen Umwelt.[10] Die Begeisterung für das Griechentum brachte manche Juden sogar auf die Idee, sie seien mit den Spartanern verwandt (1. Makk 12,21; vgl. Jos. Ant 13,167). Und vor allem in den Städten machten Menschen von den persönlichen Bildungsmöglichkeiten und Aufstiegschancen, die sich ihnen nun boten, regen Gebrauch. Josephus (»Gegen Apion«, im Folgenden abgekürzt: Jos. Ap 1,179f) gibt uns ein Beispiel für die Intensität des hellenistischen Einflusses bei seinen jüdischen Zeitgenossen, indem er aus dem Werk des Klearchos von Soloi (ca. 342–255 v. Chr.), eines Schülers des Aristoteles, zitiert. Klearchos berichtet hier in beispielhafter Weise von einem Juden aus Koilesyrien, der »*nicht nur seiner Sprache, sondern auch seiner geistigen Bildung nach fast ein Grieche gewesen*« sei (vgl. Apg 9,29; 11,20).

Die Kulturen verflochten sich auf nahezu allen Ebenen. Überall stieg das Bewusstsein der eigenen Individualität. Zugleich wurde die tradierte religiöse Vorstellungswelt von immer mehr Menschen in Frage gestellt. Das Interesse vieler Philosophen und Denker verlagerte sich zunehmend auf Fragen der praktischen Lebensbewältigung. In den hellenistischen Metropolen entwickelte sich eine eigenständige »Stadtkultur«. Auch Juden nahmen griechische Namen an. Auch Juden kleideten sich, auch jüdische Frauen schmückten sich, wenn sie es sich leisten konnten, wie der Rest der hellenistischen Welt. Dies wird durch die zahlreichen farbenprächtigen Wandmalereien in der (während der Jahre 1928–1932 ausgegrabenen) Synagoge in der in Südostsyrien am rechten Ufer des oberen Euphrat gelegenen Stadt Dura Europos[11] aus dem 3. Jahrhundert n. Chr. eindrucksvoll illustriert. Aufschriften auf antiken Grabsteinen zeigen, dass auch fromme jüdische Eltern ihren Kindern ohne Bedenken »heidnische« Namen wie z. B. Isidora gaben (»Isidora« ist Griechisch und bedeutet: »Geschenk der ägyptischen Göttin Isis«). Das weist ebenso wie die Scharen von »Kevins«, »Leons«, »Zoës« und »Lucas« in deutschen Schulen darauf hin, dass Modenamen gern aus benachbarten Kulturkreisen übernommen werden, ohne damit gleich einen »tieferen Sinn« zu verbinden.

Aus der Vielfalt der philosophischen Schulen in hellenistisch-römischer Zeit flossen vor allem zwei besonders populäre Lehrrichtungen in die allgemeine Weltdeutung und Volksfrömmigkeit ein. Diese – auch im antiken Judentum und im frühen Christentum einflussreichen – geistigen Strömungen waren die *Stoa* und der *Kynismus*. Beide Strömungen verdanken ihre hohe Bekanntheit im Wesentlichen der Tatsache, dass auch viele Menschen, die auf die äußeren Verhältnisse ihres Lebens keinen Einfluss hatten, mit ihrer Hilfe wenigstens ihre innere Haltung verändern konnten.

1.2 Strukturen des antiken Judentums

Die Stoa war die etablierte »Modephilosophie« des 1. Jahrhunderts n.Chr; in ihren Grundzügen war sie auch in den unteren Gesellschaftsschichten bekannt.[12] Der Name dieser philosophischen Schule kommt daher, dass ihr Begründer Zenon von Kition auf Zypern (ca. 334–263 v. Chr.) seine Schüler in einer Säulenhalle (griechisch: Stoa) versammelt hatte. Ein Zentrum der stoischen Philosophie im 1. Jahrhundert n. Chr. war die kilikische Hauptstadt Tarsus, der Geburtsort des Apostels Paulus (Apg 9,11; 21,39; 22,3).

Das Besondere der stoischen Philosophie gegenüber den meisten zeitgenössischen philosophischen Ansätzen und Systemen liegt nun darin, dass sie gleichsam eine »Kunst der Lebensführung« ermöglichte. Die göttliche Planung, Lenkung und Fürsorge, die alles durchwaltet, so lehrt die Stoa, hat alles vollkommen eingerichtet und das unentrinnbare Geschick eines jeden Menschen vorausbestimmt. Nichts ist daher sinn- oder zwecklos. Nichts geschieht ohne Grund. Alles ist vernünftig. Wer das erkannt und eingesehen hat und auch in seinem eigenen Leben in selbstgenügsamer Harmonie mit dieser Vernunft lebt, der allein ist weise. Nur er ist wirklich glücklich, frei und reich, denn es ist ihm nun völlig gleichgültig, was ihm fortan in seinem Leben widerfährt. Nichts kann ihn mehr störend beeinflussen, weder glückliche noch furchtbare Ereignisse. Von daher gilt dem Stoiker jede menschliche Leidenschaft, also Freude, Schmerz, Begierde oder Angst, nur als ein Irrtum des Verstandes, als krankhafter Zustand, der durch die Erkenntnis, dass alles, was geschieht, geplant, sinnvoll und gut ist, überwunden werden kann. Die menschliche Vernunft, die das vorausschauende Planen der Weltvernunft erkennt und ihm in all seinem Tun und Lassen zu entsprechen trachtet, steht dem Stoiker über allen diesen Affekten. Alles prallt an der »stoischen« Gelassenheit ab wie Wasser an der Ente.

Diese populäre Form der hellenistischen Philosophie prägte das Denken vieler Menschen so tief und so nachhaltig, dass weder die rabbinischen Schriften (s. u. S. 34–38) noch das Neue Testament ohne sie richtig verstanden werden können. Gerade der Vernunft- und Intellektoptimismus der Stoa führte dazu, dass sich nicht wenige Juden genötigt sahen, nun auch die Tora und ihre Weisungen *rationalistisch* zu erklären und zu begründen.[13] Ebenso übernahmen frühchristliche Autoren wie Paulus viele stoische Gedanken (vgl. z. B. Gal 3,28; Röm 1,20; 2,15).

Als Gründergestalten der Kynikerbewegung gelten der griechische Philosoph Antisthenes (ca. 440–368 v. Chr.) und sein berühmter Schüler Diogenes von Sinope (ca. 400–323 v. Chr.).[14] Die Grundlage ihrer Lehre bestand in der Überzeugung, dass alle äußeren Dinge für die innere Glückseligkeit eines Menschen völlig bedeutungslos sind. Wahres Glück beruhe nicht auf Äußerlichkeiten wie Macht, Ansehen oder Luxus, sondern allein auf innerer Unabhängigkeit, auf Selbstbestimmung und Selbstgenügsamkeit. Ihrer Überzeugung nach kann ein sittlich autonomer Mensch von allen Umständen und Beschränkungen seines Lebens, d. h. auch von allen Normen und Gesetzen, Regeln, Bräuchen, Konventionen und selbst von seiner Angst vor dem Tod unabhängig und frei werden. Was natürlich sei, könne schließlich weder schlecht noch anstößig oder bedrohlich sein. Den Kynikern (der Begriff bezieht sich wohl darauf, dass Anhänger der Bewegung sich zuweilen »wie die Hunde [griech. κύνες]« aufführten) wurde nachgesagt, sie lehnten die konventionelle Ehe ab, propagierten zügellose Promiskuität und zeigten sich nackt in der Öffentlichkeit. Tatsächlich zeichneten sie sich vor allem durch ihre demonstrative Bedürfnislosigkeit, ihren pazifistischen Verzicht auf Gegenwehr, ihren betonten Individualismus und ihr provokantes, nonkonformistisches Verhalten aus. Kynische Wanderlehrer und Straßenprediger durchzogen auch die Städte und ländlichen Regionen Palästinas und verbreiteten dort ihre Lehren in verständlichen Worten und plastischen Bildern. Obgleich sich die frühchristlichen Autoren von den Kynikern abgrenzten, gehören die ethischen Dimensionen ihres Freiheitsbegriffs und wichtige Stilformen der paulinischen Briefe zu den bleibenden Spuren ihres Wirkens.

Der bestimmende Einfluss des Hellenismus machte sich überall bemerkbar. Jüdische Herrscher nahmen zwar zumeist Rücksicht auf das religiöse Empfinden ihrer jüdischen Untertanen, passten sich jedoch in ihrer Amts- und Lebensführung den neuen Gepflogenheiten an. Sie hielten in repräsentativer Weise Hof wie die Fürsten der umliegenden nichtjüdischen Reiche, strebten nach internationaler Anerkennung und lukrativen Handelsbeziehungen, errichteten an manchen Orten Repräsentationsbauten und Paläste im griechisch-römischen Stil, Rennbahnen, Zirkusse und Theater. Während von den einen der Besuch solcher Stätten als »unjüdisch« verurteilt wurde, gingen andere Juden, sogar fromme und schriftenkundige »Intellektuelle«, ganz unbefangen mit dem hellenistischen Kulturleben um. So war es weder für Josephus noch für Philon anstößig, diese interessanten Orte aufzusuchen. Sogar – traditionell verpönte – Eheschließungen zwischen Juden und Nichtjuden kamen manchmal vor. Einige besonders eifrige und assimilationshungrige Anhänger des neuen Lebensstils meinten, ihre Beschneidung, die sie nun als Zeichen einer »ewig gestrigen« Gesinnung ansahen, durch einen sehr schmerzhaften und durchaus nicht ungefährlichen chirurgischen Eingriff wieder rückgängig machen zu müssen (vgl. 1. Makk 1,16). Und selbst die strenggläubigsten Schriftgelehrten, die all dies als »Gräuel« verachteten und verdammten, waren – ganz im Sinne der Stoa und ihrer Betonung des menschlichen Intellekts – nicht selten bestrebt, das Vernunftgemäße, Einsichtige und Logische an den Geboten der Tora zu betonen. Obwohl sie jede Nachahmung des griechischen Denkens als Zerstörung der eigenen religiösen und kulturellen Identität ablehnten, wandten sie bei ihrer Schriftauslegung eine Reihe von Methoden an, die sie von den griechischen und römischen Rhetorikern, Juristen und Homerauslegern übernommen hatten.[15] Ihre Gutachten darüber, wie sich das Leben gemäß der Tora gestalten sollte, orientierten sich dabei häufig am römischen Recht.[16] So folgt beispielsweise die *halachische* (vgl. S. 27) Regel, dass allein das Kind einer jüdischen Mutter von Geburt an Jude ist, nicht aber das Kind eines jüdischen Vaters (b Jevamot 44b–45a), dem römischen Rechtssatz *pater semper incertus*: »Der Vater ist stets unsicher.«

Die meisten dieser Menschen ergriffen die Chancen, die ihnen der Hellenismus bot, ohne sich jedoch vom religiösen Erbe ihrer Väter und Mütter zu trennen. Dieses Erbe bestand in der grundlegenden Orientierung an der Tora, der Heil stiftenden Lebensweisung des Gottes Israels, die nach dem biblischen Zeugnis von Mose am Sinai empfangen wurde. Hiermit verband sich schließlich die dem weisheitlichen Bereich entstammende Vorstellung, in der präexistenten und vollkommenen (Ps 19,8) Tora seien nicht nur der absolut verbindliche Gotteswillen, sondern auch die Schöpfungsordnung und der göttliche Bauplan der ganzen Welt enthalten, sei somit auch alle schlechthin mögliche Erkenntnis verborgen. Gerade im Rahmen der Auseinandersetzung mit dem Hellenismus rückte die Tora als geschichtliche Institution mehr und mehr in den Mittelpunkt der jüdischen Religion. Wir kennen für die schriftliche Tora im Sinne der fünf Bücher Moses (Genesis, Exodus, Levitikus, Numeri, Deuteronomium), auch die aus dem Griechischen übernommene Bezeichnung *Pentateuch* (»Fünfbuch«).[17]

Die Tora als *Voraussetzung* der wesenhaft nachbiblischen jüdischen Religion bildete gemeinsam mit den Prophetenbüchern und den Hagiographen eine dem Umfang nach im 1. Jahrhundert n. Chr. bereits feststehende (vgl. 4. Esra 14,44–46; Jos. Ap 1,38–42) Sammlung von 22 bzw. 24 (entsprechend der Anzahl der Buchstaben im hebräischen bzw. griechischen Alphabet) Schriften unterschiedlicher Offenbarungsautorität, die Heiligen Schriften des Judentums.[18] Behauptet wurde ihre göttliche Inspiration und ihre Widerspruchslosigkeit.

Zur späteren Teilsammlung *Nebiim* (»Propheten«; die zwölf »kleinen« Propheten wurden als eine separate Buchrolle [Dodekapropheton] gezählt) gehören neben den eigentlichen Schriftpropheten auch die Bücher Josua bis 2. Könige, zur Teilsammlung *Ketubim* (»Hagiographen«) die Psalmen, die mehrheitlich mit König David in Verbindung gebracht wurden, die Sprüche, Hiob und die fünf *Megillot* (»Schriftrollen«), also das Hohe Lied, Rut, Klagelieder, Prediger und Ester, die zu bestimmten Feiertagen im jüdischen Gottesdienst verlesen wurden.

Die Zahl der Gebote und Verbote in der schriftlichen Tora, den fünf Büchern Moses, beträgt gemäß der späteren rabbinischen Überzeugung genau 613. Den 365 Verboten, so viele wie die Zahl der Tage im Sonnenjahr, stehen 248 Gebote gegenüber, so viele wie (nach antikem anatomischen Kenntnisstand) die Anzahl der Knochen im menschlichen Körper (b Makkot 23b). Diese idealen Zahlen sollen versinnbildlichen, dass die Lebensweisung Gottes sich auf den gesamten Kosmos und auf das gesamte Leben des Menschen erstreckt. So schreibt auch Josephus (Jos. Ap 2,170–173): »*Alle Handlungen, Beschäftigungen und Reden haben bei uns Beziehung zur Frömmigkeit gegen Gott, weil Mose nichts davon ungeprüft und ungeregelt ließ (...), indem er (...) nichts, auch nicht das Geringste der Wahl und Willkür derer überließ, für die seine Gesetze bestimmt waren.*«

Die Tora war und ist für alle traditionell gläubigen Juden der Weg zum Heil, denn in ihr hat Gott seinem Volk die Möglichkeit eröffnet, stets in Übereinstimmung mit seinem Willen zu leben (s. u. S. 84f). Die verbreitete Bezeichnung der Tora als »Gesetz« ist darum ungenau. Anfangs bezeichnete der Begriff »Tora« im nachexilischen Judentum wohl sämtliche offenbarten göttlichen Regelungen und Weisungen, denen (zunächst nur im Tempelkult, später dann auch in allen anderen Bereichen) aufgrund ihrer autoritativen Verkündung durch eine – gleichsam prophetische – Höchstinstanz am Jerusalemer Heiligtum absolute Verbindlichkeit zuerkannt wurde. Das Buch Esra (7,25f) stellt die Aufforderung zur Einführung und Einhaltung der Toragebote als Inhalte eines Erlasses des persischen Königs dar.

Jede Niederschrift dieser – mehrheitlich dem priesterlichen Überlieferungsbereich entstammenden – Regelungen und Weisungen war somit »Tora«, ohne zwangsläufig mit den fünf Büchern Moses identisch zu sein. Außer »unserer« Tora gab es also zunächst wohl eine Vielfalt von vergleichbaren Sammlungen, von denen jede einzelne für sich Geltung beanspruchte. Erst in hellenistisch-römischer Zeit trat mit dem Niedergang der »Prophetie des Mose« während der Hasmonäerherrschaft die im Pentateuch niedergeschriebene, allgemein anerkannte Gestalt der Tora nach und nach an die Stelle dieser alten Höchstinstanz und bildete eine (fortan mehr oder weniger einheitlich überlieferte) Basis aller weiteren Entfaltungen der jüdischen Lehren.[19] Dabei wurden viele ursprünglich rein programmatische Bestimmungen auch praktisch relevant.

Zwar war der – frühestens im 5. Jahrhundert v. Chr. formierte – Pentateuch seit der ausgehenden Perserzeit auch *Staatsgesetz* Jerusalems und Judäas und somit Basisurkunde der jüdischen

Autonomie, die Weisungen der Tora wurden jedoch von frommen Juden zu keiner Zeit als Vorschriften empfunden, die die private Lebensführung behinderten oder beengten, sondern als Möglichkeit, das ganze Leben nach Gottes Willen auszurichten. Hierin liegt auch die theologische Differenz zwischen dem Judentum und dem Christentum, denn für das Christentum ist der *Messias*, Jesus Christus, der Weg zum Heil. Die Stelle, die der Tora als zentraler Heilsgabe im Judentum zukommt, nimmt im Christentum Jesus Christus ein. Der oft zu hörende und zu lesende Satz, der Hauptunterschied zwischen den beiden Religionen bestünde darin, dass die Juden noch auf den Messias warten würden, während die Christen glaubten, dass er in Jesus aus Nazaret bereits angekommen sei, ist grundfalsch, denn er geht von falschen Voraussetzungen aus. Im antiken Judentum hatte die *Tora* und eben nicht die – menschliche – Gestalt des Messias diese grundlegende Bedeutung als »*der Weg und die Wahrheit und das Leben*«, wodurch allein der Mensch zu Gott kommt (Joh 14,6), und hier liegt die fundamentale Differenz.[20]

Zur Zeit der ersten Christen war die Tora bereits seit langer Zeit die Grundlage und Voraussetzung der jüdischen Religion. Viele der in der *schriftlichen Tora* enthaltenen Weisungen hatten zeitlosen Charakter, so dass sie stets anzuwenden waren, gleichgültig wann, wo und unter welchen Umständen man lebte. Auf viele andere Probleme, die das damalige »moderne« Leben mit sich brachte, gab es hier jedoch keine direkte Antwort mehr, denn in der langen Zeit, die vergangen war, seit die Toragebote aufgeschrieben wurden, hatten sich viele Dinge geändert. Ebenso war der Sinn eines Teils dieser Gebote mittlerweile unerklärlich geworden, was dem hellenistischen Zeitgeist mit seinem Vernunftoptimismus deutlich widersprach. Um hier Abhilfe zu schaffen, wurden die Lebensweisungen in der Heiligen Schrift nun von Fall zu Fall weiterentwickelt und als Gewohnheitsrecht weitergegeben, damit jeder Jude in jeder neuen Situation in Übereinstimmung mit dem Willen Gottes zu leben und zu handeln in der Lage war.

Auch diese *mündliche Tora* hatte der jüdischen frommen Überlieferung zufolge Mose am Sinai von Gott empfangen und später an Josua weitergegeben (M Pea II 6; j Pea 17a, 40–41). Josua wiederum habe sie weitergegeben an die Richter, und von hier aus bekamen sie die Propheten, die sie ihrerseits der Versammlung der Weisen und dann den Rabbinen weitergaben (M Abot I 1ff). Der hebräische Begriff *Rabbi* (»mein Meister«; dt. Plural *Rabbinen*), der ursprünglich die allgemeine Ehrenbezeichnung eines Schriftgelehrten darstellte, bezeichnet seit der Zerstörung des Jerusalemer Tempels im Jahre 70 n. Chr. einen durch sein Charisma und seine Kompetenz ausgewiesenen Angehörigen eines solchen Netzwerkes von jüdischen Toragelehrten.

Dieses Selbstverständnis, mit der *Semicha* (»Ordination«) ein Glied in der langen und ununterbrochenen Kette der Tradenten der unveränderten »mündlichen Tora« zu werden, finden wir bei Rabbinern aus dem orthodoxen Judentum bis auf den heutigen Tag. Wenn also einer der Rabbinen im 1. Jahrhundert n. Chr. eine Tradition aus der »mündlichen Tora« anführte, sah auch er selbst sich in einer direkten Traditionslinie derer, die sie von ihren Lehrern empfangen haben. Er berief sich dabei letztendlich auf die Autorität des Mose. Seine Lehre, die ihm von seinem Lehrer übergebene mündliche Tora, war somit göttlichen Ursprungs. Im Neuen Testament begegnet uns die mündliche Tora als »*Überlieferungen und Sitten der Väter*« beispielsweise in den sechs »Antithesen« der Bergpredigt (Mt 5,21–47).

Als komplementäre Ergänzung der »schriftlichen Tora« begründet die »mündliche Tora« immer wieder aufs neue die *Halacha* (»Wandel«, »Gang«, »Brauch«).[21] Sie bedarf dabei durchaus nicht unbedingt einer direkten Ableitung aus der »schriftlichen Tora«. Die Halacha, also das System der toragemäßen Weisungen und Entscheidungen, Regeln und Normen menschlichen Zusammenlebens, die für Juden zu einer bestimmten Zeit an einem bestimmten Ort gelten, ihr Leben bestimmen und strukturieren, stand immer in der Spannung zwischen der Verankerung in der Tradition und der Offenheit hinsichtlich der Anforderungen und Bedürfnisse des jüdischen Lebens in der Gegenwart. Sie ist somit stets ein vergegenwärtigender dynamischer Prozess, sie verändert und entwickelt sich unaufhörlich. Wo jedoch eine dieser beiden Komponenten der halachischen Entwicklung, *Traditionsbezug* und *Gegenwartsbezug*, die andere gewaltsam verdrängt, folgen Fundamentalismus oder Indifferenz.[22]

Wie gesagt, die meisten Juden in der Antike nahmen in allen Bereichen ihres Lebens regen Anteil an der hellenistischen Kultur, ohne dabei jedoch ihr religiöses Erbe, den exklusiven *Monotheismus*, den Glauben an den einen und einzigen Gott, das Bewusstsein der eigenen *Erwähltheit* und das Leben nach den Weisungen der Heil stiftenden *Tora* preiszugeben. Jüdische Frömmigkeit und hellenistische Bildung schlossen sich in keiner Weise aus. Die Gegenüberstellung von »toratreuen« bzw. »altgläubigen« Juden auf der einen Seite und »hellenisierten« Juden auf der anderen Seite, der man auch heute durchaus noch begegnet, hat deshalb keine Berechtigung. Sicher ist es immer schwierig, mit einem vieldeutigen Epochenbegriff alle Strömungen und Entwicklungen im antiken Judentum präzise zu erfassen, doch ist die Annahme, man könne die Angehörigen dieser komplexen Religion in zwei gegensätzliche Lager (oder gar in »die Guten« und »die Bösen«) aufteilen, schlicht und einfach falsch. Wie wir weiterhin sehen werden, existierte hier zudem noch ein dritter grundlegender Bestandteil des religiösen Lebens, nämlich die *Volksfrömmigkeit*, die sich aus zahlreichen Quellen und Überlieferungen speiste, die ihrerseits unabhängig von Torafrömmigkeit und Hellenismus waren. Eine Unterscheidung von *Altgläubigen* und *Hellenisten* ist allein insofern möglich, als sich an den Rändern dieser Mehrheit im antiken Judentum kleine Gruppen sowohl von fortschrittsfeindlichen Fundamentalisten als auch von fortschrittsgläubigen Modernisten bildeten, die entweder eine Entwicklung der Halacha ablehnen (bzw. nur ihre *eigene* Halacha gelten ließen) oder die Grundlagen der jüdischen Religion gänzlich über den Haufen warfen. Während Erstere sich nicht selten von der jüdischen Allgemeinheit abgrenzten, strebten Letztere nach gesellschaftlicher Anerkennung und sozialem Aufstieg durch völlige Assimilation an die Lebensformen, die sie als »zeitgemäß« und förderlich für ihr eigenes Fortkommen empfanden.

1.3 Die Quellen

1.3.1 Die Schriften des Neuen Testaments

Im *Neuen Testament* erhalten wir bereits viele Informationen über die jüdischen Zeitgenossen Jesu und der ersten Christen.[23] Die frühchristlichen Schriften allein reichen jedoch längst nicht aus, wenn wir genauer wissen wollen, was den Juden in der Antike die eigene Religion bedeutete und wie sie sich in nahezu allen Lebensbereichen, in Alltag und Festtag, bemerkbar machte. Wir müssen hierzu auch betrachten, was außerhalb der neutestamentlichen Überlieferung und den außerkanonischen frühchristlichen Texten in der umfangreichen schriftlichen Hinterlassenschaft und in den archäologischen Zeugnissen des antiken Judentums und seiner nichtjüdischen Umwelt erhalten ist.

Es darf bei der Lektüre der neutestamentlichen Texte nie vergessen werden, dass nicht nur die Briefe und Episteln, sondern auch die Evangelien und die Apostelgeschichte von ihren Verfassern nicht als Protokolle oder als Geschichtsschreibung in unserem neuzeitlichen Sinn gedacht waren, sondern vor allen Dingen aufgeschrieben wurden, um Orientierungspunkte für die lebendige Predigt und Lehre in den christlichen Gemeinden zu schaffen.[24] Im Mittelpunkt stand dabei die Verkündigung Jesu aus Nazaret als des Messias und Gottessohns. Insbesondere reflektieren die Evangelien nicht einfach die historische Geschichte Jesu, sondern sie sind Zeugnisse der Bilder, die in den frühen christlichen Gemeinden in den Jahrzehnten nach seinem Kreuzestod von seinem Leben und Lehren existierten. Vorösterliche Ereignisse und nachösterlicher Glaube wurden dabei – unbeschadet einer grundlegenden Kontinuität – miteinander verschmolzen. Wie in jeder Erzählung flossen fiktionale und nichtfiktionale Elemente zusammen. Und wenn die christlichen Autoren aus ihrer je eigenen Perspektive über Juden und Judentum schrieben, ging es ihnen oft um die Verhältnisbestimmung gegenüber den zeitgenössischen jüdischen Gemeinden und dem römischen Staat, zuweilen auch um die innerjüdische Abgrenzung von der Mehrheit.[25] Die Evangelisten wollten dabei keineswegs objektiv über

»das« Judentum berichten, sondern die Christen, für die sie schrieben, belehren, erbauen, ermahnen, vergewissern und begeistern.

Dass dabei auch Tatsachen unterschlagen oder gar verdreht wurden, war weder ungewöhnlich noch unlauter. Wir dürfen von den Autoren des Neuen Testaments nicht verlangen, dass sie uns ohne weiteres unvoreingenommene und objektive Informationen über das Leben und den Glauben ihrer jüdischen Zeitgenossen präsentieren. Ebenso müssen wir uns darüber im Klaren sein, dass bereits in den Jahrzehnten nach der Entstehung der ersten christlichen Gemeinden bei Juden wie bei Christen das Interesse oder gar die Anteilnahme an den Angelegenheiten der anderen religiösen Gemeinschaft rapide gesunken war. Man ging mehr und mehr seine eigenen Wege, ohne sich dafür zu interessieren, was die Anhänger der Geschwisterreligion taten oder dachten. Dennoch sind die neutestamentlichen Schriften wichtig für uns, und zwar aus drei Gründen: Generell lebten Juden wie Christen unter den gleichen politischen, wirtschaftlichen und kulturellen Bedingungen, an den gleichen Orten, mit ähnlichen alltäglichen Bedürfnissen und Problemen.[26] Hinzu kommt, dass nicht wenige Christen im 1. Jahrhundert n. Chr. jüdischen Gemeinden angehört hatten, bevor sie sich taufen ließen. Auf der Grundlage der beiden Religionen gemeinsamen heiligen Schriften brachten sie auch viele jüdische Traditionen, Vorstellungen und Bräuche mit in die christliche Gemeinschaft hinein. Das Judentum definierte also zu einem nicht geringen Teil auch das Weltbild und die Lehrentwicklung der ersten Christen.

Schließlich lassen sich die zahlreichen Nachrichten über Juden und Judentum im Neuen Testament mit den mindestens ebenso zahlreichen nichtchristlichen Zeugnissen vergleichen. Auf diese Weise können wir schon ein schärferes Bild davon bekommen, wie die jüdischen Zeitgenossen der ersten Christen lebten und dachten. Die Angabe der Belegstellen in den jüdischen, christlichen und griechisch-römischen Quellen ist jedoch unverzichtbar, wenn die dargestellten Sachverhalte anhand dieser Quellen überprüfbar sein sollen. Vor allem aber sollen die Stellenangaben dazu einladen, selbst in der Bibel und den anderen antiken Quellen weiterzulesen, um sich so ein eigenes Bild zu machen.[27] Am Ende eines jeden Abschnitts befinden sich deshalb auch Kontrollfragen und Vorschläge zur eigenen Weiterarbeit und Diskussion.

1.3.2 Jüdische Schriften aus hellenistisch-römischer Zeit

In allen katholischen Bibelübersetzungen und auch in manchen Ausgaben der Lutherbibel finden wir zwischen den Schriften des Alten und des Neuen Testament die sogenannten Apokryphen (»Verborgenen«), die Bücher Judit, Tobit, Jesus Sirach, Baruch, der Brief Jeremias, die Weisheit Salomons, zwei Bücher der Makkabäer, Stücke zu Ester und Daniel, schließlich das Gebet Manasses.[28] Kaum eine dieser zwischen ca. 200 v. Chr. und dem 1. Jahrhundert n. Chr. entstandenen griechischen Schriften überwiegend lehrhaften Charakters ist in Sammlungen autoritativer Schriften des Judentums enthalten. Keine von ihnen war jemals Bestandteil eines jüdischen »Kanons«, wenn auch einige von ihnen derart geschätzt wurden, dass so mancher der Rabbinen es durchaus gern gesehen hätten wenn sie in den Rang einer im Gottesdienst vorzutragenden heiligen Schrift erhoben worden wären (vgl. T Jadajim II 13). Alle diese nichtkanonischen religiösen Schriften wurden im Judentum zunächst gemeinsam mit der griechischen Übersetzung autoritativer Schriften, der *Septuaginta*, überliefert. Hierbei ist anzumerken, dass es einen hinsichtlich seines Umfangs oder der Auswahl der Bücher von einem »palästinischen Kanon« abweichenden »alexandrinischen Kanon«, wie er immer noch hin und wieder in manchen Büchern begegnet, nie gegeben hat. Ein »Kanon« im Sinne einer verbindlichen Zusammenstellung prinzipiell gleichrangiger Offenbarungsgrundlagen ist eine christliche Vorstellung, die dem jüdischen Denken widerspricht. Und wir kennen weder in Alexandria noch irgendwo sonst in der antiken jüdischen Welt einen verbindlichen Bestand normativer heiliger Schriften, der anders war als die allgemein üblichen Sammlungen mit abgestufter Offenbarungsautorität, und die Apokryphen gehörten eben nicht dazu.[29] Ihr hoher historischer und religionsgeschichtlicher Quellenwert hingegen ist völlig unabhängig von dieser Tatsache.

Die Apokryphen (so die geläufige reformatorische Bezeichnung) bzw. *deuterokanonischen Schriften* (so die Bezeichnung in der katholischen Tradition) begegnen als in Anordnung und Umfang voneinander abweichende Sammlungen allein in christlichen Bibelhandschriften. Erhalten sind sie fast ausschließlich in der Überlieferung der Alten Kirche. Die Reformatoren, die sich am rabbinischen Kanon orientierten, lehnten sie ab. Und erst am 8. April 1546 wurden die »Apokryphen« von der katholischen Kirche auf dem Konzil von Trient endgültig für kanonisch erklärt.

Die Apokryphen sind als Dokumente unterschiedlicher Glaubensvorstellungen und kultureller Prägungen im antiken Judentum zu hellenistisch-römischer Zeit von großem Wert. Im Neuen Testament finden sich zahlreiche direkte Zitate aus den und indirekte Bezugnahmen auf die Apokryphen (z. B. Mk 10,19, vgl. Sir 4,1; Mt 9,36, vgl. Jdt 11,19; 2.Tim 2,19, vgl. Sir 17,26). Viele theologische Überzeugungen und Motive im Neuen Testament haben in ihnen Parallelen. Auch Josephus hat sie in seinen Werken immer wieder als Quellen benutzt.

Ähnliches gilt auch für die *Pseudepigraphen*, die sich in katholischen Bibelausgaben nicht finden.[30] Dieses religiöse Schrifttum, das zunächst allein innerhalb einzelner jüdischer Gemeinschaften Geltung hatte und erst später auch im Christentum des Ostens gelesen, übersetzt und fortgeschrieben wurde, wurde von den Kirchen zwar nie kanonisiert, war hier aber schon früh einer massiven redaktionellen Bearbeitung ausgesetzt, welche die Rekonstruktion der jeweiligen jüdischen Grundschicht sehr schwer macht. Erst durch die Textfunde vom Toten Meer (s. u. S. 92ff) wurde ein Teil der antiken jüdischen pseudepigraphen Schriften in ihrer Ursprache bzw. in einer frühen Textgestalt zugänglich.

Der moderne literarische Sammelbegriff »Pseudepigraphen« meint eigentlich Schriften, die unter einem *Pseudonym* im Umlauf waren, um sie mit einer bekannten bzw. bedeutenden Person zu verbinden und an seiner besonderen Autorität Anteil zu haben. Diese Definition ist allerdings in mehrfacher Hinsicht problematisch, denn zum einen fehlt bei einigen dieser Schriften jeglicher Hinweis auf ihren Autor, und zum anderen sind schließlich auch die fünf Bücher Mose nicht von Mose selbst abgefasst, sondern entstammen einer viel jüngeren Zeit.

1.3 Die Quellen

Die Rückbindung der Pseudepigraphen an eine normative Vergangenheit war Ausdruck der Identifizierung ihrer jeweiligen Verfasser mit dem angeblichen Autor bzw. der durch ihn repräsentierten idealen Vorzeit. Ein solches Vorgehen wurde keinesfalls als »Betrug« empfunden, denn weitaus wichtiger als die »Urheberschaft« eines Textes war – insbesondere dort, wo man vom Verstummen der Prophetie seit Beginn der Griechenherrschaft überzeugt war (1. Makk 4,46; 9,27; 14,41; vgl. Seder Olam Rabba [p. 140 Ratner]) – das Vertrauen in die getreue und lückenlose Weitergabe der Worte und Lehren einer geschätzten Autorität der Vergangenheit durch seine Anhänger und Schüler. Wichtige Pseudepigraphen sind z. B. das äthiopische Henochbuch, das syrische Baruchbuch, die Apokalypse Abrahams, die Testamente der zwölf Patriarchen, das vierte Buch Esra, das Testament Hiobs, das Buch der Jubiläen und das Buch der Sybillinen.

Unter den »Apokryphen und Pseudepigraphen« – wir bezeichnen sie im Folgenden mit den Herausgebern der gleichnamigen Buchreihe[31] als »*jüdische Schriften aus hellenistisch-römischer Zeit*« – finden sich die unterschiedlichsten literarischen Gattungen: Weisheitsliteratur, Rechtsquellen, liturgische und poetische Texte, nacherzählende Auslegungen, Geschichtsschreibung, Geheimwissen, zeitgeschichtliche Kritik und Polemik, Prophezeiungen, Orakel und die sogenannte »apokalyptische«, den Weltlauf deutende und das erwartete Weltende enthüllende Literatur.

Der neuzeitliche Begriff »*Apokalypse*« (der griechische Begriff bedeutet nicht etwa »Katastrophe« oder »Weltuntergang«, sondern allein »Enthüllung«, »Offenbarung«) wurde vom ersten Vers im letzten Buch der christlichen Bibel (Apk 1,1) als Gattungsbezeichnung auf sachlich und formal verwandte antike jüdische Schriften übertragen. Als »Krisenliteratur« spiegeln diese Schriften den anhaltenden Konflikt von heidnischer Macht und jüdischer Ohnmacht wider. Sie enthalten Offenbarungsmitteilungen des göttlichen Heilsplans mittels phantastischer Himmelsreisen, Traumbildern und ekstatischer Visionen im Wachzustand. Sie boten den Frommen Orientierung, Trost und Ermutigung angesichts ihrer akuten Leidens-, Not- und Unterlegenheitserfahrung. In ihnen offenbaren sich

Verzweiflung, Rachephantasien, Sehnsüchte und Hoffnungen. In diesem Sinne war die jüdische Apokalyptik darum bemüht, die – als bedrückend und unentwirrbar chaotisch erlebte – Gegenwart und die Erwartung des kommenden Heils miteinander zu vereinbaren, zwischen dem eigenen Erwählungsbewusstsein und den Ansprüchen der fremden Herrscher zu vermitteln, und damit auch die Autorität des gerechten Gottes Israels angesichts der als zutiefst ungerecht erlebten vorfindlichen Weltlage zu legitimieren.

Die religiösen Gemeinschaften innerhalb des antiken Judentums, die solche Offenbarungsschriften schrieben und lasen, können in grob vereinheitlichender Weise als »apokalyptische Bewegung« bezeichnet werden, ohne dass dies eine soziale Eingrenzung ermöglichte.[32] In dieser Bewegung sammelten sich viele Menschen, die an ihrem Leben verzweifelten. Die enge Verbindung von Gegenwartspessimismus und Zukunftshoffnung mündete hier in die Überzeugung, dass die ersehnte endgültige Erlösung durch das sichere Eingreifen Gottes in die Geschichte nicht die kausale Folge innerweltlicher Entwicklungen und menschlichen Handelns sein kann, sondern nur ihr radikales Ende. Verworfen wurde dabei die herkömmliche Vorstellung, dass die Weltgeschichte trotz aller Fehlentwicklungen und Hemmnisse in einem fortwährenden Prozess auf ein künftiges heilvolles Ziel hinausläuft. Für die Apokalyptiker gab es weder Erlösung noch ausgleichende Gerechtigkeit durch geschichtlichen Fortschritt, sondern nur durch eine radikale Veränderung aller irdischen Verhältnisse und durch das allumfassende Zorngericht Gottes. Die Apokalyptiker erhofften keine Verbesserung dieser Welt, sondern ihren nahen Untergang. Dies konnte sowohl den Rückzug aus der Gesellschaft als auch den aktiven Widerstand implizieren.

1.3.3 Die rabbinische Traditionsliteratur

Wie bereits angesprochen, war die *schriftliche Tora* Voraussetzung der jüdischen Religion. Sie galt als unmittelbar von Gott geoffenbart. Mit ihr lernten die jüdischen Kinder Lesen. Lange Zeit war sie Verfassung des von dem Hohenpriester und der Gerusia (»Ältestenversammlung«) bzw. dem Synhedrium (»Hoher Rat«; s.u. S. 113f)

1.3 Die Quellen

regierten jüdischen Tempelstaates gewesen. Josephus (Ap 2,165) bezeichnet dieses religiös fundierte Staatssystem als »*Theokratie*«.

Die *mündliche Tora*, die zahlreichen religiösen Traditionen, die in stetem Dialog mit den Erfordernissen und Möglichkeiten der Zeit – insbesondere hinsichtlich Leib und Leben, Familie und Eigentum – entstanden und sich entwickelten, wurden in »schriftgelehrten« Kreisen zu Sammlungen zusammengestellt, aus denen sich, ebenso wie aus der schriftlichen Tora, die *Halacha* ableiten ließ.[33]

Die Halacha konnte durchaus unabhängig von der Tora sein. In der Form kasuistischen Rechts, also in Einzelfälle zergliedernd und nicht von allgemeinen Grundsätzen ausgehend, entstanden immer neue Regeln und Interpretationen, die dann als Gewohnheitsrecht weitergegeben wurden. Jedes neue Problem, das sich ergab, wenn man als frommer Jude in Übereinstimmung mit den Geboten Gottes leben wollte, wurde also nicht dadurch gelöst, dass man nach einer allgemeinen Regel suchte, die sich auf alle Einzelfälle anwenden ließ, sondern dadurch, dass man nacheinander alle denkbaren Einzelfälle regelte, um so den Rahmen für die Lösung des Problems abzustecken. Die Halacha war und ist deshalb auch grundsätzlich nie abgeschlossen.

Der wichtigste Ort der Auslegung der Tora und der Tradierung dieser religiösen Überlieferung waren die *rabbinischen Schulen*. Hier gaben die Rabbinen ihr Wissen an die Schüler weiter, die öffentlich lehrten und oft ihrerseits später an anderen Orten selbst Schulen gründeten. Sie sorgten auf diese Weise für die Verbreitung der religiösen Traditionen und für deren Weitergabe an die nächsten Generationen.[34] Der Lehrstoff der *Tannaiten*, der Schulen Palästinas in den ersten beiden Jahrhunderten n. Chr., wurde aufgeschrieben, auswählend zusammengestellt und nach sachlichen Gesichtspunkten geordnet. Um 200 n. Chr. lag er als schriftliche Sammlung, als *Mischna* (»Lehre«) vor.[35] Die Mischna (hier abgekürzt: M) enthält 63 Traktate, eingeteilt in sechs sachlich grob organisierte Ordnungen *(Sedarim)*. Eine etwa gleichzeitig entstandene Sammlung, die *Tosefta* (»Ergänzung«; abgekürzt: T), enthält thematisch vergleichbare, ähnlich angeordnete Stoffe, die einesteils völlig unabhängig von der Mischna sind, andernteils auf diese Bezug nehmen.

Der Lehrstoff der *Amoräer*, der Angehörigen der rabbinischen Schulen in Palästina und in Babylonien aus der Zeit nach Abschluss der Mischna bis ins 5. Jahrhundert n. Chr. und darüber hinaus, ist schriftlich fixiert im *Jerusalemischen* und im *Babylonischen Talmud* (»Belehrung«).[36] Durch verschiedene äußere Faktoren begünstigt, konnten die babylonischen Schulen im frühen Mittelalter die palästinischen Schulen, und damit auch den Jerusalemischen Talmud (abgekürzt: j), verdrängen. Der bis ins 8. Jahrhundert n. Chr. hinein anwachsende Babylonische Talmud (abgekürzt: b) wurde im Judentum zu *dem* Talmud schlechthin.

Die methodische Auslegung der hebräischen Heiligen Schriften in der rabbinischen Literatur bezeichnet man als *Midrasch* (»Auslegung«).[37] Mit diesem Begriff wird ebenso das Ergebnis der Auslegung und schließlich auch die gesamte Literaturgattung dieser Schriftauslegungen bezeichnet, in denen nach bestimmten Regeln der heilige Text und sein tieferer Sinn erhellt werden sollte.

Die Rabbinen versuchten in Mischna, Tosefta, Talmudim und Midraschim alle nur denkbaren Fälle zu behandeln, um hierdurch den Geltungsbereich eines Gebotes bis in die Extreme auszuloten. Sie thematisierten sowohl hypothetische und zuweilen rechts skurril zu lesende Fälle als auch solche, die ihrer unmittelbaren Lebenswelt entlehnt waren. Sie gebrauchten dabei auch zahlreiche Beispiele, Bilder und Gleichnisse, die typische Geschehnisse, Vorgänge und Zustände widerspiegeln sollten. Von hier aus können wir auf den Verständnishorizont und die Lebensumstände derer schließen, für die solche Beispiele und Gleichnisse bestimmt waren.

Man möchte nun meinen, mit diesem umfangreichen Corpus der rabbinischen Traditionsliteratur ließen sich die meisten Ereignisse, Vorgänge, Gesetze und Gebräuche im antiken Judentum erhellen, ließe sich das Leben auch zur Zeit Jesu und der ersten Christen recht genau nachzeichnen. Und tatsächlich lassen sich problemlos mehrere Regalbretter mit Werken aus dem aktuellen Buchangebot füllen, in denen genau dieser Vergleich Grundlage der Darstellung ist.

Für viele heutige orthodoxe Juden gilt die rabbinische Traditionsliteratur als eine historische Beschreibung der im Judentum zur Zeit des Zweiten Tempels gültigen Praxis und Realität. Vom Standpunkt

1.3 Die Quellen

des jüdischen Frommen aus betrachtet ist das die Konsequenz der Überzeugung, dass hier die »reiche geistige Ernte vergangener Jahrhunderte«[38] gesammelt und für die Nachwelt schriftlich festgehalten worden sei, vergleichbar etwa mit dem vorwissenschaftlichen Bibelverständnis christlich-fundamentalistischer Kreise. Vom Standpunkt all derer aus, die nach den Gedanken und Lebensbedingungen der Menschen fragen, die über die Jahrhunderte als Verfasser und Tradenten der jüdischen religiösen Überlieferung wirkten, bestehen aber durchaus auch Einwände gegen ein solches Vorgehen. Die rabbinische Literatur ist ebenso uneinheitlich wie die biblische Überlieferung. Sie muss deshalb auch ebenso differenziert betrachtet werden.

Ein grundlegendes Problem ergibt sich dabei zunächst daraus, dass sich zu der Zeit, als die rabbinische Traditionsliteratur in ihrer heute greifbaren Form aufgeschrieben wurde, die äußeren Verhältnisse und die innere Struktur der jüdischen Religion einschneidend verändert hatten. Der einst so prachtvolle und berühmte Tempel in Jerusalem, der für das antike Judentum überall in der Welt zentrale Bedeutung hatte, war nur noch ein von Gestrüpp überwucherter Trümmerhaufen. Die Truppen des römischen Kaisers Vespasian (9–79 n. Chr.; reg. 69–79 n. Chr.) hatten den Ort unter dem Kommando seines Sohnes Titus (39–81 n. Chr.) im Jahre 70 n. Chr. eingenommen und völlig zerstört. Danach gab es hier weder Opfergottesdienste und Wallfahrten noch existierte eine organisierte Priesterschaft, die den Tempelkult aufrechterhalten konnte. Es gab auch keine jüdische Selbstverwaltung mehr mit einem Hohenpriester und dem Synhedrium – bzw. *Sanhedrin*, wie das idealisierte Leitungsgremium bei den Rabbinen heißt – an der Spitze und eigenen priesterlichen Rechtssatzungen.

Wenn in der Mischna also beispielsweise der Tempelgottesdienst beschrieben wird oder Rechtsnormen für viele Bereiche des privaten und geschäftlichen Lebens aufgestellt werden, wenn wir die Ausmaße des Tempels bis ins kleinste Detail aufgelistet finden oder wenn das System der Opfer und Abgaben an den Tempel minutiös erklärt wird, dann ist das nur zu einem geringeren Teil Erinnerung an die Zeit vor der Tempelzerstörung. Wir erhalten hier ein ideales

Bild homogener Religiosität in nahezu allen Bevölkerungsschichten und -gruppen. Die Verfasser und Redaktoren der rabbinischen Traditionsliteratur wollten jedoch weniger die sie umgebende Gegenwart beschreiben als aus ihren zahlreichen Erinnerungen und Beobachtungen, Überlieferungen und Lehren eine umfassende und geordnete Quelle der Halacha schaffen.[39] Im Laufe der Zeit entstandene Verhältnisse wurden dabei zu ihrer Legitimation in frühere, längst vergangene Epochen zurückdatiert. Zur Zeit der Rabbinen umstrittene Fragen wurden als von Anfang an geklärt dargestellt, Wunschvorstellungen als Realität gezeichnet. Die Mischna als Ganze war von ihren Tradenten und Redaktoren wahrscheinlich sogar als Programm gedacht, als ideale Verfassung für die Zeit, auf die sie so sehr hofften, die Zeit nämlich, in der wieder ein neuer Tempel in Jerusalem errichtet werden würde, von dem aus das Heil wieder in die ganze Welt ausstrahlen kann. Und der Verdacht ist berechtigt, dass die kasuistische Denkstruktur der Rabbinen (s. u. S. 99) durchaus nicht von jeder und jedem ihrer Zeitgenossen als Richtschnur des eigenen Verhaltens in allen Bereichen des alltäglichen Lebens empfunden wurde. Die Rabbinen hatten zu nahezu allem etwas zu sagen, aber es ist zweifelhaft, ob man tatsächlich immer auf ihre Weisungen hörte.

Berücksichtigen wir diese Einschränkungen bei ihrer Verwertbarkeit als Quelle für die Rekonstruktion der Lebensumstände im Judentum vor 70 n. Chr., ist die rabbinische Traditionsliteratur durchaus ein wertvoller Zeuge, besonders dort, wo sie – sozusagen ganz nebenbei – Informationen über den antiken Alltag bietet. Hinsichtlich kultischer und rechtlicher Belange ist sie auch dort von großem Wert, wo ihr Zeugnis mit den jüdischen Autoren Josephus und Philon, den hellenistischen antiken Schriftstellern, den frühchristlichen Texten und dem archäologischen Befund übereinstimmt. Vorsicht geboten ist an den Stellen, wo die rabbinische Überlieferung isoliert dasteht oder gar den anderen Quellen deutlich widerspricht.

1.3.4 Philon von Alexandria

Der jüdische Religionsphilosoph *Philon*[40] aus der großen ägyptischen Hafenstadt Alexandria entstammte einer angesehenen jüdischen Familie und erhielt eine gründliche griechisch-hellenistische Ausbildung. Seine Muttersprache war Griechisch, was für einen alexandrinischen Juden dieser Zeit völlig normal war. Seine Lebensdaten lassen sich leider nur ungenau bestimmen. Wohl zwischen 20 und 15 v. Chr. geboren, war er im Winter 39/40 n. Chr. – das einzige genaue Datum aus seinem Leben, das wir besitzen – Leiter einer Gesandtschaft der alexandrinischen Juden an den Hof des unberechenbaren römischen Kaisers Gaius »Caligula«, der zwischen 37 und 41 n. Chr. regierte (Gesandtschaft an Gaius 178ff; 369ff). Wir wissen, dass Philon zu diesem Zeitpunkt bereits ein würdiger älterer Mann war. Er dürfte demnach wohl spätestens um 50 n. Chr. gestorben sein.

Philon war ein überzeugter Anhänger der jüdischen Religion. In seinem umfangreichen zeitgeschichtlichen, theologischen und philosophischen Werk legte er die Tora und besonders die mosaische Gesetzgebung vorwiegend allegorisch aus, um ihren eigentlich gemeinten *vernünftigen* Charakter zu beweisen. Er verstand es, die Tora mit den Gedanken der platonischen und stoischen Philosophie zu verbinden, ohne dabei seinen jüdischen Glauben preiszugeben, den er sowieso als dem Griechentum überlegen ansah.[41] In einer seiner Schriften berichtet er von einer Wallfahrt, die er zum Heiligtum nach Jerusalem unternommen hatte, um dort zu beten und zu opfern (Über die Vorsehung 2, 107). Philon von Alexandria ist für uns jedoch nicht nur ein Zeitzeuge, sondern ein wichtiger Repräsentant jüdischen Denkens im 1. Jahrhundert n. Chr. Dass er dabei trotz seiner Kenntnis der hellenistischen Philosophie[42] durchaus kein Außenseiter war, beweist allein die Tatsache, dass er in wichtigen Angelegenheiten als Sprecher der alexandrinischen Juden ausgewählt wurde.

Im Judentum verschwand Philon sehr bald aus dem kulturellen Gedächtnis, was wohl vor allem daran liegt, dass die rabbinischen Gelehrten, deren Traditionen prägend wurden, kaum Interesse an den griechischsprachigen Überlieferungen des hellenistischen

Judentums Alexandrias hatten. Im Christentum hat Philon hingegen rasch eine große Wirkung entfaltet – überliefert und kommentiert wurden seine erhaltenen Schriften von der christlichen Kirche. Erkennbar sind Einflüsse seiner Vorstellungswelt bereits in der frühen christlichen Lehrentwicklung (vgl. Kol 1,15–20; Eph 1,3–10; Joh 1,1–18). Die Kirchenschriftsteller zitieren wiederholt aus seinem umfangreichen Werk, teilen nicht selten seine Auslegungsweisen und setzen sich immer wieder intensiv mit seinen gelehrten Schriftinterpretationen auseinander. Durch seine Beliebtheit bei den altkirchlichen Autoren wurde der Jude Philon quasi zum »Kirchenvater ehrenhalber«.

1.3.5 Flavius Josephus

Dem jüdischen Schriftsteller *Josephus*,[43] geboren 37/38 n. Chr. in Jerusalem als Sohn des Mattatiahu, Abkömmling vornehmer Eltern aus dem Priesteradel (der Begriff »Adel« bedeutet hier keinen erblichen Titel, sondern allein die Zugehörigkeit zu einer privilegierten und elitären Führungsschicht) und gestorben nach 100 n. Chr. in Rom, verdanken wir eine Reihe von Werken, die für die Erhellung der Geschichte des Judentums im 1. Jahrhundert n. Chr. von unschätzbarem Wert sind.[44] Ohne Josephus wäre unser Wissen über jene Zeit weitaus geringer.

Josephus war ein erstklassig ausgebildeter und vielseitig begabter Mensch, und er war selbstbewusst bis hin zur Eitelkeit. In seinem bewegten Leben war er nacheinander Musterschüler, »Aussteiger«, Diplomat, Gouverneur und Militärbefehlshaber der aufständischen Juden in Galiläa, Kriegsgefangener, ortskundiger Dolmetscher der römischen Truppen und schließlich Schriftsteller und Pensionär der flavischen Kaiserdynastie, deren Familiennamen er annehmen durfte. Erhalten sind vier seiner Schriften in griechischer Sprache, denen wir noch häufiger begegnen werden. Das erste Werk des Josephus ist der *»Jüdische Krieg«* (»De bello Iudaico«), in dem er von dessen Vorgeschichte und Verlauf berichtet und dabei immer wieder die Unschuld der jüdischen Mehrheit unter der Führung der Jerusalemer Priesterschaft betont. Die Kirchenväter verstanden den *»Jüdischen Krieg«* und

1.3 Die Quellen

die hierin enthaltene ausführliche Schilderung der Belagerung und Zerstörung Jerusalems als Beweis für die Zuverlässigkeit der Voraussagen Jesu über das Ende des Zweiten Tempels (Mk 13,1–37parr.), weswegen gerade dieses Werk des Josephus besonders häufig abgeschrieben wurde. Später verfasste er die »*Jüdischen Altertümer*« (»Antiquitates Iudaicae«), in denen er, ganz im Stil der zeitgenössischen hellenistischen Schriftsteller und geprägt von der stoischen Philosophie, darstellt, wie sich das Judentum im Verlauf seiner langen und bewegten Geschichte entwickelte, wie seine Gesetze und Sitten beschaffen waren und auf wen diese zurückgehen. Seine Hauptquelle, die hebräischen Heiligen Schriften, werden dabei nicht wörtlich zitiert, sondern – gemäß der schriftstellerischen Konvention seiner Zeit – durchgehend in kunstvoller Art und Weise paraphrasiert. Im Anschluss an dieses monumentale Werk schrieb Josephus seine »*Biographie*« (»Vita«), in der er in Auseinandersetzung mit seinem Rivalen Justus von Tiberias ausgesprochen selbstbewusst von seiner Herkunft, seinem Werdegang und seinem Wirken erzählt. Josephus' jüngstes erhaltenes Werk ist seine engagierte Verteidigung des Judentums in der Schrift »*Gegen Apion*« (»Contra Apionem«). Hierin setzt er sich gegen böswillige Angriffe verschiedener nichtjüdischer Autoren zur Wehr und bietet eine Begründung des Judentums als altehrwürdiges Kulturvolk.

Obgleich Josephus ein Zeitgenosse der ersten Christen war, erwähnt er diese nur an erstaunlich wenigen Stellen, deren Originalität zudem durchaus nicht rundherum unbestritten ist (»Antiquitates«, im Folgenden abgekürzt: Jos. Ant 18,63f; 20,200–203). Verloren gegangen ist die aramäische Originalversion des »*Jüdischen Kriegs*«. Manche Forscher nehmen an, einige Verweise in den »*Antiquitates*« (vgl. Jos. Ant 20,267f) würden auf eine verlorene »*Syrische Geschichte*« hinweisen. Doch ob Josephus dieses Werk nicht nur angekündigt, sondern auch tatsächlich verfasst hat, ist nicht sicher.

Josephus hat viele Vorgänge und Ereignisse genau beobachtet und in seinen Werken zahlreiche authentische Dokumente und Quellen wiedergegeben. Er gibt als vornehmer Priestersohn viele »Insiderinformationen« aus dem Umkreis des Jerusalemer Tempels wieder und beweist zugleich eindrücklich, wie tiefgehend die Verflechtung des antiken Judentums mit der hellenistisch-römischen Kultur tatsächlich war. Für die Erhellung der Geschichte der Juden in der Antike ist er einer unserer wichtigsten Gewährsleute, denn ohne sein Zeugnis wüssten wir nur sehr wenig über die Ereignisse und Entwicklungen in Palästina und in der Diaspora im 1. Jahrhundert n. Chr.

1.3.6 Griechische und römische Autoren

Obwohl die Ereignisse in Syrien-Palästina aus der Sicht der zeitgenössischen griechischen und römischen Schriftsteller zumeist als viel zu provinziell und unbedeutend angesehen wurden, um ihre Aufmerksamkeit auf sich zu ziehen, schrieben zahlreiche antike Autoren über Juden und Judentum. Sie blicken allesamt von außen auf ihre jüdischen Zeitgenossen, ihr Leben, ihre Kultur und Religion.[45]

Zu nennen sind hier vor allem der römische Redner und Schriftsteller *Plinius »der Ältere«* (ca. 23–79 n. Chr.) mit seinem umfangreichen enzyklopädischen Werk oder der aus Gallien stammende Historiker *Tacitus* (ca. 55–116 n. Chr.), der in seinen (leider nur unvollständig erhaltenen) Werken die Geschichte der römischen Kaiserzeit bis zum Ende des 1. Jahrhunderts n. Chr. beschreibt und dabei in besonders detaillierter Weise auf das Judentum und Judäa eingeht. Von ähnlich hoher Bedeutung sind der römische Biograph und Philosoph *Plutarch* (46–120 n. Chr.) und der schreibende Politiker *Cassius Dio* aus Bithynien (ca. 155–235 n. Chr.), dessen Darstellung der Geschichte Roms insbesondere für den Zeitraum zwischen 68 v. Chr. und 47 n. Chr. ein wichtiges Quellenwerk darstellt. Der römische Hofbeamte *Sueton* (ca. 70–130 n. Chr.) trug als Angehöriger des kaiserfeindlichen senatorischen Adels sämtlichen Klatsch über die zwölf römischen Kaiser von Julius Caesar (reg. 47–44 v. Chr.) bis Domitian (reg. 81–96 n. Chr.) zusammen. Von ihm erfahren wir zum Beispiel etwas über eine Vertreibung der Juden aus Rom unter Claudius (41–54 n. Chr.), die auch von Lukas (Apg 18,2) erwähnt wird. Sallusts ausführlicher Lebensbeschreibung des römischen Kaisers Nero verdanken wir die – von Sir Peter Ustinov meisterhaft gespielte – unvergessliche Szene mit dem dilettantischen Leierspiel des dekadenten Kaisers beim Blick auf das brennende Rom in M. Le Roys Film »*Quo Vadis*« (1951).

1.3.7 Nichtliterarische Quellen

Aufgeschrieben wurde auch in der Antike recht viel und viel Verschiedenes. Bereits im Neuen Testament begegnen uns sehr unterschiedliche Texte. Manche von ihnen sind kunstvoll komponiert und können als »große Literatur« bezeichnet werden, manche sind volkstümlich und von holzschnittartiger Schlichtheit.[46] Daneben – und das wird viel zu oft vergessen – schrieb man aber auch eine ganze Menge nichtliterarischer Texte und Alltagsurkunden, die nicht für die Öffentlichkeit bestimmt waren und deshalb auch nicht in einer nach Ästhetik strebenden Kunstform abgefasst sind: Briefe, Verträge, Quittungen, Abrechnungen, Schuldscheine, Urkunden, Listen, Notizen und Schreibübungen, auch Zaubertexte und Horoskope.[47] Gegenüber den sehr teuren Buchrollen und Büchern aus Leder oder Pergament war hier das Schreibmaterial zumeist Papyrus (auch der war durchaus nicht billig!) oder aber *Ostraka*, gebrannte Tonscherben, das »Schreibmaterial der kleinen Leute«, das nichts kostete und jedem jederzeit zur Verfügung stand. Zuordnung und Auswertung gerade der Papyri und Ostraka gestalten sich äußerst kompliziert, denn ein Großteil der Textfunde gleicht weniger geordneten Archiven als antiken Altpapiercontainern. Solche Texte, die das Leben nicht beschreiben, wie es sein *soll*, wie es Schriftsteller damals wie heute gern gemacht haben, sondern die selbst Zeugnisse dieses Lebens *sind*, ermöglichen uns, ebenso wie die archäologischen Funde, die Rekonstruktion vieler Gesichtspunkte des damaligen Lebens, die, wenn wir nur die religiösen Schriften des Judentums und des Christentums hätten, im Dunkeln bleiben oder verzerrt erscheinen würden.

1.3.8 Archäologische Quellen

Eine nicht zu unterschätzende Hilfe bei der Erhellung der Lebenswelt zur Zeit Jesu und der ersten Christen stellt schließlich die Archäologie dar, die sich längst von ihrer Funktion als »Hilfswissenschaft« der Bibelauslegung emanzipiert hat.[48] Quellen der Archäologie sind die Überreste der materiellen Kultur der Vergangenheit. Die wissenschaftliche Feststellung, Untersuchung und Interpretation dieser materiellen Überreste des antiken Lebens wie Siedlungen, prachtvolle oder schlichte Gebäudereste, Grabanlagen, Monumente, Kultstätten sowie große und kleine Gebrauchsgegenstände wie landwirtschaftliche Geräte, Werkzeuge, Boote usw., aber auch von Kleinfunden wie z. B. Münzen, Siegeln, Stempeln, Haushaltswaren, Schmuck und (einheimischer sowie importierter) Keramik, trägt dazu bei, den realen Lebenskontext vieler neutestamentlicher Geschichten zu erhalten. Die archäologische Forschung ermöglicht einen Einblick in die Bedingungen, Gewohnheiten und Ausdrucksmöglichkeiten des menschlichen Lebens längst vergangener Zeiten. Mittels der Archäologie können viele Fundstücke chronologisch eingeordnet und ihre Funktion erklärt werden. Ebenso lässt sich auf diese Weise das Lokalkolorit der ursprünglichen Adressatenkreise biblischer Texte erkennen.[49]

Die archäologische Forschung verfügt mittlerweile über ein Methodenrepertoire, anhand der Oberflächenfunde und Ausgrabungen auch Aussagen über die Lebensumstände der breiten Unterschicht und ihre Entwicklung zu machen. Hierzu gehören z. B. die archäologische Interpretation von Siedlungs- und Landschaftsformen als Ausdruck menschlicher Bewirtschaftung (Rodungen, Schonungen, Pflanzungen, Bodenschätze und ihre Nutzung, Terrassierung, Brunnen, Bewässerungsanlagen usw.), die Untersuchung des Siedlungsschutts hinsichtlich der Verteilung von Waren wie z. B. Nahrungsmittel, Metallgegenstände und Gebrauchskeramik und auch die Untersuchung von menschlichen und tierischen Überresten hinsichtlich Gebissstatus, Knochenstruktur, Parasitenbefall, Mageninhalt, Krankheiten, Ernährungsgewohnheiten, Samen, Pollen u.v.m. Was die seriös betriebene Archäologie allerdings nicht leisten kann und will, ist die direkte Beweisführung für die Lokalisierung oder gar die historische »Richtigkeit« biblischer Geschichten.

2. Zu Gast bei Juda und Mirjam

Dichter Morgennebel liegt über dem See Genezaret. Noch matt und kraftlos durchschneiden die ersten Sonnenstrahlen den Dunst und spiegeln sich auf einer silbrig glänzenden Oberfläche. Ein schmales Fischerboot nähert sich langsam und fast geräuschlos dem Ufer. An Bord sind zwei Männer, beide eingehüllt in grobe Decken. Ihre hölzernen Ruder gleiten über das Wasser, und mit einem knirschenden Geräusch schiebt sich der Kiel des Bootes auf das sanft ansteigende steinige Ufer. Die beiden Männer steigen in das flache Wasser und ziehen das Boot gemeinsam an Land. Aus einiger Entfernung hören sie einen Hahn krähen, ein anderer, ganz in ihrer Nähe, antwortet ihm. Die beiden steigen durch die Morgenkälte einen schmalen Pfad hinauf, der vom Seeufer in die Siedlung führt. Sie gehen an den verschachtelten Gebäuden mit Wohnräumen, Geschäften, Speichern und Werkstätten in den fast menschenleeren engen Straßen entlang, überqueren den Marktplatz, auf dem einige Händler ihre bunt bepackten Lastesel und Kamele abladen, gehen weiter, bis sie den Ort fast durchquert haben und sie an einem weiß gekalkten Gebäudekomplex aus grob behauenen Feldsteinen angelangt sind. Aus einem seiner kleinen Innenhöfe steigt eine schmale Rauchsäule empor, die nur wenige Meter über dem mit Matten ausgelegten Flachdach vom aufkommenden leichten Wind, der vom See herüberweht, in Richtung der abgeernteten Felder im angrenzenden Hügelland fortgetragen wird. Vor dem Eingang des Gebäudes verabschieden sich die beiden Männer. Juda bar Jona bleibt zurück und sieht, wie der andere sich wieder vom Haus entfernt, an der hohen Steinmauer entlanggeht, die von dem Licht der Morgensonne in leuchtendem Rot erstrahlt, um die nächste Ecke biegt und verschwindet. Juda bar Jona schiebt den groben bunt gewebten Vorhang beiseite und betritt den Innenhof seiner Wohnräume, wo Mirjam, seine Frau, mehrere Fische über einem offenen Feuer brät. Ein etwa zehnjähriges Mädchen mit hübschen braunen Augen wirft ein trockenes Holzscheit in die matt züngelnden Flammen. Funken stieben auf; vom flachen Dach hört man das laute Geschrei eines kleinen Kindes. Mirjam steht auf und steigt rasch die Leiter nach oben, während Juda bar Jona seinen Umhang abstreift und sich zu seiner Tochter ans Feuer setzt.

2.1 Wir mühen uns ab mit unserer Hände Arbeit (1. Kor 4,12)

Bei unserer Entdeckungsreise in die Welt des antiken Judentums begleiten wir Juda bar Jona und seine Familie von nun an für einige Zeit bei ihrem alltäglichen Leben und auch während besonderer Ereignisse. Gemeinsam mit ihnen betreten wir die drei Zentren des antiken jüdischen Lebens. Zunächst bleiben wir einige Zeit zu Gast im *Haus* der Familie an ihrem Wohnort. Dann nehmen wir mit Juda bar Jona an einem Gottesdienst in der *Synagoge* von Kapernaum teil. Solche synagogalen Gottesdienste fanden in den Ortschaften Palästinas und auch außerhalb des jüdischen Mutterlandes überall dort statt, wo Juden in dauerhaften Gemeinschaften lebten. Schließlich begleiten wir die beiden bei ihrer Wallfahrt zum Jerusalemer Tempel, wo sich bis zu seiner Zerstörung im Jahre 70 n. Chr. alljährlich Juden von überall her zu den großen Pilgerfesten versammelten und wo man das ganze Jahr hindurch den täglichen Brandopfern beiwohnen konnte.[50]

Wie bereits erwähnt, heißen die beiden, denen wir von nun an auf Schritt und Tritt folgen werden, Juda, Sohn des Jona, bei den Griechen und Römern bekannt unter seinem zweiten Namen Rufus, und Mirjam, Tochter der Rachel. Auch ihre beiden Kinder, Salome und Simon, haben wir bereits kennen gelernt. Das kleine Haus, in dem die Familie gemeinsam lebt, befindet sich am Rand von Kapernaum, einem Ort an der Grenze zwischen Galiläa und der Gaulanitis (dem heutigen Golan) nahe der Jordanmündung am Nordwestufer des Sees Genezaret, und – wie uns Josephus (»Bellum«, im Folgenden abgekürzt: Jos. Bell 3,516–519) berichtet – inmitten einer außergewöhnlich fruchtbaren Gegend.[51]

Josephus behauptet, in *Galiläa*, das ebenso wie seine Nachbarlandschaften im Jahre 63 v. Chr. dem Statthalter der römischen Provinz Syrien unterstellt worden war, habe vor Beginn des

Jüdischen Krieges im Jahre 66 n. Chr. keine der über zweihundert Ansiedlungen (Vita 235) weniger als 15 000 Einwohner gehabt (Bell 3, 43). Multipliziert ergäbe das über drei Millionen Menschen. Zwar war das Land infolge des rapiden Bevölkerungswachstums in den beiden Jahrhunderten v. Chr. tatsächlich dicht besiedelt, doch scheint diese Angabe (wie so manche andere bei Josephus) stark übertrieben. Tatsächlich werden es kaum mehr als eine Million Bewohner gewesen sein.[52]

Nach dem Tod des jüdischen Königs Agrippa I. (10 v. Chr.–44 n. Chr.) im Jahre 44 n. Chr. hatte Kaiser Claudius das gesamte jüdische Territorium Palästinas als Teil der römischen Provinz Syrien und *dominium* (»Besitz«) des römischen Volkes wieder direkter römischer Verwaltung unterstellt. Die römischen Statthalter im Rang von Senatoren waren nun als oberste administrative und juristische Autoritäten unmittelbar für die Einhaltung von Ruhe und Ordnung im Land verantwortlich. Ihnen allein oblag die Kapitalgerichtsbarkeit. Insbesondere trugen sie die Verantwortung für den umfassenden und pünktlichen Einzug der Steuern und Tribute (s. u. S. 63f). Die drei Landesteile Judäa, Galiläa und Peräa waren dabei jeweils in mehrere Verwaltungsdistrikte eingeteilt, in denen die kleineren Ansiedlungen den größeren Orten administrativ untergeordnet waren. Für die aristokratische Oberschicht in den Städten bedeutete diese unmittelbare römische Herrschaft keine gravierende Änderung. Die bäuerliche Bevölkerung überall auf dem Land litt hingegen sehr unter ihren wachsenden Belastungen. Immer mehr Besitz konzentrierte sich in den Händen von immer weniger Reichen (vgl. Jos. Ant 17,23f.28).

In der Zeit der rücksichtslosen Expansions- und Judaisierungspolitik der hasmonäischen Hohenpriesterkönige (140–63 v. Chr.) war auch Galiläa zu einem Raum geworden, der zwar offiziell als jüdisch galt, jedoch nur jüdische Einflüsse von unterschiedlicher Intensität aufwies. Zwar bestand die Mehrheit der Bevölkerung Galiläas im 1. Jahrhundert n. Chr. aus Juden, die bereits seit mehreren Generationen hier wohnten, zumeist in Dörfern und kleinen Städten, doch waren auch viele der Einwohner Galiläas als Siedler und Arbeiter aus Syrien, Idumäa oder dem Nabatäerreich, aus dem benachbarten

Stadtstaat Tyrus, aus Griechenland oder Kleinasien gekommen. Diese Menschen hatten andere Sitten, verehrten andere Gottheiten.[53]

In den Evangelien begegnet *Kapernaum*, hebräisch *k'far nachum*, »Dorf Nahums«, als ein wichtiger Aufenthaltsort Jesu aus Nazaret (beim Evangelisten Matthäus gar als »Jesu eigene Stadt«; vgl. Mt 9,1) und als der – nach Jerusalem – am häufigsten erwähnte Ortsname.[54] Kapernaum war im 1. Jahrhundert n. Chr. durchaus kein Provinznest. Eine wichtige und stark frequentierte Handelsstraße verband die Hafenstadt Caesarea Maritima mit dem See Genezaret. Der Ort besaß damals einen Fischerhafen, eine Zollstation, einen kleinen Militärposten, einen Marktplatz und eine Synagoge, die in den Evangelien ein bevorzugter Schauplatz der Verkündigung Jesu ist (Mk 1,21parr; 2,14parr; 9,33; Joh 6,59).[55]

Öffentliche Bauten, die eine »moderne« hellenistische Metropole kennzeichneten, fehlten hier. Zwei solcher Metropolen gab es in der näheren Umgebung: Das benachbarte Tiberias und das nicht allzu weit entfernt gelegene Sepphoris, beides Neugründungen des Tetrarchen von Galiläa und Peräa Herodes Antipas (4 v. Chr.–39 n. Chr.). Er ist uns aus den Evangelien als Landesherr Jesu aus Nazaret bekannt (Mk 6,14parr; Lk 3,1; 23,6 u. ö.).

Zur Demonstration seiner Loyalität hatte Herodes Antipas bald nach seinem Herrschaftsbeginn mit dem Wiederaufbau der in Galiläa ca. 6 Kilometer nördlich von Nazaret und 30 km westlich vom See Genezaret gelegenen Stadt *Sepphoris* begonnen.[56] Er gab der Stadt zu Ehren des Kaisers Augustus den Namen *Autocratoris* (»[Stadt] des Kaisers«). Sepphoris, ein ehemaliger Militärposten und Waffenmagazin Herodes' des Großen, war bereits im Jahre 4 v. Chr. von den Truppen des Quintilius Varus in Schutt und Asche gelegt worden (Jos. Bell 2,68). Der Tetrarch ließ nun die Gebäude, Straßen und Plätze der Stadt wiederherstellen, ein ausgedehntes Wasserleitungssystem in ihr errichten, und machte sie fortan zu seiner Residenz und zur Hauptstadt der ihm unterstellten Gebiete. Ebenso bekam Sepphoris, das bald zur größten Stadt Galiläas heranwuchs (Jos. Vita 232), ein prächtiges Amphitheater nach dem Vorbild zahlreicher römischer Städte. Den Ort Bet Haram in Peräa östlich des Jordan (vgl. Jos 13,27), den Herodes Antipas wiederaufbauen ließ, nannte er

Livias, um Livia Drusilla zu ehren, die dritte Ehefrau des Augustus. Sein Bedürfnis, dem römischen Herrscher zu schmeicheln wo er nur konnte, führte dazu, dass er, nachdem er vom Tod Livias und ihrer posthumen Aufnahme in das kaiserliche Geschlecht der Julier (14 n. Chr.) erfahren hatte, die Siedlung rasch von *Livias* in *Julias* umbenannte.

Im Jahre 14 n. Chr. starb Kaiser Augustus, und Tiberius (14–37 n. Chr.) übernahm die Herrschaft über das Römische Reich. Bereits zu dieser Zeit scheint Herodes Antipas geplant zu haben, den Sitz seiner Herrschaft an einen zentraleren Ort an der Grenze zwischen Galiläa und Peräa zu verlegen. Um 20 n. Chr. gründete er am Westufer des Sees Genezaret an der großen Handelsstraße zwischen Syrien und Ägypten, ganz in der Nähe der warmen Quellen von Emmaus, eine Stadt, nannte sie zu Ehren des regierenden Kaisers *Tiberias* und machte sie zu seiner neuen Residenz (Jos. Ant 18,36).[57]

Herodes Antipas hatte anfangs unerwartete Probleme, als er für seine neu erbaute Stadt Einwohner suchte. Es stellte sich nämlich heraus, dass kaum jemand in Tiberias leben wollte, da der Ort an der Stelle eines alten Friedhofs errichtet worden war, was ihn für fromme Juden unbewohnbar machte (Jos. Ant 18,37f). Tatsächlich galten Friedhöfe im Judentum als Stätten des Todes, der Unreinheit und der Gefährdung der Lebenden (s. u. S. 79). Josephus zufolge wurden deshalb nichtjüdische Galiläer und arme Immigranten, darunter auch viele freigelassene Sklaven, von überall her mit sanftem Druck dazu gebracht, sich in Tiberias niederzulassen.

Zu den öffentlichen Bauten der gewollt »modernen« hellenistischen Metropole Tiberias gehörten ein geräumiger Palast, ein Tempel für die olympischen Götter und den vergotteten römischen Kaiser, ein Stadion und ein Aquaedukt. Es gab auch Bäder, Gaststätten und Bordelle. Allerdings erlaubt der archäologische Befund nicht, für die Stadt bereits im 1. Jahrhundert n. Chr. das Vorhandensein eines von anderen Bauwerken architektonisch zu unterscheidenden Synagogengebäudes und einer befestigten Stadtmauer anzunehmen. Der Tetrarch gewährte Tiberias die Privilegien, eigene Münzen zu prägen und eine eigene Zeitrechnung zu verwenden. Weiterhin richtete er hier eine kommunale Verwaltung nach dem Vorbild einer griechischen Polis ein. Zu dieser Verwaltung gehörten ein großer Beamtenapparat und ein aus 600 Mitgliedern bestehender Stadtrat. Die Bewohner der Stadt waren jedoch nicht nur diesem Rat unterstellt, sondern standen auch weiterhin unter der obersten Befehlsgewalt ihres Landesherrn Herodes Antipas.

Von all den repräsentativen Prachtbauten, wie sie in ähnlich großen Städten wie Sepphoris oder Tiberias im 1. Jahrhundert n. Chr. standen, wurde während der archäologischen Ausgrabungen in Kapernaum nichts gefunden. Wir können uns Kapernaum zu jener Zeit als ein kleines, aber lebendiges Städtchen bzw. »Großdorf« vorstellen, inmitten eines außergewöhnlich fruchtbaren Landstrichs mit subtropischem Klima und mit Süßwasser im Überfluss. Die Menschen kamen aus der Gegend ringsum, um ihre Erzeugnisse auf dem Markt anzubieten und sich mit Vorräten zu versorgen. Reisende und Händler machten hier Station, und die Mehrheit der ca. 600 bis 1000 Einwohner Kapernaums, zumeist Bauern oder Fischer, hatte in dem Ort wohl recht gute und stabile Lebensbedingungen.

Wir befinden uns während unseres Besuchs bei Juda und Mirjam im Jahr 53 n. Chr. Kapernaum unterstand in jener Zeit, wie ganz Galiläa, dem römischen Statthalter M. Antonius Felix (52–60 n. Chr.), einem freigelassenen Sklaven, im Jahre 41 n. Chr. ernannt von Kaiser Claudius und im Jahre 54 n. Chr. von dessen Adoptivsohn Kaiser Nero (reg. 54–68 n. Chr.) wieder seines Amtes enthoben. Josephus (Vita 13–16) berichtet, besagter Statthalter Felix habe einige jüdische Priester in seinem Hoheitsgebiet verhaften und nach Rom bringen lassen, aber er, Josephus, sei als junger Mann seinerseits in die Hauptstadt des *Imperium Romanum* geschickt worden und habe dort nach einer abenteuerlichen Reise durch Beziehungen und Verhandlungsgeschick ihre Freilassung erwirkt. Im Neuen Testament begegnen wir Felix wenige Jahre später beim Prozess und der Gefangensetzung des Paulus in Caesarea Maritima (Apg 23,24ff).

In Kapernaum also leben Juda, Mirjam und ihre beiden Kinder. Obwohl es *die* jüdische Familie als definierte soziale Größe in der Antike ebenso wenig gab wie die angebliche Durchschnittsfamilie mit 2 Erwachsenen und 1,4 Kinder im heutigen Deutschland, sind die vier in mehrfacher Hinsicht durchaus repräsentativ für die meisten jüdischen Familien dieser Zeit.[58]

Juda und Mirjam leben monogam. Eine solche Einehe war, wie uns die antiken Quellen zeigen, im antiken Judentum durchaus die Norm. Ihr Hauptzweck bestand in der Zeugung legitimer Nachkommen, die ihren Eltern die Versorgung im Alter und – wenn sie männlich waren – die Kontinuität der Erwählungsgeschichte Israels garantierten. Zwar war es einem jüdischen Mann gesetzlich prinzipiell erlaubt, mehrere Ehefrauen nebeneinander zu haben (vgl. Dtn 21,15), doch begegnen wir der Mehrehe im 1. Jahrhundert n. Chr. im Judentum nur äußerst selten. Allein im judäischen Adel stoßen wir zuweilen auf Polygamie. Fast alle zeitgenössischen Schriftsteller sprechen sich vehement gegen eine solche Mehrehe aus.

Der Ehestand galt im antiken Judentum als von Gott eingesetzt (Gen 1,27; 2,21–24) und als Norm (vgl. b Jevamot 63a; b Kidduschin 29b). Das Verharren im ledigen Stand wurde dagegen gesellschaftlich missbilligt; Junggesellen wurden misstrauisch beargwöhnt. Männliche wie weibliche Homosexualität widersprach der generellen Orientierung legitimer Sexualität allein am Zeugungsakt, der als Erfüllung des biblischen Fortpflanzungsgebots (Gen 1,22) verstanden wurde. Hinzu kam wohl auch der Bekenntnisaspekt des Geschlechtslebens bzw. das Bedürfnis, sich von tatsächlichen oder angeblichen Sexualpraktiken der hellenistisch-römischen Umwelt abzugrenzen (vgl. Lev 18,22; 20,13; 1. Kor 6,9; 1.Tim 1,10). Ebenso selten wie die Polygamie war die Entscheidung mancher Asketen und Eremiten, unverheiratet zu leben (vgl. Jos. Bell 2,120; 1. Kor 7,1.7.32). Darin, dass manche Frauen nach dem Tod des Ehepartners nicht wieder heirateten, lässt sich der Einfluss stoischen Gedankenguts erkennen (s. o. S. 21f).

Die Eheschließung als Rechtsakt zerfiel in zwei Teile, nämlich die »Antrauung« und die »Heimführung«. Rechtsgültig angetraut werden konnten bereits kleine Kinder durch ihre Eltern; in juristischer Hinsicht (und vor allem in Erb- und Vermögensfragen) galten sie fortan als Eheleute. Die Braut blieb allerdings bis zur »Heimführung« durch ihren Bräutigam im Alter von 13 bis 15 Jahren im Haus ihres Vaters. Erst zu diesem Zeitpunkt ging sie aus seinem Verantwortungsbereich in den Verantwortungsbereich ihres Gatten über. Die Jungfräulichkeit der Braut galt als Voraussetzung der Ehe. Geheiratet wurde zumeist nur innerhalb der gleichen gesellschaftlichen Schicht; als ideal galten Verbindungen zwischen Vetter und Cousine und zwischen Onkel und Nichte. Mit der Heimführung, der eigentlichen Aufnahme der ehelichen Gemeinschaft, die mit einer ausgiebigen und fröhlichen Feier mit viel Musik, Fleisch und Wein verbunden war (vgl. Joh 2,1–11), begann das gemeinsame Eheleben.

Entgegen heute verbreiteter Vorstellung hatte die Mehrzahl der jüdischen Ehepaare damals nur zwei bis drei Kinder. Wenn wir meinen, zu einer antiken Familie gehörte eine Kinderschar »wie die Orgelpfeifen«, dann projizieren wir Verhältnisse, wie wir sie in Arbeiterfamilien zur Zeit des Frühkapitalismus im Europa des 19. Jahrhunderts n. Chr. antreffen, in die antike Gesellschaft. Zwischen dem Ansehen einer Frau und ihren reproduktiven Fähigkeiten bestand zwar eine enge Verbindung. Kinderreichtum war im 1. Jahrhundert n. Chr. aber durchaus nicht immer erstrebenswert oder gar gesellschaftlich gefordert. Für die Sicherung des Familienbesitzes und die Versorgung nach dem Verlust der eigenen Arbeitskraft waren männliche und legitime Kinder zwar eine notwendige Voraussetzung und deshalb auf lange Sicht von großer Bedeutung, jedoch wurde Kinderlosigkeit (vgl. Jos. Bell 1,563; Ant 18,132) in der hellenistisch-römischen Antike auch von Juden nicht unbedingt als ein Zeichen von Gottlosigkeit oder gar als göttliche Bestrafung verstanden (vgl. Hos 9,11f; Sir 16,3f). Unfruchtbarkeit wurde allerdings prinzipiell der Frau angelastet.

Jede Geburt war aufgrund der schlechten hygienischen Verhältnisse lebensgefährlich für die Mutter. Ärztliche Versorgung war in kleineren Siedlungen nicht vorhanden. In Zeiten aktueller Not galten Kinder sogar als Belastung, was dann an machen Orten zu sinkenden Geburtenraten führen konnte (Polybius, Historia 36,17). Zudem war man bestrebt, den Kindern, die im antiken Judentum zwei bis drei Jahre lang gestillt wurden (viele Frauen hofften, auf diese Weise eine erneute Schwangerschaft zu verhindern), möglichst gute Bedingungen für ihr Aufwachsen zu schaffen. Oft genug nützte selbst das nichts, denn die Kindersterblichkeit war enorm. Kaum mehr als die Hälfte aller Kinder erreichte das Erwachsenenalter.

2.1 Wir mühen uns ab mit unserer Hände Arbeit

Abtreibung und Kindesaussetzung galten im antiken Judentum, da wider das göttliche Gebot, als eine besonders schwere Sünde, d. h. als elementare Störung des Bundesverhältnisses zwischen Gott und seinem Volk Israel (Philon, Über die Tugenden 131f; Über die Einzelgesetze 3,110f; Jos. Ap 2,202). Es fällt auf, dass die Kindersterblichkeit der Mädchen in manchen Gegenden weitaus höher war als die der männlichen Kinder.[59]

Üblicherweise fand am achten Tag nach der Geburt eines Knaben seine feierliche *Beschneidung* statt (vgl. Gen 17,10f; Lev 12,3), die mit der Namengebung durch den Vater verbunden war (vgl. Lk 1,59; 2,21). Die Beschneidung, also das Wegschneiden oder Einschneiden der Vorhaut des Glieds, war in altorientalischen Kulturen (z. B. in Ägypten) zunächst verbreitet und wurde vom Judentum aufgenommen, beibehalten und mit einer eigenen Bedeutung versehen. In der Zeit des babylonischen Exils (598/586–539 v. Chr.) wurde die Beschneidung zum unwiderruflichen äußeren Kennzeichen der Volkszugehörigkeit. Sie diente so (ebenso wie Sabbatheiligung, Speisegebote und Mischehenverbot) der Unterscheidung der Israeliten von der babylonischen Bevölkerung und trug dazu bei, dass diese dem fortwährenden Druck, in der Mehrheitsgesellschaft aufzugehen, standzuhalten vermochte. In hellenistisch-römischer Zeit entstand im Judentum die Überzeugung, dass sich mit der Beschneidung die eigentliche Aufnahme in den Bund Gottes mit Israel vollzieht.

Die im antiken Judentum wie in der gesamten antiken Welt übliche patriarchalische Gesellschaftsstruktur begrenzte die Möglichkeiten der Frau, selbstbestimmt am öffentlichen Leben teilzuhaben. Im Prinzip sollte sie hauptsächlich für den Innenbereich des Hauses zuständig sein, während der Mann außer Haus wirkte. Während die Frau also mit Mahlen, dem wöchentlichen Brotbacken, Kochen, Waschen, Spinnen, Putzen, Weben, Nähen, der Bewirtung der Gäste, der Kinderpflege und -erziehung beschäftigt war (vgl. M Ketubbot V 5), sollte sich der Mann der Bestreitung der Kosten für Wohnung, Kleidung, Nahrung und Brennholz für die Familie und daneben seinen gesellschaftlichen und religiösen Pflichten widmen. Philon (Über die Einzelgesetze 3, 169; vgl. Sir 26,13–15) meint sogar, die

Frau solle das Haus am besten überhaupt nicht verlassen. Von der Frau erwartet wurden Zurückhaltung und sexuelle Passivität (Sir 26,24b). In der Öffentlichkeit tätige Frauen wie Musikerinnen, Tänzerinnen oder Wirtinnen wurden generell mit Prostituierten gleichgesetzt (Jos. Ant 3,276).

Diese strikte Rollenverteilung war allerdings ein rabbinisches Ideal. In Wirklichkeit finden wir in der Umgebung Judas und Mirjams kaum eine Frau, die nur Handarbeiten zur Aufbesserung ihres »Taschengeldes« tätigte (M Ketubbot IV 4; V 9) und nicht auch außer Haus mitarbeitete, auf dem Feld jätete, säte und erntete, Brennholz sammelte, Tiere hütete und fütterte, Netze wusch und flickte, Fische schlachtete, trocknete und verkaufte (M Jevamot XV 2; vgl. M Bava mezia VII 6). Und wer diesen Arbeiten nachgehen konnte, war bereits »besser gestellt«. Für arme Frauen ohne Familie, Arbeit und Besitz war ihr eigener Körper manchmal die einzige Ware, die sie anbieten konnten, um nicht zu verhungern.

Die meisten Familien waren damals dringend darauf angewiesen, dass auch die Frau mit zum Lebensunterhalt beitrug. In der rabbinischen Überlieferung finden sich ausführliche Spekulationen darüber, welche ihrer Arbeiten im Haushalt einer Frau trotz der Unterstützung durch eine, zwei oder gar drei Mägde zuzumuten seien. Ebenso wird erörtert, ob es hinzunehmen sei, dass sie im letzteren Fall nur noch im Lehnstuhl sitzt (M Ketubbot V 5). Dies alles wird in den Ohren der meisten Frauen, die ebenso hart wie ihre Männer arbeiten mussten, um den kargen Lebensunterhalt der Familie sicherzustellen, wie blanker Hohn geklungen haben.

Auch in der Oberschicht setzte man sich über die übliche Rollenverteilung hinweg. Reiche und mächtige jüdische Frauen aus dem Adel galten als legitime Herrscherinnen über untergeordnete Personen beiderlei Geschlechts. Den historischen Kern, den die androzentrischen rabbinischen Überlieferungen und die Nachrichten bei Josephus enthalten und der die Situation Mirjams und ihrer antiken jüdischen Geschlechtsgenossinnen gut beschreibt, erkennt man in einer prägnanten Aussage der feministischen Theologin E. Schüssler Fiorenza: »Der tatsächliche soziale und religiöse Status von Frauen ist nach dem Grad ihrer ökonomischen Selbstständigkeit und aufgrund ihrer sozialen Rollen zu bestimmen und nicht aufgrund ideologischer Behauptungen oder Vorschriften.«[60]

Die Familie Juda bar Jonas lebt gemeinsam an einem Ort. Das war nicht die einzige, aber doch immerhin die häufigste Lebensform. Die Familie ist komplett. Das war bereits nicht mehr so häufig. Wir haben zahlreiche Berichte darüber, dass damals viele Menschen viel zu früh durch Unfälle, Krankheiten und Seuchen oder aufgrund mangelnder medizinischer Versorgung starben. Manche Väter wurde Opfer jüdischer terroristischer Aktionen oder römischer Vergeltungsmaßnahmen. Manche haben ihre Familien aus allen möglichen Gründen verlassen und sind weiter gezogen, ohne sich um Frau und Kinder zu kümmern. Viele Mütter haben das Kindbett nicht überlebt, starben bei oder kurz nach der Geburt infolge Unterernährung, Entkräftung und desolater hygienischer Verhältnisse.

Juda bar Jona versteht, wie viele seiner jüdischen Zeitgenossen, drei *Sprachen*: (Am besten) *Aramäisch*, (mit Mühe) *Hebräisch* und (nicht immer, aber immer öfter) *Griechisch*. Aramäisch ist seine Umgangssprache, ist die Sprache des alltäglichen Miteinanders.[61] In aramäischer Sprache waren die ersten Worte, die er als Kind sprechen konnte. Im – für Auswärtige leicht zu identifizierenden (vgl. Mt 26,73) – lokalen Dialekt der aramäischen Sprache unterhält er sich mit seiner eigenen Familie, denkt und träumt, scherzt und flucht er, weist er die Tagelöhner auf dem Feld an, bespricht er sich mit seinen Freunden. Hebräisch hingegen hat Juda bar Jona als Kind in der Synagogenschule gelernt, unterstützt von großzügig ausgeteilten Stockhieben. Hebräisch hört er fast nur noch im synagogalen Gottesdienst, wo es die liturgische Sprache ist. Hebräische Texte sieht er heute allein auf Schriftrollen und auf Grabsteinen auf dem Friedhof. Er selbst benutzt die alte Sprache nur noch im Gottesdienst und wenn er sich mit einem Fremden aus Judäa unterhalten will oder muss, von denen einige geradezu stolz darauf sind, selbst ihre privaten Briefe und alltäglichen Notizen in hebräischer Sprache zu verfassen. Juda bar Jona traut diesen Leuten nicht über den Weg. Er hat von den fanatischen Messerstechern und Banditen gehört, die mit ihren heimtückischen Überfällen nicht nur die Soldaten des römischen Statthalters bedrohen. Und er weiß, dass jeder, der in dieser Zeit und an diesem Ort im Alltag Hebräisch spricht, sich etwas dabei denkt.

Mit seinem Griechisch, das er sich mühsam selbst angeeignet hat, ist Juda hingegen überhaupt noch nicht zufrieden und deshalb höchst begierig, es nach Kräften zu verbessern. Griechisch zu verstehen, es gar sprechen und schreiben zu können, erscheint ihm so wichtig, um im Leben, besonders im Geschäftsleben, »vorwärts zu kommen«, dass er sich insgeheim darüber ärgert, dass sein kleiner Sohn vom Lehrer in der Synagoge nur Hebräisch und Aramäisch lernen wird. Griechisch lernt man in den Städten, in Sepphoris oder in Tiberias. In griechischer Sprache kann man sich mit den vielen Menschen aus anderen Gegenden unterhalten, ganz egal, ob es nun Juden sind oder nicht. Griechisch, die Sprache des sozialen Aufsteigers, sprechen die ausländischen Händler, die ihm nach zähen Verhandlungen (natürlich in griechischer Sprache) sein Getreide abkaufen. In griechischer Sprache abgefasst müssen alle rechtlichen Dokumente, Formulare und Verträge sein, um auch in den Ämtern der römischen Landesherren anerkannt zu werden.

Welche Sprache Juda bar Jona also gebraucht, richtet sich in erster Linie nach der Situation, in der er sich befindet. Diese Verwendung dreier Sprachen durch dieselben Personengruppen nennt man *Triglossia*. So wie er waren die meisten Juden in Palästina zu seiner Zeit dreisprachig, wenn es auch kaum jemanden gab, der sowohl Aramäisch als auch Hebräisch und Griechisch gleichermaßen beherrschte. Die lateinische Sprache hingegen begegnet in jüdischen Texten aus dem 1. Jahrhundert n. Chr. fast ausschließlich in Lehnwörtern aus dem militärischen Bereich.[62]

Wenn Juda bar Jona sich mit Griechisch sprechenden Händlern oder römischen Beamten unterhält, gebraucht er seinen zweiten, lateinischen Namen Rufus. Zahlreiche antike Texte und Inschriften belegen, dass der Gebrauch eines solchen *Supernomens* bzw. *Signums* im antiken Judentum weit verbreitet war.[63] Je nach Kommunikationssituation, also unter Berücksichtigung dessen, mit wem man wann und wo sprach, stellte man sich entweder mit seinem hebräischen Namen vor oder man gebrauchte dessen griechische bzw. lateinische, im Idealfall bedeutungs- oder klanggleiche Entsprechung. Das bekannteste *Signum* im Neuen Testament trägt Saulus aus Tarsus. Dass der Apostel der nichtjüdischen Welt seinen biblischen Namen als Christ nicht in Paulus geändert hatte (vgl. Apg 13,9), sondern von Anfang an in zwei Kulturkreisen beheimatet war und je nach Gesprächspartner bzw. Kommunikationssituation seinen hebräischen oder griechischen Namen benutzte, war bereits den Kirchenvätern (Origenes, Kommentar zum Römerbrief) bekannt.

Anregungen zur Weiterarbeit:
1. *Was bedeutet die Tatsache, dass alle neutestamentlichen Schriften in griechischer Sprache abgefasst sind?*
2. *Paulus schreibt in 1. Kor 7,1–9 über Ehe und Ehelosigkeit. Worin unterscheidet sich sein Standpunkt von dem seiner Umwelt?*
3. *In der Ahnenreihe Jesu im Matthäusevangelium (Mt 1,1–17; vgl. Lk 3,23–38) werden außer Maria noch vier weitere ungewöhnliche Frauen erwähnt. Wer waren Tamar, Rahab, Rut und Batseba und was verbindet sie?*

2.2 Gebt dem Kaiser, was des Kaisers ist (Mt 22,21)

Ein Tag ist vergangen, seitdem wir Juda und Mirjam kennen gelernt haben. Juda bar Jona hat fast den ganzen gestrigen und auch den heutigen Tag damit verbracht, sich um die Ernte der reifen Früchte an den wenigen Obstbäumen zu kümmern, die ihm gehören. Wieder sitzt er im engen Innenhof seiner Wohnung am flackernden Feuer, neben ihm sitzt sein Schwager Ja'akov, der Fischer. Die Sonne geht rasch unter; aus allen Richtungen hört man Grillen zirpen. Immer wieder huschen kleine Fledermäuse über die Dächer der Häuser. Die beiden Männer trinken mit Wasser vermischten roten Wein aus Tonbechern und brechen immer wieder Stücke von einem runden Brot ab, die sie in eine flache Schale mit Olivenöl tunken. Es fällt kaum ein Wort. Juda bar Jona macht sich Gedanken darüber, wie er den Ertrag seiner Arbeit nun verkaufen soll. Die Weizenernte war in diesem Jahr überall im Land recht gut, und er ahnt, dass er sich sehr wird anstrengen müssen, jemanden zu finden, der ihm seine Früchte und Getreidesäcke zu einem erträglichen Preis abnimmt.

Auch sein Schwager macht sich große Sorgen. Zu viele andere Fischer ziehen so wie er ihre Netze durch den See Genezaret. Die vom römischen Kaiser vergebenen Lizenzen für den Fischfang waren im Voraus zu bezahlen. In Kapernaum selbst lässt sich der Fang kaum verkaufen; das Einsalzen und Trocknen der Fische dauert seine Zeit und erbringt keinen hohen Ertrag, und spätestens an der Landesgrenze wird auch noch Zoll fällig. Sind die Erzeugnisse ihrer harten und gefährlichen Arbeit endlich zu Geld gemacht, was sie beide hoffen, werden sie kaum mehr als die Hälfte davon selbst für sich und ihre Familien ausgeben können. Die Steuereintreiber des ungeliebten Römischen Reichs werden ihren Anteil daran einfordern. Und auch der Anteil, den sie dem Jerusalemer Tempel abliefern sollen und im Prinzip durchaus wollen, wenn die jüdischen Abgabensammler aus Jerusalem kommen, lässt sich zwar mit etwas Geschick begrenzen, bleibt aber dennoch eine schwere Belastung.

Beide Männer wissen, dass ihr wichtigstes Kapital in ihrer Arbeitskraft besteht. Weder haben sie Ersparnisse noch gibt es für sie irgendeine Möglichkeit der sozialen Absicherung, die über die Mildtätigkeit der jüdischen Gemeinde gegenüber den Allerärmsten hinausgeht. Kaum jemand ihrer Verwandten und Freunde wäre in der Lage, ihnen Geld oder Nahrungsmittel zu leihen. Und doch geht es den beiden dabei noch relativ gut, was allerdings nicht viel mehr besagt, als dass sie nicht hungern müssen.

Juda bar Jona bearbeitet mit seiner Frau ein kleines Stück Ackerland bei Kapernaum, gut drei Hektar groß. Ist auf dem Feld wenig zu tun, hilft er seinem Schwager ab und zu beim Fischen, womit er etwas zusätzliches Geld verdient. Als Bauer mit eigenem Land und eigenen, aus Feld- und Bruchsteinen, Holz und luftgetrockneten Lehmziegeln gebauten kleinen Wohnräumen mit einfachen Holzbrettern als Trennwänden, einem begehbaren Flachdach, auf dem man schlafen und essen kann, und einem winzigen, mit groben Steinplatten gepflasterten Innenhof mit einer Kochstelle als Mittelpunkt des häuslichen und familiären Lebens, gehört er in dem Agrarland (Jos. Ap 1,60ff) bereits der gesellschaftlichen *Mittelschicht* an.

Hierzu gehören auch Handwerker, kleine Händler und Gewerbetreibende. Die zumeist in den Städten lebende, verschwindend kleine *Oberschicht* bestand aus dem Priesteradel, reichen Kaufleuten und Großgrundbesitzern, die ihre Ländereien verpachteten und so die Erträge der Landwirtschaft abschöpften. Die von den Ackerbauern zu erbringende Pachtzinsleistung war dabei entweder vom Ernteertrag abhängig oder bestand in einer bestimmten Erntemenge bzw. dem entsprechenden Geldbetrag (vgl. T Moed katan II 3; T Bava mezia IX 13). Der Kreis der Personen, die in den Gleichnissen Jesu vorkommen (z. B. Tagelöhner, Sklaven, Großgrundbesitzer, Pächter, Gutsverwalter), erlaubt einen Einblick in diese sozialen Verhältnisse.

Allein die Angehörigen dieser Oberschicht besaßen direkten Einfluss in politischen Fragen. Die breite *Unterschicht* hingegen setzte sich aus Sklaven (hierzu gehörten durchaus nicht nur Diener und Arbeiter, sondern auch manche Ärzte und Lehrer) und zahllosen *Tagelöhnern* (zumeist in der Landwirtschaft oder beim Fischfang; vgl. Mk 1,20; Lk 15,17.19; Joh 10,12f; Jak 5,1–6 u. ö.) zusammen. Tagelöhner hatten kein geregeltes Einkommen, das ihnen eine mittel- oder gar langfristige Zukunftsplanung oder Existenzsicherung ermöglicht hätte.[64] Verschuldung und Landenteignung verwandelten viele Ackerbauern innerhalb kurzer Zeit in solche Tagelöhner und machte sie zu Wanderarbeitern. Gezwungenermaßen lebten sie von einem Tag zum nächsten, ohne Dach über dem Kopf und ohne tägliches Essen. Die Vaterunserbitte um das tägliche Brot (Mt 6,11; Lk 11,3) nimmt diese prekäre, durch Hunger und Mangelernährung gekennzeichnete Lebenssituation in besonderer Weise auf.

Die meisten Menschen im antiken Palästina lebten von und arbeiteten in der *Landwirtschaft*. Der Anteil der Landwirtschaft am Sozialprodukt betrug fast drei Viertel und war somit die ökonomische Basis des Landes. Durch die damals übliche Erbteilung wurde der private Landbesitz rasch fragmentiert. Angebaut wurden auf den deshalb oft sehr kleinen Parzellen – die durchschnittliche Gesamtfläche betrug ca. 7 Hektar – vorwiegend Oliven, Flachs, Wein und Getreide (Weizen, Gerste, Hafer, Emmer), daneben auch Obst und Gemüse (z. B. Erbsen, Bohnen, Linsen, Rüben, Gurken, Kürbisse, Datteln, Feigen, Granatäpfel, Melonen, Zwiebeln und Gewürzkräuter).

Erst seit Beginn der hellenistischen Epoche wurden auch Reis, Baumwolle und Zitrusfrüchte angepflanzt.

Die Kleinbauern, Landbesitzer oder -pächter, bearbeiteten den Boden zumeist gemeinsam mit ihren Familien, mit *Lohnarbeitern*, die entweder für eine bestimmte Zeit oder für eine bestimmte Aufgabe (z. B. Pflügen, Aussäen, Ernten, Dreschen) angeheuert und bezahlt wurden, und – so sie es nicht aus Prinzip ablehnten (vgl. Philon, Über die Freiheit des Tüchtigen 79; Jos. Ant 18,21) – vergleichsweise selten mit *Sklaven*, deren Anschaffung und Unterhalt allerdings einen erheblichen finanziellen Aufwand erforderten.[65] Da man Sklaven als eine Art Investitionsgut betrachtete, wurden sie zumeist innerhalb des Hauses eingesetzt und bei gefährlichen oder gesundheitsschädigenden Arbeiten durch Tagelöhner ersetzt, für deren Wohlergehen nicht ihr Arbeitgeber, sondern allein sie selbst verantwortlich waren.

Daneben gab es noch zahlreiche andere *Erwerbszweige und Berufe*. Nicht wenige Menschen waren Viehzüchter und Hirten. Sie hüteten in dem kargen Hügelland zumeist Kleinvieh, also kleine Herden von Schafen und Ziegen, seltener Rinder oder Schweine. Manche Familien züchteten Hühner oder Tauben, manche hielten Bienen. Als Arbeits-, Transport- und Reittiere verwendete man zumeist Rinder, Esel oder Maultiere. Die handwerklichen Berufe, die im Allgemeinen vom Vater auf den Sohn »vererbt« wurden, hatten sich bereits ausdifferenziert (vgl. Sir 38,28–35). Es gab beispielsweise Schmiede und Töpfer, Seiler und Korbflechter, Weber, Färber und Walker, Zeltmacher, Tischler und Zimmerleute. Gerber und Ziegelmacher mussten ihrem – im ersteren Fall mit viel Gestank verbundenen und im letzteren Fall brandgefährlichen – Gewerbe außerhalb der Ansiedlungen nachgehen. Gerade am See Genezaret, dem sich über ca. 170 km^2 erstreckenden »galiläischen Meer«, gab es zahlreiche Fischer. Einige Menschen lebten vom Kleinhandel, sehr wenige, vorwiegend in den Küstenstädten, vom Groß- und Fernhandel. Manche hatten sich als Söldner einer fremden Macht anwerben lassen. Das besaß im antiken Judentum durchaus Tradition. Im ägyptischen Elephantine, einem Ort auf einer Insel beim heutigen Assuan, existierte beispielsweise bereits in persischer Zeit eine große jüdische Militärkolonie.

2.2 Gebt dem Kaiser, was des Kaisers ist

Die *Hauptnahrungsmittel* der Bevölkerung waren Getreidebrei, Brot und Öl, Obst und Gemüse, Hülsenfrüchte, seltener frischer, getrockneter oder geräucherter Fisch, Eier, Milch und Käse. In den Speisungserzählungen der Evangelien (Mk 6,35–44parr; Joh 6,1–13; Mk 8,1–10) spielen die beiden Grundnahrungsmittel Brot und Fisch eine zentrale Rolle. Fleisch hingegen war Luxus und wurde fast nur zu außergewöhnlichen Anlässen, z. B. bei Festen und Opfermahlzeiten, verzehrt. In M Ketubbot V 8 haben wir eine Aufstellung der nötigen Verpflegung für eine Frau, deren Mann verreist ist und sie für eine Woche allein zu Hause zurückgelassen hat: Zwei *Kab* (das Hohlmaß *Kab* entspricht ca. 2,2 Liter) Weizen oder vier *Kab* Gerste, einen halben *Kab* Hülsenfrüchte, ein halbes *Log* (1 *Log* entspricht ca. 0,66 Liter) Öl, einen *Kab* Dörrfeigen oder eine *Mine* (entspricht ca. 350 Gramm) Pressfeigen.

Ein verbreitetes Getränk war mit Wasser vermischter, mit Salz, Honig, Kräutern und Gewürzen versetzter *Wein*, der bestenfalls so ähnlich geschmeckt haben dürfte wie stark verdünnter lauwarmer Glühwein. Oft wurden Brotstücke in den Wein getunkt (M Nazir VI 1; M Jadajim I 3). Der heute in nicht wenigen evangelischen Gemeinden beim Abendmahl gereichte Traubensaft kann sich nicht auf antike Vorbilder berufen, denn zum einen war der Alkoholismus als Krankheit in der Antike unbekannt, und zum anderen ist bei mediterranen Temperaturen jeder Saft innerhalb von wenigen Tagen heftig gärender Most.

Antike Kleiderfunde aus den Höhlen am Toten Meer zeigen, dass die im antiken Judentum gebräuchlichen tunikaartigen gegürteten Umhänge und umgeworfenen Mäntel, die kapuzenartig über den Kopf gezogen werden konnten, zumeist aus großen rechteckigen Stoffstücken zusammengenäht waren. Manche Kleidungsstücke hatten verzierte Borten und kunstvolle Muster. Getragen wurden auch Hüftschurze und Hemdkleider, dazu farbige Turbane und Kopftücher. Grobere Stoffe waren aus Ziegen- oder Kamelhaar hergestellt. Auffällig ist, dass die in der Wüste Juda gefundenen Stoffreste allesamt entweder nur aus eingefärbter Schafwolle oder aber aus reinem Leinen, Baumwolle, Hanf oder Flachs bestehen. Mischgewebe scheint kaum verwendet worden zu sein (vgl. Lev

19,19; Dtn 22,11). Die tägliche Hygiene blieb zumeist auf Gesicht, Hände und Füße beschränkt.

Der karge Lebensunterhalt der Familie musste hart erarbeitet werden. Wie bereits erwähnt, reichte das, was Juda bar Jona und seine Frau mit der Arbeit auf dem Feld verdienten, bei einer normalen Ernte gerade zum Überleben. Ein Mann brauchte damals im Jahr ungefähr 200 Denare als *Existenzminimum* (M Pea VIII 8; vgl. Mk 6,37; Joh 6,7). Nach Mt 20,2.9.13 betrug zur Zeit Jesu aus Nazaret und der ersten Christen der Arbeitslohn eines Tagelöhners im Weinberg ¼ Schekel bzw. Tetradrachme. Das entspricht einem römischen Denar. Die Höhe dieses Arbeitslohnes kann auch auf andere Arbeiten übertragen werden. Frauen erhielten für die gleiche Arbeit höchstens die Hälfte des Lohnes eines Mannes. Der Jahresverdienst eines solchen Arbeiters wäre dann – je nach der Menge der Arbeitstage – zwischen 160 und 240 Denaren zu beziffern. Die Kaufkraft des Geldes lässt sich dabei nur grob bestimmen: Für einen Denar bekam man im 1. Jahrhundert n. Chr. direkt vom Erzeuger etwa zehn Kilogramm Weizen, oder man konnte ca. zwölf Brote kaufen.[66]

Der Ertrag der Weizenernte eines Feldes von drei Hektar, also etwa von der Größe, die Juda bar Jona bearbeitet, belief sich in einem durchschnittlichen Jahr auf ungefähr 200 *Se'a* (ca. 2628 Liter; das entspricht knapp 19 Doppelzentnern Getreide). Ziehen wir davon ein Fünftel ab, das als Saatgut für das kommende Jahr gebraucht wurde, blieben noch ca. 160 *Se'a* Getreide übrig. Nach Abzug aller Steuern und Abgaben (s. u. S. 64ff) war das nur noch knapp die Hälfte der gesamten Ernte, nämlich etwas weniger als 92 *Se'a*. Der übliche Marktwert von einem *Se'a* Weizen war nach Auskunft der antiken Quellen ein Denar (M Pea VIII 7; M Erubin VIII 2; vgl. Apk 6,6). Der Ertrag eines ganzen Jahres mühevoller und risikoreicher Feldarbeit deckte also noch nicht einmal die Hälfte dessen, was die Familie zum Überleben brauchte.

Besäße Juda bar Jona nicht noch zusätzlich einige Obstbäume, deren ständig vor Dieben gehütete Erträge er zu Geld macht, könnte er nicht bei seinem Schwager, dem Fischer, noch etwas hinzuverdienen, würde er es mit der Entrichtung der verschiedenen Abgaben an den Jerusalemer Tempel genauer nehmen und würde nicht Mirjam, bereits tatkräftig unterstützt von der kleinen Salome, zu Hause am Webstuhl Tücher fertigen, die sie ebenfalls auf dem Markt verkaufen kann, dann wäre es schlicht und einfach zu wenig zum Überleben. Die Familie verdient in einem durchschnittlichen Jahr insgesamt ca. 200 Denare, das entspricht gut 1100 Broten. Wie gesagt, gehört sie damit bereits zum Mittelstand der Gesellschaft Galiläas im 1. Jahrhundert n. Chr. Ihre soziale Absicherung ist allerdings äußerst labil. Eine Missernte, Schädlingsbefall des gelagerten Getreides, ein Unfall oder eine längere Krankheit Judas oder Mirjams bedeutet – das wissen die beiden – die Vernichtung ihrer Existenzgrundlage.

Wir hörten bereits, dass knapp die Hälfte aller landwirtschaftlichen Erträge für Steuern aufgewendet werden musste. Juda bar Jona hat, wie alle Juden in Galiläa und den benachbarten Gebieten, die zusammen als das ursprüngliche Gebiet Israels verstanden wurden, einen Teil seines Ernteertrags in Form einer Reihe von Abgaben an den Tempel in Jerusalem zu entrichten. Hinzu kamen indirekte und direkte *Steuern* und *Tribute* an die römische Besatzungsmacht. Alle jüdischen Bauern Galiläas, die keine römischen Bürger waren, zahlten eine Grundsteuer (*tributum soli*), je nach Größe und Ausstattung des landwirtschaftlichen Betriebs, die sie entweder in Geld oder in Naturalien entrichten konnten. Jeder männliche Jude ab einem Alter von 14 Jahren und jede Jüdin ab 12 Jahren zahlte auch eine von den Einwohnern sämtlicher römischen Provinzen (außer von denen, die römische Bürger waren) erhobene, jährlich fällige Kopfsteuer (*tributum capitis*) in Höhe eines Denars (Mk 12,13–17parr; vgl. Lk 23,2).

Die Eintreibung dieser und weiterer Steuern durch ortsansässige Zollpächter (»Zöllner«; vgl. Mk 2,14) basierte auf umfassenden Steuerlisten, die anlässlich von Herrschaftswechseln oder Änderungen der Verwaltungsstruktur immer wieder aktualisiert wurden, um die Steuereinnahmen zu optimieren. Eine solche landesweite Durchsicht der lokalen Steuerlisten in der römischen Provinz war beispielsweise die Volkszählung (*Census*) des P. Sulpicius Quirinius, des ersten senatorischen Statthalters Syriens nach der Unterstellung Judäas unter direkte römische Verwaltung, im Jahre 6 n. Chr. (Lukas verlegt den Zeitpunkt dieser »Schätzung«, von der wir alljährlich in der Lesung des Weihnachtsevangeliums [Lk 2,1ff; vgl. Jos. Ant 18,1f] hören, irrtümlicherweise in die Zeit Herodes' des Großen [37–4 v. Chr.]). Die Höhe der römischen Steuern bezifferte sich insgesamt wahrscheinlich auf 12,5% des jährlichen Ernteertrags (vgl. Jos. Ant 14,202f).[67]

Auch die nach der Errichtung des Zweiten Tempels (520–515 v. Chr.) in der Zeit der Perserherrschaft (539–332 v. Chr.) im Rahmen der theokratischen Verfassung des Tempelstaates eingeführten Zehnten (Neh 10,33f) und Erstlingsabgaben waren seit den hasmonäischen Hohepriesterkönigen in den beiden letzten Jahrhunderten v. Chr. immer mehr zu staatlichen Steuern geworden. Diese mit römischer Billigung an den Jerusalemer Tempel zu entrichtenden und von frommen Juden, so es ihnen überhaupt möglich war, anstandslos entrichteten *Abgaben* setzten sich im Mutterland im Wesentlichen aus der Priesterhebe, dem Ersten und dem Zweiten Zehnt, den Abgaben für die Erstlingsfrüchte und der Tempelsteuer zusammen.

Zunächst entrichtet man die Priesterhebe (*Teruma*), einen bestimmten Teil des landwirtschaftlichen Ertrags (ca. 2%), der bester Qualität sein musste und zudem besonders scharfen Reinheitsbestimmungen unterlag. Er kam allein den Priestern zugute und wurde von ihnen im Zustand kultischer Reinheit verzehrt (Lev 22,10–14; Num 18,11f; Neh 10,38–40 u. ö.). Der danach zu entrichtende *Erste Zehnt* bestand in 1/10 des (nach Ablieferung der Priesterhebe übrig gebliebenen) Ernteertrages aller zum menschlichen Genuss bestimmten Feldfrüchte (Num 18,21–24; vgl. Mt 23,23; Lk 11,42). Er war für die Leviten bestimmt, die davon allerdings ihrerseits 1/10 an die Priester weitergeben mussten (Num 18,26ff; Jos. Ant 4,69).

Vom Rest sollte in jedem ersten, zweiten, vierten und fünften Jahr in einem Zeitraum von sieben Jahren (»Jahrwoche«) der *Zweite Zehnt* in Naturalien oder in Form des Gegenwerts für Opfer und Festessen im Status ritueller Reinheit während einer Wallfahrt nach Jerusalem verbraucht werden (Dtn 14,23–27). Wenn auch dieser Zehnt zur Zeit Juda bar Jonas tatsächlich regelmäßig entrichtet wurde, wurde er von den meisten Juden sicher nicht als eigentliche Abgabe empfunden, da der Betrag zwar in seiner Bestimmung festgelegt, jedoch für den eigenen Proviant bestimmt war. Er fehlte jedoch bei dem Geld, über das man dann, wenn man es nötig brauchte, verfügen konnte.

In jedem dritten und sechsten Jahr der Jahrwoche war der Zweite Zehnt als *Armenzehnt* für die Armen, die Kranken, die Fremden, Witwen und Waisen bestimmt (Dtn 26,12–15). Auch das, was vom Zweiten Zehnt während einer Wallfahrt nicht verbraucht wurde und übrig blieb, gab man den Armen.

Weitere Abzüge vom Ernteertrag waren die Abgabe der Erstlingsfrüchte (*Bikkurim*) bzw. deren Gegenwerts und die Tempelsteuer (*Schekalim*). Die Erstlingsfrüchte und die männlichen makellosen Erstgeburten des Viehs bzw. ihr Gegenwert (Num 18,13.15–18; Dtn 26,1–11; Neh 10,36f) sowie der Ertrag aller Baumpflanzungen in den ersten drei Jahren nach der Pflanzung (Lev 19,23; vgl. Philon, Über die Tugenden 155ff) mussten ohne Ausnahme an den Tempel bzw. an die Priester abgeliefert werden. Der Ertrag im vierten Jahr war wie der Zweite Zehnt zu behandeln (Lev 19,24; Jub 7,36; vgl. Philon, Über die Tugenden 159; Jos. Ant 4,226f). Erstgeborene Söhne mussten von ihrem Vater im Tempel durch ein Tieropfer ausgelöst werden (vgl. Num 18,15; Lk 2,22f).

Die von jedem männlichen Juden und Proselyten (s. u. S. 118f) zwischen dem 20. und dem 50. Lebensjahr im Mutterland Palästina und überall in der Diaspora jährlich zu entrichtende Tempelsteuer in Höhe einer silbernen Doppeldrachme (bzw. eines tyrischen Halbschekels oder zwei Denaren) diente der Aufrechterhaltung des Opferkultes im Jerusalemer Tempel. Einige Fromme entrichteten diese Tempelsteuer freiwillig auch für Familienmitglieder, die noch nicht oder nicht mehr unter die Steuerpflicht fielen, und sogar für Sklaven, die zu ihrer Hausgemeinschaft gehörten.

Die biblischen Belege deuten auf eine lange Entwicklung der Tempelsteuer hin: Während in Ex 30,11–16 wohl nur eine einmalige Abgabe gemeint ist, scheinen 2. Kön 12,5–17; 22,3–7; 2. Chr 24,5–14; 34,8–14 und Neh 13,8–14 von einer dauerhaften Einrichtung der jährlichen Steuer auszugehen. So lesen wir es auch bei Philon (Über den Erben des Göttlichen 186–189) und Josephus (Bell 7,218; Ant 3,195f; 18,312).

Die Zahlung der Tempelsteuer hatte religiösen wie nationalen

Symbolcharakter und konnte aus diesem Grund als Bekenntnisakt interpretiert werden. Mit der Zahlung dokumentierte und demonstrierte man seine Zugehörigkeit zum Judentum. Die Verweigerung der Tempelsteuer konnte somit auch als demonstrativer Abfall vom jüdischen Glauben verstanden werden (vgl. Mt 17,24–27).

Wie hoch war die *Gesamtbelastung* durch all diese Steuern und Abgaben nun für den einzelnen jüdischen Bauern? Im Falle Juda bar Jonas ergäbe sich folgende Rechnung: Seine Weizenernte hat einen Wert von 200 Denaren. Davon gehen die Priesterhebe (*Teruma*) in Höhe von 2 Prozent, also 4 Denare, danach der Erste Zehnt, das wären 19,6 Denare, dann der Zweite Zehnt, macht 17,64 Denare, und schließlich die Tempelsteuer in Höhe von 2 Denaren ab. Das macht zusammen gut 42 Denare oder genauer 21,63 Prozent des Gesamtwerts.

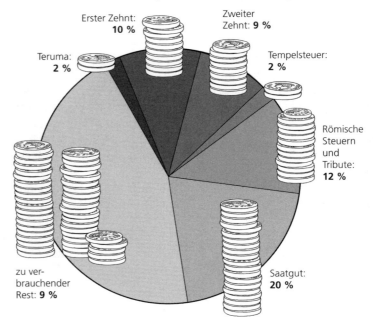

Steuern und Abgaben vom Bodenertrag

Rechnen wir nun die 12,5 Prozent Steuern an Rom dazu, macht das zusammen über 34 Prozent des Ernteertrags bzw. mehr als 68 Denare. Ziehen wir vom Rest, der Juda bar Jona verbleibt, schließlich noch das Saatgut für das kommende Jahr ab, bleiben nun von den ursprünglich 200 Denaren, die seine Weizenernte wert ist, kaum mehr als 90 Denare für die nächsten zwölf Monate übrig.[68]

Zu allen religiösen Steuern und Abgaben (vgl. Neh 10,32–39), die entweder direkt nach der Ernte kassiert oder aber vom Bauern selbst nach Jerusalem gebracht wurden, gibt es entsprechende Traktate in der *Mischna*, der *Tosefta* und (zumeist) auch im Jerusalemischen und im Babylonischen Talmud. Die rabbinischen Gelehrten, die sich hier – Jahrhunderte nach der Tempelzerstörung – zu Wort melden, sahen nicht selten auf die jüdischen Ackerbauern herab, da diese es mit der Abführung der Steuern und Abgaben oft notgedrungen wohl nicht so genau nahmen (vgl. b Pesachim 49b). An der biblischen Einrichtung des *Sabbatjahres* (Ex 23,10f; Lev 25,1–7.18–22; Dtn 15,1–11; Jub 50,3)[69] wird der Konflikt, in den ein frommer jüdischer Bauer geraten konnte, wenn er die Weisungen der Tora befolgen wollte, ohne dabei zu verhungern, besonders deutlich.[70]

In jedem siebten Jahr war es – in Analogie zur Woche mit sechs Arbeitstagen und dem Sabbat als dem siebten Tag der Arbeitsruhe – allen jüdischen Bauern innerhalb der Landesgrenzen Israels verboten zu pflanzen, zu ernten, Obstbäume zu beschneiden und das, was von selbst nachgereift war, zu ernten. Der Ertrag dieses Jahres sollte komplett den Armen zugute kommen. Hinzu kam noch, dass alle Forderungen, die man gegenüber seinen Schuldnern hatte, in diesem Jahr erloschen (Dtn 15,2). Dies hatte zur Folge, dass vor einem solchen Brach- und Erlassjahr kein Mensch mehr einem anderen etwas verlieh oder Waren zum Weiterverkauf überließ.

Die Torabestimmung des Sabbatjahres bedrohte faktisch die Existenz der ärmeren Bauern. Kaum eine Familie hatte die Möglichkeit, den Ausfall einer kompletten Jahresernte durch Rücklagen und Vorräte auszugleichen. Und die römischen Steuern waren im 1. Jahrhundert n. Chr. natürlich auch während des Sabbatjahres fällig.

Es ist verständlich, dass unter diesen Umständen der Eifer, alle von der Tora gebotenen Abgaben ordnungsgemäß zu entrichten, durch die Notwendigkeit, das eigene Überleben sicherzustellen, begrenzt wurde. Viele jüdische Bauern mussten sich notgedrungen dem Gebot der Tora widersetzen, indem sie das Land auch im Sabbatjahr bebauten oder es an einen Nichtjuden verpachteten, der ihnen dann wiederum einen Teil seiner Felderträge abtreten musste. Die Rabbinen berichteten sogar davon, dass eine ganze Stadt das Sabbatjahr nicht einhielt (T Demai III 17).

Nach Auskunft der rabbinischen Traditionsliteratur gab es hinsichtlich der Vereinbarung von Sabbatjahr und Existenzsicherung nun eine intelligente Notlösung, deren Einführung man Hillel »dem Alten« zuschrieb und die sogar geltendes Recht wurde. Es handelt sich dabei um ein den Eigentumsvorbehalt zum Ausdruck bringendes Rechtsformular bzw. um einen Verwahrungsschein, den *Prosbol* (gebildet wahrscheinlich aus dem griechischen Ausdruck: »*Vor der Versammlung der Ratsleute*«). Dieser Verwahrungsschein berechtigte den Gläubiger dazu, seine Außenstände und Forderungen – streng genommen gegen das biblische Gebot – auch nach dem Sabbatjahr noch einzutreiben. Auf diese Weise konnte man auch sein Land durch einen Nichtjuden nutzen lassen, ohne den Anspruch auf seinen Anteil an dessen Erträgen zu verlieren.

Der Verwahrungsschein wurde unter dem Beisein von Zeugen beim örtlichen Gericht deponiert, um die drohende Verjährung von Forderungen im bzw. nach einem Sabbatjahr zu verhindern. Nach dem Zeugnis von Mischna und babylonischem Talmud (M Schebiit X 3f; b Gittin 36a)[71] sah dieses Formular etwa wie folgt aus:

Ich erkläre hierdurch gegenüber euch Richtern N. N. und N. N. des Ortes X, dass ich alle Forderungen, die mir gegenüber N. N. zustehen, zu jeder mir beliebigen Zeit eintreiben werde.

Datum

Unterschrift der Richter   *Unterschrift der Zeugen*

2.2 Gebt dem Kaiser, was des Kaisers ist

Die Einführung des *Prosbol* wird, wie bereits gesagt, *Hillel* zugeschrieben. Der ursprünglich aus Babylonien stammende jüdische Gelehrte Hillel[72] mit dem Würdetitel »*der Alte*«, einer der bedeutendsten Lehrer der Tora zur Zeit des Zweiten Tempels, war der Begründer der nach ihm benannten rabbinischen Schule »*Bet Hillel*«. Er lebte in Jerusalem im letzten Jahrhundert v. Chr. Hillel und sein Zeitgenosse *Schammai*, wie jener der Begründer einer nach ihm benannten rabbinischen Schule »*Bet Schammai*«, gelten als letztes der Rabbinerpaare (*Sugot*). Gemeinsam stehen sie als Glieder in der ununterbrochenen Kette der Tradenten der mündlichen Tora (M Abot I 12.)

Während Schammai in halachischen Fragen von äußerster Strenge gewesen sein soll, galt Hillel als jemand, der stets um Erleichterungen bemüht war. Auch die halachischen Entscheidungen der Schule Hillels stehen oft in direktem Gegensatz zu den Entscheidungen der Schule Schammais. In den zahlreichen überlieferten Meinungsverschiedenheiten und Lehrkontroversen beider Schulen – sie bestanden im 1. Jahrhundert n. Chr. – vertritt die Erstere oft den erleichternden Standpunkt, die Letztere hingegen zumeist den erschwerenden Standpunkt. Diese Meinungsverschiedenheiten beider Schulen galten bald als derart häufig, dass es in T Chagiga II 9 heißt: »*Aus der einen Lehre sind zwei entstanden.*«

Anregungen zur Weiterarbeit:
1. *Wie ist Mt 6,25–34par. vor dem Hintergrund der Lebensumstände der Menschen um Jesus aus Nazaret zu verstehen?*
2. *Was sagen die Evangelisten zu Steuern und Abgaben? Lesen Sie dazu Mk 12,13–17parr; Mt 17,24–27.*
3. *Nach Auskunft des Landesbetriebs Landwirtschaft Hessen beläuft sich der durchschnittliche Bruttoerlös für den Doppelzentner Weizen im Jahr wie 2007 auf ca. 20 bis 25 Euro. Der Durchschnittsertrag pro Hektar beträgt dabei zwischen 50 und 70 Doppelzentner. Rechnen Sie einmal aus, was heute einem Landwirt, der 20 Hektar Weizen angebaut hat, nach Abzug aller Steuern und Abgaben, die Juda bar Jona zu entrichten hat, im Jahr übrig bliebe.*

2.3 Geh hin in dein Haus zu den Deinen (Mk 5,19)

Nach einer kurzen Zeit der Dämmerung ist die Sonne nun untergegangen. Mirjam geht durch die unbeleuchteten und verwinkelten Gassen. Das übliche lärmende Menschengewühl ist nun vorbei. Die meisten Bewohner des Ortes sind von ihrer Arbeit zurückgekehrt und halten sich im Bereich ihrer Wohnungen auf. In einem bunten Tuch, das Mirjam um ihre Schultern geschlungen hat, trägt sie ihren Sohn Simon, der sie satt und ruhig umklammert. Einem in verdreckte Lumpen gehüllten Bettler, der zusammengesunken in einer Nische zwischen zwei Wohnbauten kauert, lässt sie eine kleine Münze in die zitternde und von eitrigen Geschwüren übersäte Hand fallen, sorgsam darauf bedacht, ihn nicht zu berühren. Sie geht rasch weiter. Von der Synagoge her schallen drei langgezogene Hornstöße über die Dächer. Sie beeilt sich, zurück in ihre Wohnung zu kommen. Eine Katze huscht vorbei und verschwindet in einem kleinen Schuppen. Das flackernde Licht der Feuerstellen beleuchtet die Wände der Höfe. Die meisten Menschen sind nun auf den Dächern und in den Höfen der verschachtelten Häuser, essen dort gemeinsam, unterhalten sich, ruhen sich aus; manche schlafen bereits. Als Mirjam den grauen Vorhang vor dem Eingang zu ihren Wohnräumen beiseite schiebt, begegnet sie ihrem Bruder Ja'akov. Die beiden begrüßen sich herzlich, doch bereits nach wenigen Augenblicken verabschiedet sich Ja'akov von seiner Schwester und macht sich mit raschen Schritten auf in Richtung seines Hauses am Seeufer.

Mirjam betritt den kleinen und niedrigen Raum, in dem Juda bar Jona bereits mit ihrer Tochter Salome auf einer groben Strohmatte sitzt. Es riecht streng nach verbranntem Olivenöl. Mirjam bringt den Säugling in den Nebenraum, dann kommt sie zurück, wäscht sich die Hände in einer großen steinernen Schüssel und holt ein rundes, flaches Brot aus einem grob verzierten Topf mit Schlaufenhenkeln, der in der Zimmerecke steht. Dazu reicht sie eine kleine rote Schale mit in Öl eingelegten Oliven und einen Tonkrug mit kühlem Wasser. Sie zündet ein dreischnäuziges Öllämpchen mit gerillter Oberfläche an, stellt es auf ein kleines Bord an der Wand und setzt sich zu ihrem Mann und ihrer Tochter. Mirjam öffnet eine kleine Luke an der Zimmerdecke, die

2.3 Geh hin in dein Haus zu den Deinen

als Rauchabzug dient. Innerhalb von wenigen Minuten hat die Familie Brot und Oliven gegessen, hastig mit einem Becher Wasser die karge Mahlzeit hinuntergespült. Juda bar Jona spricht ein kurzes Gebet. Er schaut auf die leeren Schalen, dann zu Mirjam, und lächelt seiner Frau zu. Beide wissen, dass es in der nächsten Woche für einige Tage vorbei sein wird mit der kargen Kost, die nur unterbrochen wird von Fasttagen, an denen sie überhaupt nichts essen.

Seit langer Zeit schon haben sie vor, in diesem Jahr nach dem Ende der Ernte zum Laubhüttenfest gemeinsam nach Jerusalem zu wallfahren. Sie wollen dort am Tempelgottesdienst teilnehmen, um Gott für die glücklich eingebrachte Ernte zu danken und um ausreichenden Regen sowie fruchtbaren Ackerboden auch im kommenden Jahr zu bitten. Sie wollen nach Jerusalem, um zu feiern, um fröhliche Festpilger zu sein und um das, was Juda bar Jona als Zweiten Zehnt aufgespart hat, für Reiseproviant und mindestens ein ordentliches Festessen auszugeben.

Eigentlich hatte er diese Wallfahrt bereits im letzten Jahr geplant. Mirjam hatte im vergangenen Sommer eine Tochter geboren. Doch dann war das Kind plötzlich krank geworden und nach einigen Wochen voller Hoffen und Bangen gestorben. Sie hatten es gemeinsam in dem kleinen Felskammergrab bestattet, in dem auch die Gebeine von Judas Vater Jonas bereits seit vielen Jahren liegen.

Schweigend bleiben sie noch eine Weile zusammen sitzen, dann verlässt Juda bar Jona den Raum und steigt die schmale Leiter hinauf aufs Dach. Vom See her weht ein angenehm kühler Wind. Er blickt empor zum mittlerweile sternübersäten Himmel. Ja, er freut sich sehr auf die kommende Woche in Jerusalem. Vielleicht wird es ihnen gelingen, die alltäglichen Sorgen und Nöte dabei für eine kurze Zeit zu vergessen.

Juda bar Jona und seine Frau können sich nun ein wenig von der anstrengenden Arbeit der letzten Tage erholen. Am Freitagabend mit Einbruch der Dunkelheit begann – und beginnt bis heute – der *Sabbat*, der siebte Tag der Woche und der wichtigste jüdische Feiertag.[73] Ein Siebentagezyklus ist auch in älteren vorderorientalischen Kulturen bezeugt. Das Gebot des Sabbats als wöchentlichen Tabu- bzw. Ruhetag findet sich bereits in den ältesten Bestandteilen der biblischen Festkalender (Ex 23,12; 34,21) und später dann in zwei

Fassungen im Dekalog verankert. Die eine davon (Ex 20,8–11) bietet eine schöpfungstheologische Begründung des allwöchentlichen Rhythmus von Arbeit und Muße. Indem sie Gottes Ruhetag wiederholen, ehren die Frommen seine gute Schöpfung. Die andere Version (Dtn 5,12–15) verknüpft den Sabbattag mit der Erinnerung an den Auszug aus Ägypten. In beiden Fällen ist der Sabbat erinnerndes Zeichen für die Treue Gottes.

Für alle Juden in der Antike, im Mutterland und überall in der Diaspora, war der Sabbat ein Tag der Arbeitsruhe, des Torastudiums und des Gebets (Neh 10,32; 13,15–22; Jdt 8,6; 2. Makk 8,27; Jub 2,17–33; 50,6–13; Philon, Über das Leben Mosis 2,21f; Über Abrahams Wanderung 91f; Jos. Bell 1,145f; 2,392.634). Philon bezeichnet ihn sogar als Geburtstag der Welt (Über die Weltschöpfung 89; Über die Belohnungen und Strafen 153).

Am Sabbat feierte man Gottesdienst in der Synagoge. Im Haus zündete die Frau die Sabbatlichter an (ein Brauch übrigens, der nach dem antiken Kirchenhistoriker Tertullian [ca. 160–220 n. Chr.] angeblich sogar von Nichtjuden übernommen wurde [Ad Nationes I 13]). Am Ende des Sabbattages, der als solcher ausdrücklich *kein* Fastentag war (Jdt 8,6; b Taanit 27b), beging man in den Familien eine gemeinsame festliche Mahlzeit. Es wäre verfehlt, das Treiben an einem solchen Sabbattag mit dem tristen Anblick zu vergleichen, den eine deutsche Kleinstadt an einem Sonntagnachmittag bietet. Weder gab es damals in einem bevölkerungsreichen Ort wie Kapernaum die Möglichkeit, sich aus dem öffentlichen Bereich zurückzuziehen, noch hatten die Menschen das Bedürfnis, einen solchen Festtag ausschließlich in der Privatsphäre zu verbringen. Der Sabbat endet, wenn am Himmel über Jerusalem drei Sterne zu sehen sind.

Entstanden ist der Sabbatfeiertag als Bundeszeichen und Gruppenmerkmal wahrscheinlich zur Zeit des babylonischen Exils (vgl. Ex 31,12–17). Der jüdischen Gemeinde fernab der Heimat und des Jerusalemer Tempels diente er ebenso wie die *Beschneidung* (s. o. S. 53) der religiösen und kulturellen Identitätsstiftung und -bewahrung. Dieser unmittelbare Zusammenhang von Bekenntnis zum Judentum und Sabbat zeigte sich auch darin, dass zur Zeit des Antiochos IV. Epiphanes (175–164 v. Chr.) machthungrige und radikal modernis-

2.3 Geh hin in dein Haus zu den Deinen

tische jüdische Kreise das Verbot von Beschneidung und Sabbat in Jerusalem durchsetzten, um damit die jüdische Identität der »Altgläubigen« bzw. der bisherigen priesterlichen Machthaber zu unterdrücken (1. Makk 1,48.51; 2. Makk 6,11).[74]

Akute Gefahr für Leib und Leben hob nach Ansicht vieler Schriftgelehrter *grundsätzlich* das Sabbatgebot auf. Ebenso war allen Juden die Selbstverteidigung am Sabbat erlaubt (vgl. 1. Makk 2,41), wenn auch nicht jeder Gebrauch von diesem Recht machte (vgl. 2. Makk 6,11). Zwar bezieht sich die rabbinische Sabbathalacha (M Schabbat) mit all ihren Einzelbestimmungen wohl auf eine spätere Zeit, doch war es auch hier nicht nur erlaubt, sondern sogar *gefordert*, am Sabbat Leben zu retten (M Joma VIII 6 u. ö.). Auch aus diesem Grund ist die christliche Darstellung des angeblich »gnadenlosen jüdischen Gesetzes« in der Perikope von der Heilung durch Jesus aus Nazaret am Sabbat (Mk 3,1–6parr; vgl. bes. Lk 6,6–11, hier scheint der Abstand der christlichen Adressaten vom Judentum am größten), in der es eigentlich um die Überwindung von Normen und Konventionen angesichts der nahen Gottesherrschaft geht, polemisch und trifft keinesfalls auf die Mehrheit zu.

Nicht nur am Sabbat sprach ein frommer Jude mindestens zweimal am Tag und nach jeder Mahlzeit ein *Gebet* (M Berachot IV 1).[75] Ein solches Tischgebet war verpflichtend für alle, auch für Frauen, Kinder und Sklaven (M Berachot III 3). Im Gebet wandte man sich mit allen Anliegen und Bedürfnissen an Gott. Es mag banal klingen, ist aber von großer Tragweite: Jeder, der betete, ging davon aus, dass Gott *existiert* und *handelt*. Er vertraute darauf, dass Gott sein Gebet erhört und auch beantwortet. Gottvertrauen und Erhörungsgewissheit des Beters waren – und sind – grundlegende Kennzeichen jüdischer (wie christlicher) Frömmigkeit. Die spätere rabbinische Überlieferung betont dabei besonders, dass jedes Gebet von ganzem Herzen, also stets ernsthaft und konzentriert gesprochen werden soll (b Berachot 31a; vgl. Mt 6,5).

Josephus (Ant 4,212) verankerte diese Sitte des täglichen mehrmaligen Privatgebets bereits in der Gesetzgebung am Sinai: »*Zweimal am Tag, beim Morgengrauen und beim Schlafengehen, sollen alle dankbaren Herzens der Wohltaten gedenken, die Gott den aus der Knechtschaft der*

Ägypter Befreiten erwiesen hat. Denn natürliche Überlegung fordert von uns, dass wir Gott für vergangene Wohltaten danken und ihn zu zukünftigen geneigt machen.«

Die üblichen *Gebetzeiten* im 1. Jahrhundert n. Chr. waren der frühe Morgen und der späte Nachmittag (vgl. Apg 3,1). Im Jerusalemer Tempel wurde zu diesen Zeiten der tägliche *Priestersegen* (Num 6,24–26) gesprochen. Nach M Berachot I 1–4 beteten alle jüdischen Frommen zu diesen Zeiten das »*Schma*«, das bis heute als ein »Glaubenszeugnis« des Judentums gilt.[76] Die deutliche Übereinstimmung zwischen seinem Inhalt und der oben genannten Notiz des Josephus sprechen dafür, dass bereits Juda bar Jona und seine jüdischen Zeitgenossen es in irgendeiner Form kannten. Das Gebet besteht aus drei wichtigen Abschnitten der Tora (Dtn 6,4–9; 11,13–21; Num 15,37–41) und hat seinen Namen vor seinem ersten Wort »*Schma*« = »Höre (, Israel . . .)«.

Genaugenommen ist das »*Schma*« eigentlich kein Gebet, denn es besteht aus Worten, die Gott an die Menschen richtet. Aus diesem Grund betet man es nicht, sondern verliest, *rezitiert* es. Seine inhaltliche Gliederung ist von den Themen *Schöpfung, Offenbarung* und *Erlösung* bestimmt:

Höre, Israel, der Ewige, unser Gott, der Ewige ist einzig! Gelobt sei der Name der Herrlichkeit seines Reiches immer und ewig. Du sollst den Ewigen, deinen Gott, lieben mit deinem ganzen Herzen und deiner ganzen Seele und deinem ganzen Vermögen. Es seien diese Worte, die ich dir heute befehle, in deinem Herzen. Schärfe sie deinen Kindern ein und sprich von ihnen, wenn du in deinem Hause sitzest und wenn du auf dem Wege gehst, wenn du dich niederlegst und wenn du aufstehst. Binde sie zum Zeichen auf deinen Arm, und sie seien zum Denkband auf deinem Haupte. Schreibe sie auf die Pfosten deines Hauses und deiner Tore!

Und es sei, wenn ihr auf meine Gebote hört, die ich euch heute gebiete, den Ewigen, euren Gott, zu lieben und ihm zu dienen mit eurem ganzen Herzen und eurer ganzen Seele. So werde ich den Regen eures Landes zu seiner Zeit geben, Frühregen und Spätregen, du wirst dein Getreide einsammeln und deinen Most und dein Öl. Ich werde Gras deinem Felde geben für dein Vieh, du wirst essen und satt werden.

2.3 Geh hin in dein Haus zu den Deinen

Hütet euch, dass euer Herz nicht verführt werde und ihr abweichet und fremden Göttern dient und euch vor ihnen bückt. Da würde der Zorn des Ewigen wider euch entbrennen, er würde den Himmel verschließen, dass kein Regen fällt und die Erde ihren Ertrag nicht gibt, und ihr würdet bald zugrunde gehen aus dem guten Lande, das der Ewige euch gibt. Legt diese meine Worte in euer Herz und in eure Seele, bindet sie zum Zeichen auf euren Arm, und sie seien zum Denkband auf eurem Haupte. Lehret sie eure Kinder, davon zu sprechen, wenn du in deinem Hause sitzest und wenn du auf dem Wege gehst, wenn du dich niederlegst und wenn du aufstehst. Auf dass sich eure Tage vermehren und die Tage eurer Kinder auf dem Erdboden, den der Ewige euren Vätern zugeschworen, ihnen zu geben, wie die Tage des Himmels über der Erde.

Und der Ewige sprach zu Mose also: Sprich zu den Kindern Israels und sage ihnen, sie sollen sich Schaufäden machen an die Ecken ihrer Kleider für ihre Geschlechter und sollen an den Schaufäden der Ecke einen Faden von himmelblauer Wolle anbringen. Sie seien euch zu Schaufäden, ihr sollt sie sehen und aller Gebote des Ewigen gedenken und sie erfüllen, auf dass ihr nicht eurem Herzen und euren Augen nachspähet, denen ihr nachbuhlet. Auf dass ihr gedenket und alle meine Gebote erfüllet und heilig seiet eurem Gotte. Ich bin der Ewige, euer Gott, der ich euch aus dem Lande Ägypten geführt, euch zum Gotte zu sein, ich bin der Ewige, euer Gott.[77]

Neben dem Beten war die *Armenfürsorge* im antiken Judentum ein zentrales Kennzeichen der persönlichen Frömmigkeit, gleichsam eine rechtlich-religiöse Verpflichtung. Bettler gehörten zum alltäglichen Straßenbild (vgl. Mk 10,46–52parr; Joh 9,1ff; Apg 3,2). Am Sabbat erhielten die Armen, d. h. diejenigen, die dauerhaft auf die materielle Unterstützung anderer angewiesen waren, in der Synagoge eingesammeltes Geld (vgl. Mt 6,2). Solidarität mit den Armen (hierunter fielen auch Blinde, Gelähmte und alle anderen aufgrund von körperlichen und geistigen Einschränkungen Arbeitsunfähigen) galt im Judentum bereits in der Antike geradezu als Verpflichtung (Sir 4,1–6; Philon, Über Joseph 72; M Abot I 5). Auch das frühe Christentum übernahm die Sitte, bei den regelmäßigen Zusammenkünften am ersten Tag der Woche, dem Sonntag, Spenden für die Bedürftigen zu sammeln (1. Kor 16,2).[78]

Für die Armen, die noch dem Sozialverband der jüdischen Gemeinde angehörten, waren weiterhin der Armenzehnt und die nicht verbrauchten Reste des Zweiten Zehnten bestimmt. Blieb nach der Ernte etwas Essbares auf den Feldern übrig, gehörte es den Armen ebenso wie die Ackerecke (ein bestimmter Teil des Feldes, der von seinem Besitzer nicht abgeerntet werden durfte; vgl. M Pea) und die von allein nachgewachsenen Feldererträge im Sabbatjahr. Da allerdings die ärmeren Bauern – und das waren weitaus die meisten – notgedrungen diese Gebote der Tora zu umgehen wussten (s. o. S. 68), hatten die wenigsten Armen etwas von der Bestimmung. Wie bereits erwähnt war der Sabbat kein *Fastentag*. Auch an den meisten anderen jüdischen Feier- und Gedenktagen war das Fasten nicht gestattet (M Taanit II 8–10). Das Ausrufen eines allgemeinen Fastens in Krisensituationen, wie es in älteren biblischen Erzählungen immer wieder begegnet (1. Kön 21,9.12; 2. Chr 20,3; Joel 1,14; 2,15 u. ö.), war im 1. Jahrhundert n. Chr. eher unüblich (vgl. Jos. Vita 290–293).[79]

Man fastete, indem man sich entweder bestimmter Nahrungsmittel, wie z. B. Fleisch oder Wein, enthielt (»*qualitatives Fasten*«), oder indem man während der Fastenzeit weniger bzw. gar keine Nahrung zu sich nahm (»*quantitatives Fasten*«). Vorgeschrieben war das Fasten eigentlich nur am *Versöhnungstag* (Lev 16,29.31; vgl. Apg 27,9). Der einzelne Fromme fastete zum Zeichen der Trauer (2. Sam 12,23; Esr 10,6; Neh 1,4; M Taanit I 4ff) und der Buße (Dan 9,3; Jud 4,11). Neben Beten und Almosengeben galt das Fasten generell als Zeichen jüdischer Frömmigkeit (Mk 2,18–22parr; Mt 6,1–8.16–18; Lk 2,37; Philon, Über das Leben Mosis 2,23).[80]

Üblich waren zwei Fastentage in der Woche (Lk 18,12; Did 8,1; M Taanit II 9), zumeist der Montag und der Donnerstag. An den Fastentagen kamen die Menschen in den Synagogen zusammen, beteten dort gemeinsam und hörten eine Lesung aus der Tora (M Megilla III 4–6) oder aus den Megillot (M Megilla I 1–2; T Megilla I 2–3). Dass auch im frühen Christentum zu bestimmten Anlässen gefastet wurde, zeigen Stellen wie Apg 13,3; 14,23; 2. Kor 6,5 u. ö.

Vor dem Essen und vor dem Gebet pflegte man sich die Hände zu waschen (Jdt 12,8f; Arist 305f; Mk 7,5par). Der Grund hierfür lag nun zunächst nicht in hygienischen Erwägungen. Man wollte vielmehr durch diese wie auch durch viele andere rituelle Waschungen und Reinigungen seine kultische *Reinheit* aufrechterhalten bzw. wiederherstellen, um in jenem ursprünglichen Zustand in Übereinstimmung mit dem Willen Gottes (und dann wohl auch in bewusster Abgrenzung gegenüber der *unreinen* nichtjüdischen Umwelt) zu leben. Reinheit war demnach auch identitätsstiftend.

Im Denken der antiken Menschen Juden wie Nichtjuden, sind verschiedene Bereiche der Welt zu unterscheiden, die eine graduell abgestufte Heiligkeit bzw. Reinheit innehaben. Das Zentrum und der Ausgangspunkt der Heiligkeit war zumeist der Kultort. So war auch im Judentum das Allerheiligste des Tempels in Jerusalem der Ort größter Gottesnähe und größter Heiligkeit. Diese Heiligkeit wurde mit wachsender Entfernung vom Tempel immer geringer. Das bedeutet, dass auch der von Menschen geforderte Grad der Entsprechung zu dieser Heiligkeit umso höher war, je näher er ihrem Zentrum und Quell kam. Das Allerheiligste im Tempel durfte demnach nur vom Hohenpriester im Zustand völliger Reinheit einmal im Jahr am Versöhnungstag betreten werden.

Die Juden in der Antike ordneten in diesem Sinne auch sämtliche Lebensbereiche ihres Alltags den Gegensatzpaaren *heilig – profan* und *rein – unrein* zu.[81] Je näher man der Heiligkeit bzw. dem Heiligtum kam, desto wichtiger wurde auch die eigene Reinheit, und umgekehrt, je mehr man in allen Handlungen auf seine kultische Reinheit und Heiligkeit achtete, desto mehr empfand man sein Leben in Einklang mit dem Willen Gottes.

Die Vorstellung kultischer Reinheit und Unreinheit umfasste als Teil der Toragebote sämtliche Lebensbereiche. In der Zeit *vor* 70 n. Chr. beschränkten sich allerdings die meisten Reinheitsregeln zunächst auf die Priester bei ihrem Dienst im Tempel und auf die Angehörigen religiöser Sondergruppen, die diese besondere priesterliche Reinheit für sich selbst auch im Alltag beanspruchten (s. u. S. 98). Die zahlreichen Gebote und Weisungen, die es ihnen ermöglichten, zu jeder Zeit und in allen Lebensbereichen den Zustand der priesterlichen Reinheit aufrechtzuerhalten bzw. wiederherzustellen, fanden sie gesammelt und systematisiert in der Tora sowie in der

Halacha. Erst *nach* der Tempelzerstörung wurden auch diese Vorschriften auf alle Juden ausgeweitet.

Unreinheit galt in der Antike – gleichsam materiell – durch bloße Berührung übertragbar. Gelegenheiten, sich mehr oder weniger stark kultisch zu verunreinigen, gab es im Alltag eines Juden etliche. Von der Tora als unrein erklärte Tiere (z. B. Schwein, Hase, Krebse, Muscheln, Aal) durften nicht geschlachtet und verzehrt werden (Lev 11 u. ö.). Gemäß den Geboten der schriftlichen Tora verunreinigte der Sexualakt (Ex 19,15; Lev 15,18), jeglicher Ausfluss aus dem Genitalbereich des Mannes und der Frau, sei er nun krankhaft oder nicht (Lev 15,1–32), der Kontakt mit Aussätzigen (Lev 13f; »*Aussatz*« war – trotz der genauen Beschreibung der Krankheit in Lev 13,1–59 – eine unspezifische Sammeldiagnose für viele verschiedene Hautkrankheiten und -anomalien wie z. B. Neurodermitis oder Schuppenflechte), nach Lev 11,24–28 auch die Berührung eines toten Tieres (außer natürlich eines zum Verzehr geeigneten und vorschriftsmäßig geschlachteten Tieres) bzw. einer Leiche (Num 19,11–19). Nach der Geburt eines Sohnes galt die Mutter sieben Tage lang als unrein, nach der Geburt einer Tochter sogar vierzehn Tage (Lev 12,1–8).

Als durch die mündliche Tora verboten verstanden manche Juden im 1. Jahrhundert n. Chr. auch z. B. den verunreinigenden Kontakt mit Nichtjuden (Apg 10,28; 11,2f; M Pesachim VIII 8) sowie deren Häusern (Joh 18,28; M Ohalot XVIII 7.9).

Die bevorzugten Mittel für die rituelle Reinigung waren im antiken Judentum die Elemente Feuer und Wasser.[82] Die rituelle Reinigung eines jeden Frommen (vgl. Mk 7,4f.par) erfolgte durch Untertauchen des ganzen Körpers in der *Mikwe* (Plural: *Mikwaot*), die aus mindestens 40 *Se'a* (ca. 526 l) ungeschöpftem, also fließendem Wasser, Regen- oder Grundwasser bestehen musste. Unrein gewordene Gegenstände wurden durch ein solches rituelles Bad wieder tauglich zur weiteren Verwendung (Lev 6,21; 11,32; 15,12 u. ö.; vgl. Mt 23,25par). Sämtliche unrein gewordenen (hierzu reichte bereits eine tote Maus oder die Berührung durch einen unreinen Menschen) Ess-, Vorrats- und Transportgefäße aus Ton wie Schüsseln, Vasen, Töpfe, Krüge, Becher usw. mussten hingegen zerbrochen werden (Lev 11,33–35; 15,12). Sie erfuhren nicht selten eine Zweitverwertung

2.3 Geh hin in dein Haus zu den Deinen

als Schreibmaterial (s. o. S. 43). Verunreinigte Gefäße aus Metall wurden im Feuer ausgebrannt, um wieder verwendet werden zu können (Num 31,23f).

Eine Ausnahme stellten Gefäße aus Kalkstein dar. Diese konnten im Gegensatz zu Gefäßen aus Keramik, Holz, Leder, Glas oder Metall nicht kultisch verunreinigt werden, da sie aufgrund ihrer glatten und harten Oberfläche, in die nach Überzeugung der Schriftgelehrten nichts einzudringen vermag, gemäß der mündlichen Tora keine Unreinheit annahmen (vgl. M Ohalot V 5).[83] Im häuslichen Alltag all derer, die bestrebt waren, stets in Übereinstimmung mit den Reinheitsgeboten der Tora zu leben, erwies sich das als äußerst praktisch (vgl. Joh 2,6). Die Hersteller solcher Steingefäße konnten sich zur Zeit Juda bar Jonas wohl über mangelnde Aufträge nicht beklagen, wie zahlreiche Grabungsfunde es nahe legen.

Die unmittelbarste und schwerste Verunreinigung ging vom *Tod* aus. Dennoch wurden Tod, Sterben und Begräbnis im antiken Judentum nicht aus dem öffentlichen Leben verdrängt. Starb jemand und war er Angehöriger irgendeiner sozialen Gemeinschaft, zumeist also Mitglied einer Familie, wurde ihm von dieser Gemeinschaft ein würdiges Begräbnis zuteil (vgl. Mk 6,29par). Für die Rabbinen gehörte die Bestattung der Toten zu den positiven Geboten des Mosegesetzes, mittels einer verallgemeinernden Auslegung abgeleitet von Dtn 21,23, wo es heißt, der Leichnam eines Gehenkten solle nicht über Nacht am Holz hängen bleiben, sondern noch am selben Tag begraben werden.[84]

Mit dem Tod eines Menschen begann für die hinterbliebenen Familienangehörigen eine mehrfach unterteilte Trauerzeit, während der sie sich gegenüber ihren Mitmenschen durch das Einreißen des Obergewandes und das Entblößen der Schulter kennzeichneten. Beide Riten veranschaulichten ihren temporären Ausschluss aus der menschlichen Gemeinschaft und die solidarische Anteilnahme an der Erfahrung des Todes. Ebenso wurden die geflochtenen Schlafmatten im Trauerhaus aufrecht gestellt. Die Trauernden saßen und schliefen auf dem Fußboden, was sie dem Toten ähnlich machte. Die Rabbinen unterschieden später zwischen einer strengen siebentägigen und einer weniger strengen dreißigtägigen Trauerperiode (M Moed katan III 5–7).

Die Verantwortung für die Beisetzung hatte die Familie des Verstorbenen (Jos. Ap 2,205). Ein solches Vorgehen entspricht zeitgenössischem römischen Recht, wonach die nächsten Verwandten des Toten für die Bezahlung und Durchführung seiner Bestattung verantwortlich waren. Im Judentum übernahm erst in viel späterer Zeit die örtliche jüdische Gemeinde diese Aufgaben. Eine Verbindung von Bestattungsriten mit dem Tempelkult schloss allein die Vorstellung von der Unreinheit des Todes kategorisch aus.

Das Begräbnis erfolgte gewöhnlich bereits am Todestag (vgl. Jos. Ap 2,221; M Sanhedrin VI 7). Der oder die Tote wurde gewaschen und aufgebahrt (vgl. Apg 9,37), und zwar nicht an einem öffentlichen Platz, sondern im Trauerhaus (M Moed katan III 8). Diese Aufbahrung diente der endgültigen Bestätigung des eingetretenen Todes und sie gab auch Gelegenheit zur Totenklage. Die Frauen sangen im Trauerhaus und während der Bestattung Klagelieder und schlugen dabei rhythmisch die Hände zusammen (M Moed katan I 5; III 9), was als ritualisierter Ausdruck der Trauer der Familie oder der Gemeinschaft über den erlittenen Verlust zu verstehen ist. Ein hölzerner Sarg wurde angefertigt, man bereitete die Grabstätte, entweder eine außerhalb der Ansiedlung gelegene (Lk 7,12; M Bava batra II 9; b Bava batra 25a; vgl. 11Q19 48,11–14) in den Fels gehauene Grabnische bzw. ein geräumiges Felskammergrab oder ein schachtartiges Erdgrab vor, und geleitete den Toten schließlich gemeinsam zu seiner Ruhestätte (vgl. Lk 7,11–17). Ein Erdgrab wurde mit weißer Kalkbrühe gekennzeichnet (vgl. Mt 23,27). Man tat das zunächst nicht etwa, um an den Verstorbenen zu erinnern, sondern um eine versehentliche Verunreinigung Vorübergehender (vgl. Num 19,11) zu vermeiden. Später errichtete man über einem Erdgrab häufig einen (zumeist mit einem *Epitaph* in griechischer oder hebräischer, in der Diaspora auch lateinischer, selten jedoch aramäischer Sprache) beschrifteten Grabstein.[85] Im Anschluss an die Bestattung nahmen die Hinterbliebenen im Trauerhaus ein gemeinsames Trauermahl ein (M Moet katan III 7).

Unbekannte Tote und Menschen ohne jegliche Bindungen kamen in Massengräber. Friedhöfe waren generell weit außerhalb der Ansiedlungen gelegen; sie galten (und gelten traditionell gläubigen Juden bis heute) als Stätten des Todes, der Unreinheit und der

2.3 Geh hin in dein Haus zu den Deinen

Gefährdung der Lebenden. Wir haben bereits von den Schwierigkeiten gehört, die Herodes Antipas bekam, als er die auf einem Friedhof erbaute Stadt Tiberias besiedeln wollte (s. o. S. 49). Auch heute noch wohnen jüdische Fromme nicht an Orten, an denen irgendwann einmal Gräber waren. Es ist anzumerken, dass Grabstätten und Friedhöfe in den rabbinischen Listen öffentlicher Einrichtungen (M Nedarim V 5; T Bava mezia XI 23) fehlen, woraus wir schließen können, dass die Wahl, Bereitung und Pflege der Begräbnisstätte auch aus der Sicht der jüdischen Gelehrten einzig und allein Aufgabe der Familie des Verstorbenen war (vgl. Tob I 7).

Manche reiche Familien besaßen verschließbare *Kammergräber*, die in der Nähe der Ansiedlung in natürlichen Höhlen, Felsspalten oder verlassenen Steinbrüchen angelegt worden waren (Mk 15,46parr). In einem solchen Familiengrab, das oft vier bis fünf Generationen als Grabstätte diente (vgl. 1. Makk 2,69f; 9,19; 13,25–30), wurde der Leichnam zunächst in einer Felsnische bestattet. Die patriarchale Familienstruktur wirkte dabei noch über den Tod hinaus. Während nämlich Söhne und ihre Familienangehörigen stets im Familiengrab ihrer Ahnen bestattet wurden, ruhten verheiratete Töchter im Grab der Familie ihres Mannes. Untersuchungen von Skelettresten aus größeren Kammergräbern zeigen einen hohen Kalziumanteil im Knochengewebe und eine relativ geringe Zahnabnutzung, was auf einen höheren Lebensstandard zu Lebzeiten hindeutet. Einfache Grabbeigaben, die in den Felsnischen von Kammergräbern – allerdings nie in Knochenkisten (s. u.) – begegnen, waren kleine Tongefäße und Glasfläschchen mit aromatischem Salböl (vgl. Lk 24,1; Joh 19,40) sowie Öllampen, Spielzeug und auch Tongeschirr, gefüllt mit Proviant für den Weg des Toten in die Unterwelt.

Zur Zeit Juda bar Jonas und vereinzelt bis ins 2. und 3. Jahrhundert n. Chr. existierte im antiken palästinischen Judentum auch der Brauch der *Zweitbestattung*.[86] Dabei wurden die vom verwesten Gewebe befreiten und gereinigten Knochen des in einem Kammergrab ruhenden Toten nach einem Jahr von seinem nächsten Angehörigen in einer – manchmal mit geometrischen und floralen Mustern reich verzierten – steinernen, tönernen oder hölzernen Knochenkiste, einem *Ossuar*, nochmals bestattet. Darin ruhten auch die Gebeine seiner Vorfahren. Zuweilen konnte auch eine Knochengrube in der Grabkammer diese Aufgabe erfüllen. Immer wieder stoßen Bauarbeiter bei Aushubarbeiten auf dem Gebiet der heutigen Jerusalemer Neustadt außerhalb der alten Stadtmauern auf antike Grabanlagen. Dies wird von den Archäologen zwar begrüßt, bei den Bauherren jedoch, die mitunter mit mehrjährigen Verzögerungen ihrer Bauvorhaben zu rechnen haben, gilt es als Katastrophe.

Wie wir bereits wissen, wollen Juda und Mirjam in der morgen beginnenden Woche gemeinsam mit ihren beiden Kindern nach Jerusalem wallfahrten, um dort das Laubhüttenfest (*Sukkot*) zu feiern. Solche *Feste und Feiern* bestimmten im antiken Judentum den Ablauf des Jahres. Sie bildeten die regelmäßig wiederkehrenden Einschnitte und Höhepunkte des antiken Lebens. Sie stärken das Miteinander der Menschen und rhythmisierten den Alltag. Die jüdischen Feste waren ursprünglich zumeist im Jahreslauf der Bauern und Hirten und durch die vergegenwärtigende Erinnerung an göttliches Erscheinen und Handeln begründet, wobei das eine das andere in keiner Weise ausschloss, sondern eher bedingte (s. u. S. 130f). Sie dienten der Stärkung und Erneuerung der Gruppenidentität. Wer gemeinsam mit anderen Gleichgesinnten fröhlich und ausgelassen feierte, der konnte dabei zugleich Selbstbestätigung und Gemeinschaftsgefühl erfahren.[87]

Allerdings verstand durchaus nicht jeder unter Festfreude nur ausgiebige Mahlzeiten und fröhliches Becherschwenken. Besonders bei den stoischen Philosophen hatte sich der Gedanke entwickelt, dass die wahre Festfreude nur durch die dankbare Betrachtung der göttlichen Gaben und den entsprechenden Lebenswandel erlangt werden kann (Plutarch, Moralia [tranq. animi 20, 477 C]; Epiktet, Dissertationes IV 4, 46). Ebenso ist für Philon, der sich den Gedanken der Stoa anschließt, in diesem Sinne auch das ganze Leben der jüdischen Frommen und Bewährten ein ununterbrochenes Fest (Über die Einzelgesetze 2, 42–55).

Zahlreiche Ereignisse wurden durch Feste aus dem Ablauf des bäuerlichen Jahres herausgehoben. Es gab Feste von allein familiärer oder lokaler Bedeutung und solche von allgemeiner Verbreitung. Am Wohnort feierte jedermann Beschneidungen und Hochzeiten; man

2.3 Geh hin in dein Haus zu den Deinen

beging hier allwöchentlich den Feiertag des Sabbats. In Jerusalem kamen alle, die dazu in der Lage waren, zu den Wallfahrtsfesten zusammen (s. u. S. 132ff). Überall, wo im 1. Jahrhundert n. Chr. Juden lebten, feierten sie das Neujahrsfest *Rosch ha-Schana* am 1. Tischri (September/Oktober) und fasteten am Versöhnungstag *Jom Kippur* (10. Tischri). Gerade dieser Festtag, an dem für jeden Einzelnen sein Verhalten gegenüber Gott und gegenüber den Mitmenschen, seine Umkehr und seine tätige Buße im Mittelpunkt standen und an dem die Gedanken eines jeden frommen Juden den Hohenpriester bei der Ausführung aller Riten begleiteten, wurde – durchaus vergleichbar mit dem christlichen Gottesdienstbesuch an Heiligabend – auch von denen begangen, die sonst kaum oder keine religiösen Interessen hatten (vgl. Philon, Über die Einzelgesetze 1, 186).[88] Das Schlachten des Pesachlamms und das festliche Pesachmahl, das im Rahmen des *Pesachfestes* in der Nacht vor dem 15. Nisan (April/März) stattfand, wurde – so die antiken Quellen – zur Zeit des Zweiten Tempels allerdings nur in Jerusalem als häusliches Fest gefeiert.

Bei Philon (Über das Leben Mosis 2,20–24 u. ö.) und Josephus (Ant 3,237–254) ergibt sich ein idealisiertes Bild von den Festen, die zu ihrer Zeit im Judentum gefeiert wurden. In Wirklichkeit jedoch waren weder alle Feste gleichermaßen populär noch wurden sie von den verschiedenen jüdischen Gruppen und Strömungen in gleicher Weise und an denselben Festterminen begangen.

Wollte man seiner distanzierten Einstellung gegenüber der jüdischen Allgemeinheit oder dem Jerusalemer Priestertum Ausdruck verleihen, eignete sich dazu ganz besonders die Bestimmung eigener Festtermine. Religiöse Sondergemeinschaften jeglicher Couleur konnten hierdurch ihre Abgrenzung von der (als unwissend oder unwürdig angesehenen) Allgemeinheit demonstrieren (vgl. Jub 4,32–38; 4QpHos 2,15; b Menachot 65a – 66a; b Rosch ha-Schana 22b).

Die Notwendigkeit einer allgemeinen kultischen Jahresordnung führte zur Fixierung der Festverzeichnisse in *Kalendern*.[89] Diese Kalender wurden nach dem Lauf der Gestirne am nächtlichen Himmel erstellt. Die Mehrheit des antiken Judentums berechnete ihren Kalender mittels Beobachtung der Mondphasen nach dem Mondumlauf und brachte ihn nach Bedarf anhand von Naturbeobachtung –

später dann durch errechnete Regeln – in Übereinstimmung mit dem Sonnenjahr. Dies geschah durch Einschaltung eines Schaltmonats. Die Interkalation ergibt sich aus der Tatsache, dass zwölf Mondmonate (354 Tage) mit entweder 30 Tagen (»volle« Monate) oder 29 Tagen (»mangelhafte« Monate) um elf Tage kürzer sind als ein Sonnenjahr (365 Tage). Ohne den in bestimmten Jahren eingeschobenen neunundzwanzigtägigen Schaltmonat, den »*Zweiten Adar*«, würden die Monate und Festtermine durch das ganze Sonnenjahr wandern, wie es übrigens bis heute im islamischen religiösen Jahr der Fall ist, und ein Fest, das zum Beispiel zunächst am Ende der Erntezeit begangen wird, stünde nach einigen Jahren an deren Anfang.

Wir haben in diesem Abschnitt an zahlreichen Stellen feststellen können, dass die Weisungen der Tora die unterschiedlichsten Bereiche des alltäglichen Lebens im antiken Judentum betrafen. Zum Schluss ist deshalb noch ein Wort über die angebliche jüdische »*Werkgerechtigkeit*« angebracht. Diese liege – so wird manchmal unterstellt – in dem offensichtlichen Bestreben des Juda bar Jona und seiner Frau Mirjam, durch Beten, Fasten, Almosengeben und die Beachtung sämtlicher Gebote alle Bereiche der eigenen Existenz nach den Weisungen der Tora auszurichten, um so sein Leben in Übereinstimmung mit dem Willen Gottes zu gestalten und letztendlich hierdurch das Heil für sich selbst zu erlangen.

Das verbreitete christliche Vorurteil, das gerade auf evangelischer Seite immer wieder zum Vorschein kommt, rührt daher, dass man viel zu oft das antike Judentum vor allem mit den Augen des Apostels Paulus, und Paulus wiederum vor allem mit den Augen Martin Luthers und der Reformatoren betrachtete. Aber weder hatte Paulus Interesse daran, das vielgestaltige zeitgenössische Judentum in seinen Briefen in »repräsentativer« Art und Weise darzustellen, noch ging es Luther darum, Paulus »historisch-kritisch« zu lesen und zu deuten. Dass »*der Mensch nicht durch Werke, sondern allein durch Gnade gerecht werde*« (vgl. Röm 1,17; 3,28), gehört zum Kern des reformatorischen Bekenntnisses.[90] Dieser Satz darf aber nicht missbräuchlich und in sachlich unzutreffender Weise (ab)wertend auf »die« jüdische Frömmigkeit in Geschichte und Gegenwart übertragen werden.

2.3 Geh hin in dein Haus zu den Deinen

Natürlich war und ist die Gnade Gottes auch in weiten Teilen des Judentums Voraussetzung und Grundlage der Rechtfertigung – d. h. der Aufrechterhaltung bzw. Wiederherstellung des intakten Verhältnisses zu Gott – eines jeden Frommen. Schließlich hat Gott den Menschen die Tora als heilvolle Lebensweisung gegeben (s. o. S. 25), als Möglichkeit, in allen Bereichen des Lebens gemäß seinen Weisungen, gemäß seinem gerechten Willen zu leben. Weniger die Angst vor göttlicher Bestrafung oder gesellschaftlicher Ächtung trieb diese Menschen deshalb zur Erfüllung der Gebote als vielmehr das tiefe Bedürfnis, die gesamte Existenz nach diesem Willen Gottes zu gestalten, um ihm so möglichst nahe zu kommen.

Neben dieser grundlegenden Gnade Gottes, die dem Menschen in der Tora (und zur Zeit des Zweiten Tempels auch im Geschenk des sühnenden Opferkultes) begegnet, wirkt sein liebendes Erbarmen, seine helfende und rechtfertigende Gnade, aber auch immer wieder von neuem überall da, wo Menschen die Gebote der Tora selbst nicht oder nicht hinreichend erfüllen können. Ebenso wie die Mehrzahl ihrer jüdischen Zeitgenossen sehen sich auch Juda bar Jona und Mirjam im Bewusstsein ihrer eigenen Erwähltheit stets dazu verpflichtet, im Kult und in der Lebensführung ihren ganz persönlichen Beitrag zur gehorsamen Erfüllung der geschichtlichen Aufgabe des Volkes Israel zu leisten.[91] Ihr alltägliches Leben gemäß der Tora dient deshalb nicht nur ihrer eigenen Heiligung, sondern der wirkmächtigen Erfüllung des offenbarten Gotteswillens und letztendlich auch der Erlösung ganz Israels.

> ### Anregungen zur Weiterarbeit:
> *1. Was ist in der Bergpredigt zu Almosengeben, Beten und Fasten ausgesagt (vgl. Mt 6,1–18)?*
> *2. Wo begegnet uns auch heute noch die Vorstellung reiner und unreiner Lebensbereiche?*
> *3. Die Frage nach dem Verhältnis zwischen göttlicher Gnade und menschlichen Werken wurde bereits im frühen Christentum unterschiedlich beantwortet. Lesen sie hierzu Röm 3,19–31 und Jak 2,14–26.*

2.4 Und es entstand Zwietracht unter ihnen (Joh 9,16)

Josephus berichtet uns mehrfach von verschiedenen »*Philosophenschulen*« im antiken Judentum (Bell 2,119–166; Ant 13,171–173; 18,11–25). Nach seiner Darstellung gab es *Essener, Pharisäer, Sadduzäer* und auch die Freiheitsbewegung der *Zeloten*. Im Neuen Testament begegnen die letzteren drei Gruppen als Repräsentanten bestimmter Formen jüdischer Frömmigkeit in unterschiedlichen Funktionen (Mk 7,1ff.parr; Mt 23,1–36; Apg 5,37 u. ö.). Auch Juda bar Jona kennt, ebenso wie die Mehrzahl seiner jüdischen Zeitgenossen, die zentralen Charakteristika der verschiedenen Bewegungen oberflächlich. Er ist jedoch nirgendwo »Parteimitglied«. Auch in diesem Punkt ist er repräsentativ für die meisten Juden im antiken Palästina.

Bei der Betrachtung der genannten Gruppen gilt es, eine Reihe von Voraussetzungen im Auge zu behalten, um nicht Gefahr zu laufen, die ohnehin spärlichen und stark verzeichneten Quellen misszuverstehen. Zu der Zeit, in der Josephus die »*Philosophenschulen*« erwähnt, war der Jerusalemer Tempel bereits zerstört und die Zeit dieser Gruppen vorüber. Seine idealistische Schilderung ist deshalb historisch kaum zu verwerten. Ausgewiesene Selbstzeugnisse besitzen wir allein von den Essenern, *wenn* wir annehmen, dass die Textfunde von Qumran als solche zu bewerten sind (s. u. S. 92ff). Die *ältesten* Belege für die Existenz von Pharisäern und Sadduzäern finden wir bei christlichen Autoren, nämlich bei Paulus (Phil 3,5; vgl. Apg 26,5) und Markus (3,6par; 12,18parr u. ö.). Gerade die Autoren der Evangelien waren jedoch, wie wir noch sehen werden, kaum daran interessiert, umfassende Auskünfte über die jüdischen »Parteien« zu erteilen. Die Essener werden im Neuen Testament überhaupt nicht erwähnt. Vom rabbinischen »*mainstream*« schließlich, der sich selbst als Nachfolger der Pharisäer verstand, wurden dissidente Strömungen generell totgeschwiegen. Wo in der rabbinischen Literatur dennoch von ihnen die Rede ist, dienten die angeführten Kontroversen zwischen Pharisäern und Sadduzäern zumeist als Projektionsfläche für Fragen und Probleme einer viel späteren Zeit. Hier nach Zeugnissen einer *normativen* Religion des Judentums vor 70 n. Chr. zu suchen, ergäbe einen groben Anachronismus.

2.4 Und es entstand Zwietracht unter ihnen

Die Unterschiede zwischen den verschiedenen »Parteien« waren in erster Linie Unterschiede zwischen den verschiedenen sozialen Gruppen in der antiken jüdischen Gesellschaft Palästinas.[92] Ursprünglich sind die »Parteien« wohl entstanden als Ausdruck der unterschiedlichen Reaktionen verschiedener Bevölkerungsgruppen auf den umfassenden Hellenisierungsschub in der Zeit der Hasmonäerherrschaft (s. o. S. 15ff). Im Palästina des 1. Jahrhunderts n. Chr. waren sie ein Spiegelbild der jeweiligen politischen Konstellation, wobei die mit Rom kooperierende herrschende Jerusalemer Tempelaristokratie und ihre zahlreichen Parteigänger einer wachsenden Zahl von Isolationisten und einem »Proletariat« von immenser Größe gegenüberstand. Während die Sadduzäer im Wesentlichen Angehörige der ersten Gruppe waren, gewannen die Zeloten und andere aggressive nationalistische Widerstandsgruppen unbeschadet der Tatsache, dass ihre Anführer nicht selten aus priesterlichen Kreisen stammten, die meisten Anhänger in den unteren Bevölkerungsschichten, die am stärksten unter den römischen Steuern und Tributen zu leiden hatten. Weitaus weniger genau lässt sich die Zusammensetzung der Gefolgschaft der Essener und Pharisäer bestimmen. Zu wenig wissen wir über die tatsächliche Programmatik und Entwicklung beider Bewegungen.[93]

Ein direkter Vergleich der genannten »Parteien« und ihrer »Ideologie« führt in die Irre. Weder waren die jeweiligen gesellschaftlichen Funktionen der einzelnen Gruppen ohne weiteres miteinander vergleichbar noch betraf die Mitgliedschaft eines Individuums in einer dieser Gruppen alle Bereiche seiner Existenz. Niemand konnte oder musste wohl zwischen der einen oder anderen dieser Gruppen wählen, wie Josephus das behauptet (Vita 10–12). Es besteht somit auch keine strukturelle Analogie zu heutigen politischen Parteien oder gar festumrissenen Konfessionen, die im Prinzip unterschiedliche Programme und Lösungsvorschläge zu vergleichbaren Fragen und Problemen in vergleichbaren Lebensbereichen anbieten. Ebenso problematisch wie der Vergleich dieser Gruppen wäre heute etwa der Vergleich einer politischen Partei mit einer Bürgerinitiative, einem Gebetskreis und einem kirchlichen Traditionsverein. Das palästinische Judentum der hellenistisch-römischen Zeit darf allein aus diesem Grund nicht auf die bei Josephus und im Neuen Testament genannten Strömungen reduziert werden.

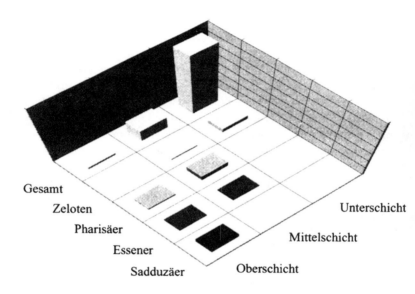

Soziale Schichtung des antiken Judentums in Palästina

Auch diese Strömungen selbst waren durchaus heterogen. Zwischen den Pharisäern, Sadduzäern und Essenern zur Zeit des Hohenpriesters Jonatan (161–143 v. Chr.) und den gleichen Gruppen in den Jahren vor dem Ausbruch des Jüdischen Krieges im Jahre 66 n. Chr. etwa bestanden nicht wenige deutliche Unterschiede. Innerhalb von mindestens zwei Jahrhunderten kann sich in jeder Gruppe, die auf bestimmte historische Situationen und Bedingungen reagiert, vieles verändern und differenzieren.

2.4 Und es entstand Zwietracht unter ihnen

Die Angehörigen aller dieser zur Zeit des Juda bar Jona bestehenden Bewegungen machten zusammengerechnet nur einen kleinen Bruchteil der damaligen jüdischen Bevölkerung Palästinas aus. Zwar erstreckte sich ihr Einfluss zum Teil weit über die Grenzen ihrer Anhängerschaft hinaus, doch waren sie im palästinischen Judentum zur Zeit des Zweiten Tempels weder in demographischer Hinsicht noch als politischer Machtfaktor von großer Bedeutung. Allein die Sadduzäer besaßen aufgrund ihrer herausgehobenen sozialen Stellung eine gewisse politische Macht. Gerade sie verfolgten jedoch keine explizit religiösen Ziele. Ihr religiöser »Standpunkt« fußte vielmehr auf der zentralen Bedeutung der Tora im jüdischen Staatswesen.

Über die *Sadduzäer* ein mehr als fragmentarisches Bild zu erhalten, ist äußerst schwierig. Es gibt keine sadduzäischen Quellen, und sowohl die Pharisäer und die Rabbinen als auch Josephus und die neutestamentlichen Autoren treten allesamt als parteiische Gegner der Sadduzäer auf. Dennoch lässt sich einiges über sie aussagen. Die Sadduzäer waren von Anfang an weniger eine religiöse als eine politische Größe. Ihr Name leitet sich wahrscheinlich vom Namen Zadoks ab, des biblischen Ahnherrn der Jerusalemer Priesterdynastie (vgl. 2. Sam 8,17; Ez 40,46; 43,19; 48,11). Bei Josephus (Ant 13,293ff) begegnen wir den Sadduzäern zunächst als herrschertreue »Partei« zur Zeit des Johannes Hyrkan (134–104 v. Chr.). Auch in der Apostelgeschichte treten sie zumeist gemeinsam mit der führenden Priesterschicht in Erscheinung (Apg 4,1; 5,17; 22,6f). Deutlich und durchaus plausibel ist eine dauerhafte enge Verbindung zwischen Sadduzäern und der priesterlichen Aristokratie. Dennoch dürfen wir die zahlreichen weißen Flecken in unserem Sadduzäerbild nicht durch Aussagen über die Hohenpriester ausmalen.

Der Sadduzäismus war kein eigenständiges philosophisches oder theologisches Lehrsystem. Josephus (Ant 13,297; 18,16) behauptet zwar, die Sadduzäer hätten im Gegensatz zu anderen jüdischen religiösen Strömungen ausschließlich die schriftliche Tora akzeptiert. Diese prinzipielle Begrenzung ist jedoch recht unwahrscheinlich. Auch die Sadduzäer passten ihre Halacha (s. o. S. 27) natürlich an ihre je veränderten Lebensbedingungen an. Sie waren sicher keine prinzipiellen Gegner der mündlichen Tora. Sie lehnten vielmehr eine *andere* mündliche Tora als ihre eigene ab. Ihre hermeneutischen Prinzipien und auch ihr Offenbarungsverständnis entsprachen dabei prinzipiell durchaus denen anderer frommer Juden, wenn auch Inhalt, Bedeutung und Funktion ihrer mündlichen Tora bzw. der sadduzäischen Halacha eigenständige Züge aufwiesen. Die Gründe hierfür sind besonders in der sozialen Herkunft der Sadduzäer und ihren schichtenspezifischen Interessen zu suchen.

Unsere Quellen beschreiben die Sadduzäer als zumeist der Oberschicht entstammende Parteigänger der Tempelaristokratie in Jerusalem (vgl. Jos. Ant 13,298; Apg 4,1). Ihre wirtschaftliche und soziale Existenzgrundlage war deshalb eng mit dem Tempel und der Tora als Verfassung des Tempelstaates verknüpft. Von hier aus lässt sich der religiöse Konservativismus der Sadduzäer viel besser verstehen. Als herrschende Schicht waren sie schließlich bestrebt, den *status quo*, d. h. die bestehende Ordnung, auf der ihre Macht und ihr Wohlstand beruhten, aufrechtzuerhalten. Die Sadduzäer standen deshalb vielen Entwicklungen und Aktualisierungen der Halacha ablehnend gegenüber. Da von der Jerusalemer Priesteraristokratie allerdings stets auch der kulturelle Liberalismus zur Machterhaltung instrumentalisiert wurde, waren die Sadduzäer trotz ihres »religiösen« Konservativismus im 1. Jahrhundert n. Chr. Befürworter einer pragmatischen Politik gegenüber dem übermächtigen Rom.

Die Evangelisten reduzierten die Bedeutung der Sadduzäer auf ihre Rolle als Auferstehungsleugner (Mk 12,18parr; Apg 23,8 u. ö.). Dies sagt jedoch weitaus mehr über die zentrale Bedeutung des Glaubens an die zentrale Heilsbedeutung der Auferweckung Jesu aus Nazaret im Christentum aus als über *die* angebliche sadduzäische Auffassung zu diesem Thema aus. In der rabbinischen Literatur treten die Sadduzäer nicht mehr als gesellschaftliche Gruppe oder als politische Partei in Erscheinung. Ein besonderes Problem ergibt sich daraus, dass in unseren Texten mittelalterliche christliche bzw. vorauseilende jüdische Zensur an Stellen in der rabbinischen Literatur, an denen ursprünglich von *Minim* (»Abweichlern«, »Häretikern«) die Rede war, »Sadduzäer« einsetzte, um so dem (tatsächlich wohl unberechtigten) Vorwurf entgegenzutreten, hier würden die Christen geschmäht. Wo bei den Rabbinen von Anfang an tatsächlich Sadduzäer gemeint waren und wo nicht, lässt sich darum oft nicht mehr rekonstruieren.

Die meisten Dispute zwischen Pharisäern und Sadduzäern in der Mischna und der Tosefta betreffen Fragen der rituellen Reinheit. Hingegen sind hier keine politischen Differenzen zwischen den beiden Gruppen überliefert. Die Sadduzäer gelten dabei stets als Außenseiter mit abgelehnten Lehrmeinungen. Da die rabbinischen Autoren sich selbst als Nachfolger der Pharisäer betrachteten (s. u. S. 99), wurden die Sadduzäer in den Kontroversen immer wieder als die Unterlegenen dargestellt (vgl. beispielsweise die Rechtfertigung einer rabbinischen Begriffsbildung in Form einer Auseinandersetzung mit den Sadduzäern in M Jadajim IV 6f).

Mit der Tempelzerstörung im Jahre 70 n. Chr. verloren die Sadduzäer Landbesitz, Reichtum, Amt und jeglichen politischen Einfluss. Sie verschwanden als gesellschaftlicher Machtfaktor. Die Jerusalemer Priesterschaft trat ihre führende Position im antiken Judentum nun an die Aufsteigerschaft der schriftgelehrten Laien, die entstehende rabbinische Bewegung, ab. Dass die Sadduzäer nach dem Untergang des Tempels nicht mehr existierten, ist deshalb keinesfalls die Konsequenz einer angeblichen »Erstarrung« ihres theologischen Systems, sondern einfach die Folge des Verlustes ihrer wirtschaftlichen und sozialen Existenzgrundlage. Dennoch scheint ein Teil der Priesterschaft auch nach der Tempelzerstörung versucht zu haben, als konsolidierte Gruppe fortzubestehen. Tatsächlich scheint die ihnen von der jüdischen Bevölkerung zuvor zuerkannte Kompetenz insbesondere im Bereich der Rechtsprechung nicht abrupt an ihr Ende gekommen zu sein (vgl. Sifre Dtn § 153 zu 17,9). Ihr Wort hatte bei vielen Menschen noch immer Gewicht. Auch einige ehemalige Priester betätigten sich fortan als rabbinische Gelehrte.

Aus den Reihen der Jerusalemer Priesterschaft ging im 2. Jahrhundert v. Chr. eine konservative Splitterpartei hervor, die sich selbst vom Tempel, den hasmonäischen Hohenpriestern und dem Rest der Priesterschaft distanzierte und in das unzugängliche judäische Bergland zurückzog. Auch Josephus (Ant 13,171–173) spricht von der Existenz einer solchen oppositionellen Gruppe zur Zeit des Hohenpriesters Jonatan (161–143 v. Chr.).[94]

In elf Höhlen nahe *Chirbet Qumran*, den Überresten einer antiken Ansiedlung auf einer ca. 12 Kilometer südlich von Jericho am Nordwestufer des Toten Meeres gelegenen Mergelterrasse, sind seit der Entdeckung der ersten Tonkrüge mit Schriftrollen durch Beduinen im Jahre 1947 ca. 800 kleinere und größere Fragmente antiker jüdischer Schriften gefunden worden.[95] Unter diesen Aufsehen erregenden Textfunden sind Reste von ca. 200 biblischen Texten in Abschriften und Übersetzungen; allein das Esterbuch fehlt. Unter den Funden sind auch Kommentare zu autoritativen Schriften (*Pescharim*; Sg.: *Pescher*), die die Gegenwart ihrer Verfasser mittels der Prophetenbücher (z. B. Jesaja, Habakuk und Nahum) und der Psalmen deuten.[96] Der Inhalt des gedeuteten Textes war dabei nicht so wichtig, denn er bildete nur die Basis für die inspirierte Offenbarung seiner »eigentlichen« Bedeutung. Man fand jüdische religiöse Schriften, die vorher nur in christlicher Überlieferung bekannt waren (z. B. Tobit, Judit) und auch verschiedene »Sektenschriften«, die Aussagen über die Lebensweise und den Glauben ihrer Verfasser ermöglichen.

Der Großteil dieser Textfunde ist mittlerweile ediert und gründlich ausgewertet. Textausgaben und Übersetzungen in Büchern, auf digitalen Datenträgern und auch im Internet sind allgemein verfügbar. Der Rest besteht nahezu ausschließlich aus zerrissenen und zerbröselten Fragmenten, die kaum zu entziffern oder gar größeren Texteinheiten zuzuordnen sind. Die Unterstellung, irgendeine kirchliche Stelle würde der Öffentlichkeit absichtlich brisante Informationen über die Qumrangemeinschaft oder gar über ihr Verhältnis gegenüber Jesus aus Nazaret und dem Christentum unterschlagen und jegliche heterodoxe Interpretation des vorliegenden Materials mit geradezu kriminellen Methoden im Keim ersticken, ist deshalb unlauter und falsch. Im Neuen Testament findet die Gemeinschaft von Qumran überhaupt keine Erwähnung. Die Behauptung, dass Lk 1,80, wo es heißt, Johannes der Täufer habe seine Jugend in der Wüste verbracht, auf seinen Aufenthalt in Qumran hindeutet, ist bloße Spekulation. Bei Qumran wurde mit an Sicherheit grenzender Wahrscheinlichkeit kein neutestamentlicher Text gefunden. Ein in den Höhlen am Toten Meer entdeckter, einseitig in

2.4 Und es entstand Zwietracht unter ihnen

griechischer Sprache beschriebener Papyrusfetzen (7Q5),[97] der angeblich aus dem Markusevangelium (Mk 6,52f) stammen soll, enthält nur zehn sicher identifizierbare Buchstaben und als einziges erkennbares Wort in Zeile 3 die – zugegebenermaßen auch bei Markus wiederholt vorkommende – Vokabel καί, (»und«). Von zwingender Beweiskraft ist das gerade nicht.

Es ist festzuhalten, dass weder Jesus aus Nazaret noch Johannes der Täufer oder gar Paulus jemals »Mitglieder« einer Qumransekte waren. Die Verfasser der bei Qumran gefundenen Texte und der frühchristlichen Schriften hatten beide die gleichen heiligen Schriften und waren in dasselbe kulturelle Umfeld eingebunden. Sämtliche Übereinstimmungen und Ähnlichkeiten lassen sich am einfachsten von hier aus erklären.[98]

Ein schwer zu lösendes Problem bei der Auswertung der zahlreichen Textfunde vom Toten Meer ergibt sich aus ihrem inhaltlich und formal höchst heterogenen Charakter. Kann man von den Überresten einer Bibliothek wie dieser so ohne weiteres auf ihren Besitzer schließen? Wenn beispielsweise ich in meinem Arbeitszimmer um mich blicke und die Bücherregale betrachte, dann steht dort Theodor Mommsens »Römische Geschichte« neben den Südseegeschichten von Herman Melville und eine Auswahl der Gedichte Robert Gernhardts neben der »Alraune« Hanns Heinz Ewers. Und auf dem untersten Regalbrett hat meine Tochter ihren »Harry Potter und die Heiligtümer des Todes« liegen lassen. Diese Werke verschiedener Verfasser aus verschiedenen Epochen, unterschiedlicher Gattung und unterschiedlichen Inhalts lassen sich schwerlich auf einen gemeinsamen Nenner bringen. Würde jemand versuchen, allein anhand dieser fünf Titel meinen Wissensstand und meine Interessen zu rekonstruieren, käme er zu einem recht bizarren Ergebnis.

Die Qumransiedlung existierte, wie wir heute recht exakt wissen, über 200 Jahre, nämlich von der zweiten Hälfte des 2. Jahrhunderts v. Chr. bis zu ihrer Zerstörung bzw. Umwandlung in einen leicht befestigten römischen Militärposten im Jahre 68 n. Chr. Die bei Qumran gefundenen Schriften repräsentieren eine mindestens ebenso große Zeitspanne. Irgendwann zwischen dem Anfang der Gemeinschaft zur Zeit der Hasmonäerherrschaft und ihrem Ende, spätestens nach der Tempelzerstörung im Jahre 70 n. Chr., könnten sie Bestandteil ihrer Bibliothek geworden sein. Und ob nur aufbewahrt wurde, womit man sich selbst identifizierte und wonach man sich richtete, ist ebenso fraglich. Nicht alle Schriften, die bei Qumran gefunden wurden, dürfen deshalb unterschiedslos zur Rekonstruktion des generellen Charakters und der einheitlichen Glaubensüberzeugung ihrer Besitzer herangezogen werden.

In den letzten Jahren mehren sich die Stimmen derjenigen Wissenschaftler, die aufgrund des archäologischen Befundes anzweifeln, dass überhaupt eine direkte Verbindung zwischen den in den Höhlen gefundenen Schriftrollen und den Bewohnern der Qumransiedlung als einer deutlich konturierten Glaubensgemeinschaft oder gar einer Gruppe von asketischen und nach strengen Regeln lebenden jüdischen »Mönchen« besteht, die sich mit ihrem Inhalt identifizierte und die sie ihrer »Klosterbibliothek« einverleibte. Sie halten es vielmehr für wahrscheinlich, dass die Texte während des jüdischen Krieges (66–70 n. Chr.) von (dissidenten?) Jerusalemer Priestern in den unzugänglichen Höhlen am Toten Meer vor den römischen Soldaten versteckt wurden. Die Nähe einiger Fundhöhlen zur Siedlung sei allein ein Hinweis darauf, dass die Bewohner dieser Siedlung, die vielleicht Bauern, Töpfer, Gerber oder Fabrikanten von Schreibmaterial waren, der Verbergungsaktion nicht ablehnend gegenüber gestanden haben.

Andere Forscher gehen noch immer davon aus, dass zwischen der Qumrangemeinschaft und den von antiken Autoren (Philon, Über die Freiheit des Tüchtigen 75–91; Jos. Bell 2,119–161; Ant 15,371–379; 18,18–22; Vita 10 u. ö.) mehrfach erwähnten *Essenern* ein enger Zusammenhang besteht. Tatsächlich stimmen die »Sektenschriften« und die Essenerberichte in vielen wichtigen Punkten überein. Ein Zusammenhang liegt nahe, ist aber durchaus nicht selbstverständlich.[99] Gewichtige Gründe scheinen nämlich gegen eine pauschale Identifikation zu sprechen. Zunächst wurde in Qumran keine Entsprechung des Namens *Essener* gefunden. Josephus wiederum weiß nichts von der dortigen Siedlung. Der Kirchenlehrer Hippolyt von Rom (ca. 170–235 n. Chr.) weist auf Ähnlichkeiten zwischen den Essenern und den Zeloten (s. u. S. 99–101) hin (Refutatio IX, 18–28).

2.4 Und es entstand Zwietracht unter ihnen

Allein der römische Schriftsteller Plinius d.Ä. weist auf eine essenische Ansiedlung am Toten Meer hin (Naturalis Historia V 73).

Ein weitaus größeres Problem besteht darin, dass die antiken Essenerberichte diese Gemeinschaft in idealisierender Weise verzeichnen. Was Josephus und Philon beschreiben, deckt sich zwar zum Teil mit den Aussagen der Sektenschriften, ist jedoch über weite Strecken idealisierendes Programm. Das Essenerbild beider Autoren ist geprägt von ihrer Verfasserabsicht, die Gemeinschaft nach den Idealen zeitgenössischer hellenistischer Philosophenschulen als nachahmenswerte jüdische Gruppierung beispielhafter Gesinnung und mustergültigen Lebenswandels, als wahre stoische »Tugendbolde« zu zeichnen. Bei Josephus ist zudem in Rechnung zu stellen, dass sich sein Selbstverständnis als gelehrter und achtbarer Jude in Rom auch in seiner Beschreibung der Essener als beachtenswerter hellenistischer Philosophen und mustergültiger Mitglieder der Gesellschaft widerspiegelt.

Unbeschadet der Frage nach den Beziehungen zwischen der Qumransiedlung und den Schriftrollen sind diese Texte überaus wichtige Dokumente für die Religionsgeschichte des antiken Judentums. Terminologische und inhaltliche Ähnlichkeiten, z. B. hinsichtlich des vom Jerusalemer Tempel abweichenden Kalenders, bestehen vor allem zwischen der »Sektenregel« (1QS), der »Hymnenrolle« (1QH) und der »Kriegsrolle« (1QM). Alle drei Schriften stammen vermutlich aus der Zeit der Hasmonäerherrschaft.

Das Bild der jüdischen Sondergemeinschaft, das sich aus diesen Quellen ergibt, zeigt uns eine isolationistische priesterliche Sekte mit besonderer Organisationsform und Lebensweise, deren Leben und Frömmigkeit von der Trennung vom praktizierten Jerusalemer Tempelkult und dem dort gültigen Kultkalender, von dem Ideal dauerhafter priesterlicher Reinheit und von dem exklusiven Anspruch, das wahre Gottesvolk der Endzeit zu sein, bestimmt waren. Ihre Gütergemeinschaft, ihr außergewöhnliches Reinheitsstreben auch im Alltag, ihre endzeitliche Orientierung, ihr dualistisches Weltbild und ihre militante Rom-feindliche Mentalität gründeten in einer angespannten eschatologischen Naherwartung. Ihr eigener Festkalender schloss die kultische Gemeinschaft mit anderen jüdischen

Gruppen aus und ist Ausdruck ihres exklusiven Selbstverständnisses, ganz allein für die Weltordnung zu bürgen.

Die Anhänger der Sondergemeinschaft verstanden sich angesichts des von ihnen in naher Zukunft erwarteten Weltendes und drohenden Strafgerichts Gottes als die »Söhne des Lichts«, als das wahre Israel der Endzeit und die einzigen wahren Bewahrer der althergebrachten priesterlichen Tradition. Sie waren offenbar überzeugt, den Gottesdienst im endzeitlichen Tempel zu übernehmen. Ihr *apokalyptisches Gerichtsverständnis* (s. o. S. 33f) diente ihnen dazu, ihre Gemeinschaft zu stabilisieren, indem vor allen Dingen die erwartete Bestrafung der »Söhne der Finsternis« – nämlich der gottlosen Feinde Gottes – und das Heil für die Gerechten und Auserwählten – nämlich die eigene Gruppe – ihre Gerichtserwartung bestimmten. Nur innerhalb des exklusiven Kreises der Gerechten war man sicher vor dem drohenden Zorngericht Gottes. Den »Söhnen des Lichts« bedeutete deshalb der Ausstoß aus der eigenen Gemeinschaft zugleich den unwiderruflichen Ausschluss von allem ewigen Heil.

Die Frage nach der Kontinuität zwischen den *Pharisäern* zur Zeit des Zweiten Tempels und den Rabbinen nach 70 n. Chr. ist ebenso grundlegend wie ungeklärt. Bereits die Anfänge der pharisäischen Bewegung liegen im Dunkeln. Ihre erste Erwähnung bei Josephus (Jos. Ant 13,288–298) thematisiert besonders ihre Opposition gegenüber dem hasmonäischen Herrscher Johannes Hyrkan I. Die Pharisäer begannen demnach als eine nationale und religiöse Erneuerungsbewegung. Auch ihre Wurzeln gründen im Konflikt zwischen dem Hellenismus und der »Religion der Väter«. Die weitere Geschichte der Pharisäer erscheint nach dem Zeugnis des Josephus recht wechselhaft. Während sie unter Alexander Jannai (103–77 v. Chr.) grausam verfolgt wurden (Jos. Ant 13,372–374), bildeten sie unter seiner Nachfolgerin Salome Alexandra (77–67 v. Chr.) die herrschende Partei (Jos. Ant 13,408f). Die Pharisäer waren im Gegensatz zu den Sadduzäern in erster Linie eine religiöse Größe. Mit den Attributen einer *politischen* Partei versehen, begegnen sie uns allein bei Josephus und im Neuen Testament (Apg 5,34; 15,5; 22,9).

In seiner aufgenötigten Selbstempfehlung in Phil 3,5 nennt sich Paulus »*nach dem Gesetz ein Pharisäer*«. Auch der Evangelist Lukas lässt Paulus in dessen Selbstzeugnis sagen: »*Denn nach der allerstrengsten Richtung unseres Glaubens habe ich gelebt als Pharisäer.*« (Apg 26,5) In den Evangelien lesen wir vom besonderen Reinheitsstreben der Pharisäer (Mk 2,16parr u. ö.), ihrer bemerkenswerten Sabbatobservanz (Mk 2,24parr; Joh 9,16) und strikten Verzehntung (Mt 23,23.25f.par; Lk 18,12), ihrem Beten (Mt 6,5), Fasten (Mk 2,18parr; Lk 18,12) und Almosengeben (Mt 6,2). Von einer besonderen Betonung der mündlichen Tora und einem außergewöhnlichen Reinheitsstreben spricht auch Josephus (Ant 13,297; 18,12–15).

Der Evangelist Markus stellt die Pharisäer als Todfeinde Jesu und als negative Kontrastgruppe zu den Anhängern der Jesusbewegung dar (Mk 12,13–17parr). Bei Matthäus begegnen Sadduzäer und Pharisäer wiederholt gemeinsam als schriftgelehrte Repräsentanten der jüdischen Allgemeinheit schlechthin (Mt 3,1; 16,1.5.11f). Eine solche dauerhafte Allianz zwischen den beiden unterschiedlichen sozialen Gruppen ist jedoch schwer vorstellbar. Bei Lukas ist die Darstellung der Pharisäer eher uneinheitlich (vgl. Lk 13,31), was wohl daran liegt, dass sie dem dritten Evangelisten auch als repräsentativ für die Judenchristen in den christlichen Gemeinden Kleinasiens galten. Der Jesus des Lukasevangeliums nimmt wiederholt an gemeinsamen Mahlzeiten im Haus von Pharisäern teil (Lk 7,36–50; 11,37–52; 14,1–35). Der Evangelist Johannes schließlich zeichnet die Pharisäer generell als Führung des jüdischen Volkes und als die eigentlichen Gegner Jesu (im narrativen Kontext der großen Auseinandersetzungen in Jerusalem zumeist gemeinsam mit dem Hohenpriester: Joh 7,32; 11,47.57). Auch dies ist historisch sicher unzutreffend.

Worauf beruht die deutliche Antipathie der neutestamentlichen Autoren gegenüber den Pharisäern? Das polemische Pharisäerbild der Evangelien und ihre bis heute überaus populäre Darstellung der Pharisäer als heuchlerische und selbstgefällige Gesetzesfanatiker sind wohl zunächst Ausdruck frühchristlichen Konfliktempfindens. Die Pharisäer waren vielleicht sogar diejenige jüdische Strömung, deren Zusammensetzung und Programm dem frühen Christentum am nächsten kamen. Es ist durchaus denkbar, dass sie mit den frühchristlichen Missionaren konkurrierten. Das Problem der Abgrenzung wurde deshalb hier offenbar am stärksten empfunden.

Das Streben nach einem »priesterlichen« Einfluss im jüdischen Volk und dessen religiöse Belehrung scheinen nach neutestamentlichem Zeugnis die wesentlichen politischen und sozialen Aspekte der pharisäischen Bewegung gewesen zu sein. Auch in Joh 7,47 werden die Pharisäer als Gesetzeskundige mit dem nicht gesetzeskundigen Volk kontrastiert. An vielen Stellen begegnen sie gemeinsam mit den Schriftgelehrten, torakundigen Lehrern (Mk 7,1parr; Mt 23,13–29; Joh 8,3; Apg 22,9 u. ö.). Ihre Akzentuierung der levitischen Reinheit im Alltag – bzw. die Ausweitung der priesterlichen Reinheit auf das ganze Land und seine gesamte Bevölkerung – könnte auch als Ausweitung der besonderen gesellschaftlichen Stellung der Priester am Jerusalemer Tempel verstanden werden. Es ist durchaus vorstellbar, dass sich die Pharisäer als Interessengruppe aus der überwiegend schriftkundigen städtischen Mittelschicht und wohl auch aus Teilen der unteren Priesterschaft rekrutierten, deren Bestreben nach andauernder priesterlicher Reinheit und nach Relativierung der Heilsbedeutung des Tempelkultes unmittelbar mit der Aufwertung des eigenen Status zusammenhing.

Die Pharisäer hatten zwar keine unmittelbare Macht, wohl aber Einfluss in der jüdischen Bevölkerung Palästinas. Auch dort, wo sich keine pharisäischen Aktivitäten nachweisen lassen, scheinen sich viele Menschen an den klaren Konturen pharisäischer Frömmigkeit, besonders an der strikten Toraobservanz, orientiert zu haben, ohne jedoch »Mitglied« der elitären pharisäischen Gemeinschaften zu werden bzw. werden zu können. Selbst die Pointe der Beispielerzählung in Lk 18,9–14 beruht auf der zunächst allgemein positiven Wertung des vorbildlichen Verhaltens des Pharisäers gegenüber dem Zöllner als negativer Kontrastfigur. Alle Frommen waren schließlich bestrebt, nach dem Gesetz Gottes zu leben. Gerade die Pharisäer boten hier ein deutliches Identifikationsmuster. Dieser *Vorbildfunktion* der Pharisäer stand jedoch ihr offenkundiges Bemühen um *Abgrenzung* nicht nur von unreinen Griechen, Römern und Syrern, sondern auch vom religiös indifferenten jüdischen Volk gegenüber.

Die Pharisäer vertraten den Standpunkt, dass die Reinheit, die eigentlich nur Priester bei der Verrichtung ihres Dienstes im Tempel innehaben mussten, auch auf sie selbst als gewöhnliche Juden in ihrem alltäglichen Leben ausgeweitet werden solle. Dieses demonstrative Streben nach besonderer Reinheit auch im Alltag bewirkte zwangsläufig eine Absonderung gegenüber dem Volk.

In solchen abgeschlossenen pharisäischen Gemeinschaften (*chavurot*) mit gemeinsamen Mahlzeiten ließen sich die Reinheitsbestimmungen der Tora leichter einhalten als im unmittelbaren Kontakt mit einer hinsichtlich ihres Bemühens um Reinheit als unzulänglich empfundenen jüdischen Allgemeinheit. Der Gedanke liegt nahe, dass das gemeinsame Schriftstudium und die Überlieferung einer besonders an Fragen der rituellen Reinheit interessierten Halacha in diesen Gemeinschaften schließlich zur Herausbildung von zahlreichen *Schulen* führte. Diese Schulen blieben im Gegensatz zur priesterlichen Aristokratie auch nach der Tempelzerstörung weiterhin funktionsfähig. Der Ausschnitt der mündlichen Tora, der in solchen schriftgelehrten Kreisen tradiert wurde, setzte sich im Judentum nach der Tempelzerstörung durch und verdrängte die meisten anderen Traditionen.

Ist die rabbinische Literatur demnach aus der pharisäischen Überlieferung hervorgegangen? Die Rabbinen in den Jahrhunderten nach der Tempelzerstörung betonten eine solche Kontinuität zwischen den Pharisäern und ihnen selbst. Sie projizierten dabei jedoch *ihre* halachische Überlieferung zurück in die Zeit des Zweiten Tempels und behaupteten dabei deren Allgemeingültigkeit. Die Mischna gibt in diesem Sinne in den Kontroversen zwischen Pharisäern und Sadduzäern immer den Pharisäern Recht, deren Position mit der der Rabbinen gleichgesetzt wird. Es ist deshalb wichtig, stets im Auge zu behalten, dass die Pharisäer der Mischna *nicht* die Pharisäer zur Zeit des Zweiten Tempels sind. Historisch oder gar biographisch verwertbar sind die entsprechenden rabbinischen Traditionen kaum.

Durchaus nicht alle frommen Juden beschränkten sich bei der Durchsetzung ihrer Glaubensüberzeugung auf friedliche religiöse Aktivitäten. Josephus nennt neben Judas dem Galiläer (Ant 18,4.23ff; vgl. Apg 5,37) auch den Pharisäer Zadok (Ant 18,4.9) als Mitbegründer und Anführer der revolutionären Widerstandsgruppe der *Sikarier* (krimineller »Dolchmänner«), deren Entstehung er mit der

Eingliederung Judäas als Provinz in das Römische Reich verknüpft.[100] Diese antirömischen Rebellen nannten sich selbst stolz *Zeloten* (»Eiferer«). Sie forderten eine eindeutige Entscheidung zwischen Kaiserkult und Gottesherrschaft. Alle Herrschaftsansprüche der durch den Kaiser verkörperten heidnischen Weltmacht Rom wurden von ihnen kategorisch abgelehnt. Im Neuen Testament wird ein Zelot Simon namentlich als Anhänger der Jesusbewegung erwähnt (Lk 6,15; vgl. Apg 1,13); von zelotischen Überfällen berichtet Lk 13,1f.

Unmittelbarer Anlass der Entstehung dieser jüdischen Widerstandsbewegung war der Census des Quirinius (s. o. S. 63f), der von den jüdischen religiösen Eiferern als provokante Demonstration der verhassten römischen Fremdherrschaft empfunden wurde. Die Motive des gewaltsamen Befreiungskampfes der Zeloten setzten sich aus religiösen und sozialen Impulsen zusammen, dem gemeinsamen Streben nach politischer Freiheit und endzeitlicher Erlösung. »*Freiheit*« bedeutete dabei aber für die meisten Menschen nicht vorrangig staatsrechtliche oder religiöse Freiheit, sondern in erster Linie »Freiheit von römischen Steuern und Tributen«, die Voraussetzung des eigenen Überlebens. Vor allem deshalb gelang es den religiösen Eiferern und Widerstandskämpfern und auch einer Reihe charismatischer Einzelgestalten und selbsternannter Propheten und »Befreier« des Volkes (Jos. Bell 2,61; vgl. Dtn 18,18) immer wieder, zahlreiche Gefolgsleute aus den unteren Bevölkerungsschichten zu rekrutieren.

Josephus (Ant 18,23f) beschreibt diese Widerstandsbewegung als »linken Flügel« der Pharisäer. Offenbar gingen viele Zeloten tatsächlich aus dem radikalen Teil der Pharisäer hervor. Hierfür spricht besonders die beiden Gruppen gemeinsame Akzentuierung der Notwendigkeit eines Lebens aller Juden nach den Gesetzen Gottes. Zeloten und Pharisäer unterschieden sich jedoch vor allem in der Frage der *Umsetzung* des Gotteswillens. Die Pharisäer schafften sich durch Absonderung Freiräume, innerhalb derer die gebotene wahre Gesetzeserfüllung möglich war. Für die Zeloten war die Freiheit Israels hingegen eschatologisch begründet. Die Frommen konnten, ja mussten demnach selbst zum Kommen der Heilszeit

2.4 Und es entstand Zwietracht unter ihnen

beitragen, indem sie sich aktiv gegen die Herrschaft Roms auflehnten. Gott hatte nach ihrer Überzeugung den Anbruch der in unmittelbarer Zukunft erwarteten bzw. erhofften Heilszeit von der Mitwirkung der Frommen abhängig gemacht. Die Zeloten strebten dabei nach einer Wiederherstellung der Verhältnisse bzw. der toragemäßen theokratischen Ordnung der idealen Vorzeit Israels. Als Begleiterscheinung dieses Strebens wurde von manchem der radikalen religiösen Eiferer die hebräische Sprache aus ideologischen Gründen auch im Alltag verwendet.

Auch im Umfeld des Juda bar Jona weiß man von den Aktivitäten der Zeloten und Sikarier. Gerade unter dem Statthalter Felix kam es wiederholt zu terroristischen Überfällen und Attentaten dieser revolutionären Gruppen (Jos. Bell 2,254–257; Jos. Ant 20,161–163). Auch die Tatsache, dass Felix einen wichtigen Anführer der Zeloten gefangen nehmen und nach Rom schicken ließ (Ant 20,161), vermochte ihren Aktivitäten kein Ende zu bereiten.

3. In der Synagoge von Kapernaum

3.1 Sie gingen am Sabbat in die Synagoge (Apg 13,14)

Wieder ist eine Nacht vergangen, seit wir gemeinsam mit Juda bar Jona und seinem Schwager am Feuer saßen und ihre Unterhaltung belauschten. Wieder schiebt sich die Sonne hinter der Bergkette am Ostufer des Sees Genezaret hervor und vertreibt die dichten Morgennebel über dem Wasser. Keiner der beiden wird heute an seine Arbeit gehen. Heute ist Sabbat, und wir haben die Gelegenheit, die Männer in die örtliche Synagoge zu begleiten, um dort gemeinsam mit ihnen an einem Sabbatmorgengottesdienst teilzunehmen.

Juda bar Jona ist bereits vorausgegangen, als wir uns von seinem Haus aufmachen, um ihm in die Synagoge zu folgen. Gleich zu Beginn unseres Unternehmens taucht ein unerwartetes Problem auf. Es ist nämlich nicht so einfach, den Ort, an dem der Gottesdienst stattfindet, überhaupt zu erkennen. Vergeblich halten wir Ausschau nach einem Gebäude, dessen besondere Gestalt oder Lage es als Zentrum einer jüdischen Gemeinde ausweist.

Mehr durch Zufall stoßen wir auf eine Gruppe von Männern. Wir schließen uns ihnen an und gehen gemeinsam mit ihnen weiter, bis wir die Synagoge endlich erblicken. Einer der Männer kommt plötzlich auf uns zu und fragt uns in fließendem Griechisch, woher wir kommen. Er habe uns hier noch nie gesehen. Wir stellen uns als Gäste des Juda bar Jona vor. Unser Gegenüber scheint ihn zu kennen. Er lacht und sagt, wir sollen aufpassen, wenn wir seinen Schwager Ja'akov treffen und dieser von uns Geld leihen will. Er, Aquila, warte jedenfalls schon seit Wochen auf die Bezahlung für das große Netz, das Ja'akov bei ihm gekauft hat.

Wir danken Aquila für den gut gemeinten Rat, gehen gemeinsam mit den Männern weiter und stehen bald vor einem Gebäude. Wir stellen dabei erstaunt fest, dass sich die religiöse Nutzung dieses Hauses in keiner Weise in seiner äußeren Gestalt bemerkbar macht. So hatten wir uns eine Synagoge eigentlich nicht vorgestellt. Vor uns

3.1 Sie gingen am Sabbat in die Synagoge

erhebt sich ein geräumiges, aber völlig unauffälliges zweigeschossiges Haus in traditioneller Bauweise, das von einer niedrigen Hofmauer aus uneben verbauten Bruchsteinen umgeben ist und dessen Flachdach gewalzter Lehm, Stroh und Heu bedecken.

Über einen einfachen Steinplattenbelag betreten wir das Gebäude und kommen in einen Vorraum mit einer kleinen Kammer auf der rechten Seite und einer Leiter, die in das obere Stockwerk führt. Langsam gewöhnen sich unsere Augen an das Halbdunkel. Weiter im Inneren betreten wir einen größeren Raum, in dem schon einige Menschen versammelt sind. Auf dem Fußboden sind bunte Mosaiken zu sehen, die Tiere und biblische Szenen abbilden. An der gegenüberliegenden Seite des Raumes steht ein hölzerner Kasten. Wir setzen uns dazu und warten, bis der Gottesdienst beginnt.

Über die Bedeutung der *Synagoge* im 1. Jahrhundert n. Chr. gibt es weitaus mehr moderne Theorien als antike Quellen.[101] Synagogen gab es zu dieser Zeit überall, wo Juden in nennenswerter Zahl lebten. Die zeitgenössischen Texte setzten ihre Existenz zwar häufig voraus, schweigen aber über viele Fragen, die uns heute interessieren. Auch der archäologische Befund hilft uns kaum weiter. Die meisten der in Palästina ausgegrabenen Gebäudereste aus der Zeit vor der Zerstörung des Jerusalemer Tempels im Jahre 70 n. Chr., die als Synagoge bezeichnet werden, verraten weitaus mehr über die Phantasie ihrer Entdecker als über ihre einstige Einrichtung oder gar ihre Nutzung. Wurden etwa inmitten der Reste eines unidentifizierten Gebäudes Bruchstücke von religiösen Schriften gefunden oder ist der vermeintliche Eingang oder die dem Eingang gegenüberliegende Wand auf der Seite, die nach Osten oder nach Jerusalem weist, oder lassen sich anhand der verstreuten Holztrümmer gar umlaufende Sitzreihen oder Säulen rekonstruieren, so erklärte man den Ort oft kurzerhand zu einer antiken Synagoge.

Wie haben wir uns eine Synagoge im antiken Palästina überhaupt vorzustellen? Wo, wie und warum entstanden die ersten Synagogen? Wozu dienten sie? Welche Bedeutung im Leben der Menschen kam ihnen zu? Einige Texte sollen uns zu einer Beantwortung dieser Fragen hinführen:

»*Theodotos, des Vettenos Sohn, Priester und Synagogenoberhaupt, Sohn eines Synagogenoberhauptes, Enkel eines Synagogenoberhauptes, erbaute die[se] Synagoge zur Vorlesung des Gesetzes und zum Unterricht in den Geboten, ebenso auch das Fremdenhaus und die Kammern und die Wasseranlagen für die [Pilger] aus der Fremde, die eine Herberge brauchen. Den Grundstein dazu hatten gelegt seine Väter und die Ältesten und Simonides.*« (Griechische Inschrift in einer Zisterne, Jerusalem vor 70 n. Chr.[102])

»*Und er lehrte in ihren Synagogen und wurde von jedermann gepriesen. Und er kam nach Nazaret, wo er aufgewachsen war, und ging nach seiner Gewohnheit am Sabbat in die Synagoge und stand auf und wollte lesen. Da wurde ihm das Buch des Propheten Jesaja gereicht. Und als er das Buch auftat, fand er die Stelle, wo geschrieben steht:* ›*Der Geist des Herrn ist auf mir, weil er mich gesalbt hat, zu verkünden das Evangelium den Armen; er hat mich gesandt, zu predigen den Gefangenen, dass sie frei sein sollen, und den Blinden, dass sie sehen sollen, und den Zerschlagenen, dass sie frei und ledig sein sollen, zu verkünden das Gnadenjahr des Herrn.*‹ *Und als er das Buch zutat, gab er es dem Diener und setzte sich. Und aller Augen in der Synagoge sahen auf ihn.*« (Lk 4,15–20)

»*Die Judäer von Caesarea hatten eine Synagoge auf einem Platz, der einem griechischen Einwohner der Stadt gehörte. Wiederholt hatten sie versucht, den Platz zu kaufen, und einen Preis dafür geboten, der den wahren Wert weit überstieg. Der Eigentümer kümmerte sich jedoch nicht um ihr Anliegen, errichtete vielmehr, um sie zu ärgern, auf dem Platz Gebäude, in denen er Werkstätten unterbrachte, so dass für die Judäer nur ein enger, unbequemer Eingang übrig blieb. [...] Am folgenden Tage, einem Sabbat, stellte ein streitsüchtiger Einwohner von Caesarea, während die Judäer in der Synagoge versammelt waren, einen umgekehrten Topf vor den Eingang der Synagoge und opferte Vögel. Die Judäer gerieten darüber in großen Zorn, denn diese Handlungsweise verhöhnte ihre Gesetze und verunreinigte den Ort.*« (Jos. Bell 2,285f.289)

3.1 Sie gingen am Sabbat in die Synagoge

»Eine Synagoge, Bettler, alle möglichen Landstreicher, Jammergestalten und Hungerleider zeigen sowohl einem Mann wie einer Frau Kummer, Sorgen und seelische Pein an; denn einerseits betritt niemand eine Synagoge, der nicht voller Sorgen ist, andererseits sind Bettler überaus garstig, mittellos und haben nichts Gesundes an sich und vereiteln deshalb jedes Vorhaben.« (Artemidor, Traumbuch 3,53)

Wir erhalten in diesen vier kurzen Texten einige wichtige Informationen über palästinische Synagogen als Zentren jüdischen Lebens. Zunächst lesen wir in der südlich der Jerusalemer Altstadt entdeckten »*Theodotos-Inschrift*« über die Bestimmung eines Synagogenbaus. Dieser sollte als Stätte des Studiums und der Unterweisung in der Tora, aber auch der Aufnahme und Bewirtung der zu den Wallfahrtsfesten von überall her nach Jerusalem strömenden Pilger dienen. Ein Priester namens Theodotos hatte das Gebäude errichten lassen. Ebenso wie schon sein Vater und auch sein Großvater bekleidete er das Amt eines *Synagogenvorstehers*.

Das Lukasevangelium berichtet von solchen Synagogen an mehreren Orten, auch von derjenigen in Nazaret, die Jesus regelmäßig am Sabbat besuchte und in der er als gewöhnliches Mitglied der zum Gottesdienst versammelten Gemeinde sitzend einen Abschnitt aus den Heiligen Schriften vorlas. Nach getaner Lesung, so erzählt Lukas, gab er die zusammengerollte Schriftrolle dem Synagogendiener zurück und ging wieder zurück an seinen Platz.

Auch in dem Abschnitt aus dem Werk des Josephus ist die Rede von einer Synagoge im Küstenort Caesarea Maritima, an der sich eine Auseinandersetzung zwischen dem jüdischen Bevölkerungsteil der Stadt und ihren nichtjüdischen Nachbarn entfachte. Das Gebäude, in dem die Juden Caesareas sich an jedem Sabbat trafen und das sie von dessen nichtjüdischem Eigentümer gemietet hatten, wurde offenbar zum Ziel judenfeindlicher Provokationen. Ein Anstifter versuchte die in Caesarea lebenden Juden zu provozieren, indem er ihren Versammlungsort durch ein heidnisches Opfer kultisch verunreinigte und somit ihre dort gewöhnlich stattfindenden Gottesdienste verhinderte.

Wenn ein Mann oder eine Frau von einer Synagoge träumen, so erfahren wir aus dem Traumbuch des griechischen Schriftstellers Artemidor (2. Jahrhundert n. Chr.), bedeutet das Kummer, denn für beide ist die Synagoge üblicherweise der Ort, an dem man Trost im Gebet sucht.

Bevor wir nun gemeinsam mit Juda bar Jona einem Synagogengottesdienst beiwohnen, zunächst noch einige allgemeine Informationen über die Synagoge im antiken Palästina.

Eine oberflächliche, jedoch verbreitete Auffassung geht davon aus, dass der Begriff »*Synagoge*« in der Antike generell ein Gebäude bezeichnete, das allein der Versammlung jüdischer Gemeinden zum Gottesdienst diente und dessen Bauart und Einrichtung es bereits rein äußerlich von allen anderen Gebäuden unterschied, ebenso wie heute etwa ein Glockenturm auf eine christliche Kirche hinweist oder ein Minarett auf eine Moschee.

Diese Auffassung unterschlägt allerdings einen beträchtlichen Teil der antiken Texte, in denen von einer »Synagoge« die Rede ist. Auch entspricht sie nicht dem heutigen Stand der archäologischen Forschung. Betrachten wir unsere Texte genauer, stellen wir nämlich fest, dass an keiner Stelle davon die Rede ist, dass die Synagoge sich äußerlich von anderen Gebäuden unterscheiden muss. Zudem kann das griechische Wort συναγωγή, nicht nur den Versammlungsraum einer Gemeinde bezeichnen, sondern auch deren Versammlung oder die Gemeinde selbst.

An diesem Punkt ist anzumerken, dass sich die Bedeutung eines jeden Wortes stets verändern kann. Das betrifft die zeitliche Dimension ebenso wie den Kontext, in dem es Verwendung findet. Betrachten wir beispielsweise das deutsche Adjektiv »geil«. In seinen ältesten mittelalterlichen Bezeugungen bedeutet das Wort »übermütig« oder »überheblich«; später steht es auch für »kraftvoll«, »lustig«, »fröhlich« und »schön«. Seit dem 15. Jahrhundert bezeichnet man als »geil« die senkrecht nach oben stehenden Triebe von Pflanzen. In der Neuzeit verbreitete sich eine vulgarisierende Verwendung im Sinne von »lüstern« oder »wollüstig«. Und in der aktuellen Jugendsprache schließlich ist »geil« nur noch ein umgangssprachlicher Superlativ von »gut« und meint in etwa »großartig« oder »toll«. In vergleichbarer Weise konnte auch ein Sprecher oder Autor im 5. Jahrhundert v. Chr. mit dem gleichen Wort etwas anderes zum Ausdruck bringen als ein Zeitgenosse des Juda bar Jona. Ebenso konnte dieses Wort im Rahmen heiliger Schriften eine besondere Bedeutung haben, die außerhalb der Gruppe, die diese Schriften besaß und tradierte, unüblich oder sogar unbekannt war.

So steht der Begriff »*Synagoge*« außerhalb des Judentums für gesellschaftliche oder kultische Versammlungen der Mitglieder von allerlei Gruppierungen, aber nur selten für ein bestimmtes Gebäude oder gar einen Gebäudetyp. In der Septuaginta (s. o. S. 18f) bezeichnet der Begriff zumeist die gesamte Gemeinde Israel, entweder beim Gottesdienst oder als Versammlung der erwachsenen, rechtsfähigen Männer.

Als »Synagoge« bezeichnete man im 1. Jahrhundert n. Chr. ebenso die einzelne jüdische Gemeinde an einem bestimmten Ort wie auch ihre Zusammenkünfte und Versammlungen. Schließlich hat man eine Reihe von Inschriften entdeckt, die einen Versammlungsraum als »Synagoge« bezeichnen. Daneben finden wir (besonders in der ägyptischen Diaspora) das griechische Wort προσευχή, in der vergleichbaren Bedeutung »Gebetsstätte«. In hebräischer Sprache heißt die Synagoge *Bet hakk'neset* (»Versammlungshaus« oder »-ort«).

Man muss also von Fall zu Fall prüfen, ob dort, wo von einer Synagoge die Rede ist, eine *Gemeinde*, ihre *Versammlung* oder ihr *Versammlungsraum* gemeint ist. Lesen wir in antiken Texten also von einer Synagoge, dürfen wir dabei nicht automatisch an ein »sakrales« Gebäude mit klarer, einheitlicher Form und Funktion denken. Zwar berichtet eine rabbinische Überlieferung von einer großen und prunkvoll ausgestatteten Synagoge in Alexandria (T Sukka IV 6), doch waren solche Prachtbauten die große Ausnahme. Zumeist versammelten sich die jüdischen Gemeinden in privaten und gewöhnlichen öffentlichen Räumen oder sie richteten ihr Gemeindezentrum in einem ehemaligen Privathaus ein. Tatsächlich aber stammen die frühesten anhand ihres charakteristischen Bauplans und ihrer Einrichtung eindeutig als Synagogenbauten identifizierbaren Architekturfunde in Palästina erst aus dem 3. Jahrhundert n. Chr. Es gilt als sicher, dass sich – bildlich gesprochen – zwischen ihnen und den Synagogen zur Zeit der ersten Christen nur eine schmale und instabile Brücke errichten lässt, auf der wir auf der Suche nach Antworten auf unsere Fragen nicht gehen könnten.

Auch dort, wo ein Gebäude als Synagoge errichtet wurde, orientierten sich seine Erbauer nicht an einem bestimmten einheitlichen Baustil. Hinsichtlich Bauart, Anlage und Bauplatz herrschte im Judentum zur Zeit des Juda bar Jona große Freizügigkeit, auch wenn spätere rabbinische Überlieferungen hier ideale Vorstellungen betonen. So sollten alle Synagogen nach Ansicht vieler antiker jüdischer Gelehrter zum Tempel von Jerusalem hin orientiert sein, da dies die übliche Gebetsrichtung war.

Diese theoretische Bestimmung stimmt aber mit dem tatsächlichen archäologischen Befund nicht überein. Ein Großteil der ausgegrabenen vermeintlichen Synagogenreste in Palästina weist eben nicht nach Jerusalem. Wahrscheinlich hat man hier durch die Einrichtung des Synagogenraums dafür gesorgt, dass die Gebete nach Jerusalem gerichtet werden konnten. Zudem muss man beachten, dass es im antiken Judentum keine übergeordnete »Behörde« gab, die den Bau von Synagogen überwachte oder gar einheitlich regelte.

Aus diesem Grund ist auch die bei Kunstgeschichtlern beliebte Einteilung der antiken Synagogenbauten in verschiedene zeitlich linear aufeinanderfolgende Bautypen fragwürdig. Dies erschwert wiederum eine Datierung der Gebäudereste anhand der Einordnung in solche Bautypen. Die Bauart einer Synagoge richtete sich wie die eines jeden profanen Gebäudes vielmehr stets nach regionalen Stilformen, also nach dem, was die Einwohner eines Landstrichs oder einer Stadt als modern, üblich oder einfach als »schön« ansahen – ganz unabhängig davon, ob sie nun Juden, Christen, Anhänger einer hellenistisch-römischen Mysterienreligion oder sonst eines Kultes waren. Ebenso spielte letztendlich der Geldbeutel der Auftraggeber eine entscheidende Rolle bei der Größe und Ausstattung einer Synagoge.

Verbreitet ist das Vorurteil eines allgemeinen, aus dem Bilderverbot des Dekalogs (Ex 20,4; Dtn 5,8) abgeleiteten Verbots figürlicher Darstellungen im antiken Judentum. Tatsächlich finden sich aber in zahlreichen Synagogen beeindruckende Wandmalereien und Bodenmosaiken dekorativ-symbolischer Art, auf denen biblische Szenen, Pflanzen, Tiere, Menschen und auch Engel abgebildet oder sogar der astrologische Tierkreis kunstvoll dargestellt werden.[103]

Innerjüdische Kritik an bildlichen Darstellungen richtet sich zunächst gegen das Bild des römischen Herrschers (Jos. Ant 17,149ff; Ap 2,75), später auch gegen ihre Verwendung als Kultobjekt des Götzendienstes. Gegenüber der bildenden Kunst scheinen also verschiedene Auffassungen miteinander konkurriert zu haben. Was der einen Gruppe als anstößig erschien, galt der anderen als erlaubter Ausdruck der Frömmigkeit. So kann auch in der jüdischen Weisheitsschrift Jesus Sirach (38,28) die Geduld, die es braucht, Weisheit (bzw. Tora) zu erlernen, mit der Ausdauer von Bildermalern verglichen werden, die darauf bedacht sind, dass ihr Werk dem abgebildeten Menschen oder Gegenstand ähnelt. Unstrittig blieb hingegen die unbedingte Vermeidung jeder Darstellung Gottes selbst in Menschengestalt, was auch nichtjüdische Quellen bestätigen (vgl. Cassius Dio, Hist. Rom. 37, 17, 2).

Synagogen wurden an unterschiedlichen Orten erbaut, nicht selten an einer erhöhten Stelle oder in der Nähe von Wasserläufen und Ufern. Auch hierbei gilt, dass die idealen Vorstellungen der Rabbinen von der Archäologie nicht bestätigt werden konnten. Spannend ist die Frage nach dem Zusammenhang zwischen Orten, an denen Synagogen errichtet wurden, und uralten Kultstätten, an denen lange Zeit vor der Entstehung der jüdischen Religion für kanaanäische Götter geopfert und gefeiert wurde. Einige Ortslagen und Fundstätten legen nämlich den Verdacht nahe, dass solche »*heiligen Orte*« die Verdrängung alter Kulte und Religionen durch das Entstehen neuer überdauerten, um nun der Verehrung der anderen Gottheit zu dienen.

Die rabbinische Tradition führt die Synagoge auf Mose selbst zurück (Targum Pseudo-Jonatan zu Ex 18,20). Philon – er will seine Leser ja generell auf den philosophischen Charakter des Judentums hinweisen – weiß von der von Mose verordneten Einrichtung von Synagogen in den einzelnen Städten. An jedem Sabbat, so Philon, kommen die Juden hier zusammen, um sich mit Schriftstudium und Philosophie stoischer Prägung, mit »Weisheit, Mannhaftigkeit, Mäßigung, Gerechtigkeit, Frömmigkeit, Heiligkeit und jeglicher Tugend« zu beschäftigen (Über das Leben Mosis 2,216). Auch in der Apostelgeschichte (15,21) ist die Rede von den Synagogen, die in allen Städten von alten Zeiten her der Verkündigung des Mosegesetzes dienten.

Beide Texte zeigen uns, dass sich Juden in der antiken Welt den Ursprung der Synagoge durchweg als uralte Einrichtung vorstellten. Es gibt allerdings keine Belege für diese Auffassung. Berücksichtigt man weiterhin, dass die Verlesung der Tora, die eine mit ihrer heutigen Textform weitgehend übereinstimmende Gestalt *frühestens* im 5. Jahrhundert v. Chr. erhalten hat, grundlegender Bestandteil des synagogalen Gottesdienstes ist, zeigt sich der legendarische Charakter dieser Vorstellung.

Lange Zeit nahm man an, die Zerstörung des salomonischen Tempels im Jahre 587/586 v. Chr. durch Nebukadnezzar II. (ca. 640–562 v. Chr.) und die Trennung von Jerusalem während der babylonischen Gefangenschaft hätten, quasi notgedrungen, zur Entstehung der Synagoge als »Tempel-Ersatz« (oder gar als »Ersatz-Tempel«) geführt. Gegen diese Herleitung spricht allerdings, dass die Aufgaben des Tempels und der Synagoge deutlich unterschiedlicher Art waren. Zwischen dem Opferdienst im Tempel und der Synagoge als Stätte der Toralesung und des Gebets besteht kein unmittelbarer Zusammenhang.[104] Zudem gibt es auch für diese Annahme keine archäologischen Beweise. Zwar begegnet der Begriff »*Bet hakk'neset*« in Quellen aus der Zeit während oder kurz nach der babylonischen Gefangenschaft (vgl. z. B. Ez 11,16 sowie Neh 8,1–8). Es ist hier allerdings an keiner Stelle von Versammlungsräumen oder gar Synagogenbauten die Rede, sondern allein von den gottesdienstlichen Veranstaltungen einer jüdischen Gemeinde.

Der eigentliche »Ursprung« der Synagoge lässt sich aufgrund ihrer vielfältigen Aufgaben und uneinheitlichen Entwicklungen im antiken Judentum also nicht genau datieren. Heute nimmt man zumeist an, dass die ersten Synagogen fern von Jerusalem und seinem Tempel in der Diaspora entstanden, wo jüdische Kolonien in einer nichtjüdischen Umgebung eines gemeinschaftlichen Versammlungsortes bedurften.[105] Aber man weiß – wie gesagt – bis heute all das noch längst nicht so genau, wie man das gern hätte.

Die bislang ältesten deutlichen archäologischen Belege führen uns auf die kahle Kykladeninsel Delos und nach Ägypten, wo seit

3.1 Sie gingen am Sabbat in die Synagoge

persischer Zeit kleine Kolonien von Juden, wie z. B. die jüdischen Söldner in Elephantine (s. o. S. 60), in geschlossenen Siedlungen lebten. Dass einige dieser Synagogen den ägyptischen Herrschern gewidmet sind, könnte darauf hindeuten, dass sie in ihrem Reich eine gewisse obrigkeitliche Anerkennung besaßen. Überall dort, von wo aus Jerusalem eine lange, entbehrungsreiche und gefährliche Reise entfernt lag, konnte das Bedürfnis nach einem solchen Ort des gemeinschaftlichen Gebets seinen Ausdruck in der Errichtung bzw. Entstehung von Synagogen finden.

Als zentrale Versammlungsräume dienten Synagogen aber nicht nur religiösen Bedürfnissen. Wenn wir uns in die Situation dieser Menschen versetzen, die sich in der Fremde – umgeben von fremden Kulturen und fremden Religionen – als eigenständige Gruppen behaupten und dem andauernden Assimilationsdruck standhalten mussten, wird uns deutlich, welch hoher Stellenwert der Synagoge bei der Aufrechterhaltung und Gestaltung des gemeinschaftlichen Lebens zukam. Die Herausbildung der gottesdienstlichen Funktionen der Synagoge scheint zwar vorwiegend mit der Bedeutung der Tora und ihrer Verlesung als grundlegendem Bestandteil der jüdischen Religion zusammenzuhängen (vgl. M Chagiga II 2). Doch diente – gerade fernab vom Tempel – eben nicht allein die gemeinsame religiöse Betätigung dem Bestand der jüdischen Gemeinde.

Das alltägliche Leben in der Gemeinschaft einer solchen Minderheit in einer fremden bzw. als fremd empfundenen Umwelt erforderte gemeinsame Beratungen und Entscheidungen, gemeinsame Verwaltung und Organisation und auch einen Ort, an dem dies alles stattfinden konnte. Die Synagoge diente als ein solcher Ort, also als eine Art »Dorfgemeinschaftshaus«. Ebenso wie in alttestamentlichen Zeiten auf dem freien Platz an der Innenseite des Stadttores (vgl. Dtn 16,18; 2. Sam 15,2; Jes 29,21; Jer 26,10 u. ö.) kam man hier zu Beratschlagung und Rechtsprechung zusammen, wurden hier Informationen ausgetauscht, Beschlüsse getroffen und Urteile gefällt.[106] Teil eines territorialen Verwaltungssystems waren die örtlichen Synagogengemeinden in Palästina zur Zeit des Juda bar Jona jedoch nicht.

Es ist hierbei nicht unwichtig, zwischen Orten, die nahezu ausschließlich von Juden bewohnt wurden, und Orten, in denen der jüdische Bevölkerungsanteil in der Minderheit war, zu unterscheiden. In zahlreichen Städten lebten viele Juden, ohne dass deswegen die Stadtverwaltung jüdisch war. Dies gilt für das Mutterland ebenso wie für die Diaspora. Beispielsweise bestand in Tiberias oder in Sepphoris eine Verfassung nach griechischem Vorbild, mit einer großen Ratsversammlung und einem Bürgermeister, einem Polizeichef und einem Marktaufseher. Und nur dort, wo die Einwohnerschaft eines Ortes und die dortige jüdische Gemeinde sich nahezu deckten, fungierte deren Gemeinderat auch als kommunale Verwaltung.[107]

Ein solcher Gemeinderat setzte sich laut Josephus (Ant 4,214) aus sieben »*tugendhaften und rechtskundigen*« Männern zusammen. Für die Siebenzahl spricht neben dem Zeugnis des Josephus (vgl. auch Bell 2,570f: Hier brüstet sich Josephus damit, dass er selbst in jedem Ort Galiläas ein solches Siebenergremium eingesetzt habe, um so eine modellhafte und toragemäße Verfassung zu verwirklichen) auch Apg 6,3–6, wo die griechischsprachige Gemeinde im Jerusalemer Judenchristentum ein vergleichbares Siebenerkollegium einsetzt.

Der »Ältestenrat«, bestehend aus besagten »*tugendhaften und rechtskundigen*« (d. h. wohl den am Ort wichtigsten reichen und einflussreichen) ortsansässigen Familienoberhäuptern, nahm seit der Perserzeit im Rahmen der begrenzten Selbstverwaltung der jüdischen Gemeinde eine Reihe von internen jurisdiktionellen und exekutiven Aufgaben wahr (vgl. Mk 13,9parr; Mt 5,22f). Daneben organisierte er die gemeinsame Nutzung von lokalen Wasserleitungen und Bewässerungssystemen, Wegen, Grabstätten, Getreidemühlen, Tennen, Weinkeltern und Ölpressen. Auch von Funktionären Roms wurde er als Vertretung der am jeweiligen Ort lebenden Juden und als verantwortlicher Ansprechpartner angesehen (vgl. Lk 7,3). Dieses System lokaler Leitungsgremien wurde auch von vielen christlichen Gemeinden aus der jüdischen Tradition übernommen.

Grundlage der Rechtsprechung der lokalen Siebenergremien war die Tora und die hieraus abgeleitete Halacha. Die römischen Statthalter und ihre örtlichen Repräsentanten, Soldaten und Steueragenten ließen den jüdischen Gemeinden dabei weitgehende Selbständigkeit. So sprachen die Gremien sowohl in religiösen Angelegenheiten als

3.1 Sie gingen am Sabbat in die Synagoge

auch in »zivilrechtlichen« Streitfällen Recht (der Begriff »zivilrechtlich« ist allerdings etwas schief; zum einen gab es damals noch keine formale Unterscheidung zwischen Zivil- und Strafrecht und zum anderen folgt ja gerade aus dem Verständnis der Tora als Weisung für *alle* Lebensbereiche, dass prinzipiell jedes Problem allein auf ihrer Grundlage zu lösen ist). Auch die Bestrafung in Form von Geld- und Prügelstrafen sowie des Ausschlusses aus der Gemeinde oblag den Leitungsgremien der Gemeinden, was neben der rabbinischen Traditionsliteratur sowohl Josephus (Bell 2, 273) als auch das Neue Testament (Mk 13,9parr; Apg 22,19; vgl. Hebr 11,36) bezeugen.

Die Leitungsgremien aller jüdischen Gemeinden waren dem *Synhedrium* in Jerusalem, dem »Hohen Rat«, untergeordnet. Dieser aristokratische jüdische Senat setzte sich aus dem Hohenpriester sowie wahrscheinlich 70 Ältesten, d. h. Vertretern des jüdischen Adels, zusammen (vgl. Num 11,16f). Hoherpriester und Notablenversammlung gemeinsam repräsentierten im Rahmen der idealen theokratischen Verfassung die oberste religiöse, politische und juristische Autorität im antiken Judentum (2. Makk 1,10; 4,44; Jos. Ant 12,142; 20,251; Ap 2,194; Mk 14,53ff.parr; 15,1parr.; Joh 18,13; Apg 4,3–6; 22,25–30).[108] Dem Jerusalemer Synhedrium oblagen zur Zeit des Juda bar Jona die innerjüdische Rechtsprechung mit Ausnahme der Kapitalgerichtsbarkeit und der Steuerhoheit, die Aufsicht über den Tempel und die für die Kultausübung unerlässliche Kalenderregulierung. Daneben erfüllte er unter der ständigen Aufsicht der römischen Statthalter zwar eine Reihe administrativer Aufgaben, hatte jedoch als Institution kein politisches Gewicht oder gar Einflussmöglichkeiten auf die Politik der Weltmacht Rom.

Diese gravierenden Beschränkungen waren der vorläufige Endpunkt des kontinuierlichen Machtverfalls des Synhedriums als oberster jüdischer Institution. Zu Beginn des 2. Jahrhunderts v. Chr. war der seleukidische Zolldistrikt Jerusalem-Judäa (s. o. S. 16) als weitgehend autonomer Tempelstaat organisiert. Der Hohepriester und die *Gerusia* (»Ältestenversammlung«; das spätere Synhedrium), die sich aus dem Priesteradel und einflussreichen Angehörigen der nichtpriesterlichen Oberschicht zusammensetzte, regierten in dieser Zeit als gemeinsame Repräsentanten des Tempelstaats bzw. als politische Vertretung aller Juden in und um Jerusalem auf der Grundlage der Tora als Verfassung. Der Seleukidenherrscher Antiochos III. hatte dieses wahrscheinlich bereits seit persischer Zeit bestehende *dyarchische* System (»Zweierherrschaft«) im Jahre 198 v. Chr. ausdrücklich sanktioniert (Jos. Ant 12,142–144). Zur Zeit der Hasmonäerherrschaft leitete dann der jeweilige Hasmonäerfürst, der zugleich Hoherpriester war, das Synhedrium. Dessen politische Macht verfiel nun rasch bis hin zur Bedeutungslosigkeit. Herodes der Große schließlich regierte vollends autokratisch, ließ viele aristokratische Mitglieder des Synhedriums umbringen und ihren Besitz beschlagnahmen, setzte als römischer Vasallenkönig die Hohenpriester als bloße »Kultusbeamte« jederzeit nach Belieben ein und ab und annullierte die ursprüngliche Lebenslänglichkeit und Erblichkeit ihres Amtes. Auch seine direkten Nachfolger beschränkten das hohepriesterliche Amt strikt auf seine kultischen Funktionen.

Mit der von Augustus beschlossenen Umwandlung Judäas in eine prokuratorische Provinz und deren Unterstellung unter unmittelbare römische Verwaltung im Jahre 6 n. Chr. (s. o. S. 17) hatten der Hohepriester und das Jerusalemer Synhedrium zwar wieder eine Reihe direkter Verwaltungsaufgaben inne, doch waren die Befugnisse beider weiterhin deutlich begrenzt. Die römischen Statthalter hielten bis 36 n. Chr. sogar die hohepriesterliche Amtstracht in der Burg Antonia (benannt nach dem römischen Feldherrn Marcus Antonius [ca. 83–30 v. Chr.]) unter Verschluss und gaben sie nur zu den Festtagen heraus. Es ist unklar, welche Machtbefugnisse dem Synhedrium in Jerusalem in der Spätzeit des zweiten Tempels tatsächlich zukamen. Selbst die Frage, ob er in diesen Jahren überhaupt eine permanente Institution war oder vom Hohenpriester bzw. vom König zu besonderen Anlässen »*ad hoc*« einberufen wurde, ist heute umstritten.[109] In Bezug auf die Aussagen unserer schriftlichen Quellen über das Synhedrium bzw. den »Großen Sanhedrin« und seine Aufgaben und Kompetenzen zur Zeit des Zweiten Tempels ist deshalb – besonders hinsichtlich des Zeugnisses der rabbinischen Traditionsliteratur – Vorsicht geboten.

Doch kehren wir zurück zur Synagoge. Wir müssen beachten, dass das Bedürfnis einer jüdischen Gemeinschaft nach einem solchen

3.1 Sie gingen am Sabbat in die Synagoge

Versammlungsort nicht erst in Ländern, die von Palästina weit entfernt lagen, entstehen konnte, sondern auch bereits außerhalb der näheren Umgebung Jerusalems. So war bereits in Galiläa die Synagoge nicht selten das Gemeindezentrum für die Gottesdienste von Juden mit gemeinsamer Herkunft oder Glaubensüberzeugung. Sie diente daneben aber auch als ein Ort für öffentliche Versammlungen, als lokales Gericht, Gemeindekasse und Archiv, als Herberge und als Kinderschule.

Auch Juda bar Jonas Sohn Simon wird in wenigen Jahren die Elementarschule in der Synagoge von Kapernaum besuchen. Gemeinsam mit anderen Kindern aus dem Ort wird er hier neben vielen Toragebot en und Geschichten auch Schreiben und Lesen (üblicherweise mit lauter Stimme; vgl. Apg 8,28–30), Grundkenntnisse im Rechnen und ein wenig Erdkunde lernen. Seiner Tochter Salome ist die Teilnahme am öffentlichen Schulunterricht zwar verwehrt, doch bemüht sich ihre Mutter, ihr zu Hause neben vielen sozialen Normen und Traditionen so viel wie möglich von dem beizubringen, was sie später einmal brauchen wird, wenn sie als erwachsene Ehefrau selbst einen Haushalt führt und dabei die vielen Abgaberegeln, Speisegebote und Reinheitsvorschriften der Tora kennen und beachten muss.[110]

Die Einführung der öffentlichen Elementarschulen im antiken Judentum wird von der späteren rabbinischen Überlieferung einem Zeitgenossen des Juda bar Jona zugeschrieben, dem Hohenpriester Jehoschua' ben Gamla (ca. 63–65 n. Chr.). Josephus, der schreibt, dass er ein enger Freund dieses von König Agrippa II. (ca. 28–94 n. Chr.), dem Urenkel Herodes' des Großen, eingesetzten Hohenpriesters war (Vita 193. 204), lobt seine besondere Klugheit (Bell 4,322). Im babylonischen Talmud (b Bava Batra 21a) liest sich das dann so:

»Wahrlich, es sei jenes Mannes, namens R. Jehoschua' ben Gamla, zum Guten gedacht, denn wenn nicht er, würde die Tora in Israel in Vergessenheit geraten sein. Anfangs pflegte nämlich, wer einen Vater hatte, von ihm in der Tora unterrichtet zu werden, und wer keinen Vater hatte, lernte die Tora nicht. (...) Später aber ordnete man an, in Jerusalem Kinderlehrer anzustellen. (...) Aber immer noch pflegte den,

der einen Vater hatte, dieser hinzubringen und lernen zu lassen, wer aber keinen Vater hatte, kam nicht hin und lernte auch nichts; da ordnete man an, solche in jedem Bezirk anzustellen. Man führte ihnen [die Kinder im Alter] von sechzehn oder siebzehn Jahren zu, wenn aber der Lehrer über einen in Zorn geriet, schlug er aus und lief fort. Alsdann trat R. Jehoschua' ben Gamla auf und ordnete an, dass man Kinderlehrer in jeder Provinz und in jeder Stadt anstelle, denen man [die Kinder im Alter] von sechs oder sieben Jahren zuführe.«

Von einem allgemeinen Unterricht im Lesen und Schreiben und von seiner hohen Bedeutung im antiken Judentum berichtet auch Josephus (Ap 2,204). Die Jungen (und durchaus nicht nur die Wohlhabenden, vgl. Jos. Ant 17,134–141) lernten in der Schule zunächst das hebräische Alphabet, um dann anhand biblischer Texte Lesen und Schreiben einzuüben (vgl. 2. Tim 3,15). Begonnen wurde die Lektüre – ganz im Gegensatz zu heutigen didaktischen Gepflogenheiten – mit einem besonders schwierigen und für die Kinder unverständlichen Text, dem biblischen Buch Levitikus. Man ging nämlich davon aus, dass das, was am mühevollsten sich anzueignen ist, auch am einfachsten behalten und nicht so schnell wieder vergessen wird. Die Erziehung in der Oberschicht erfolgte durch Privatlehrer, darunter nicht selten gebildete Sklaven. Kinder von besitzlosen Tagelöhnern oder Sklaven hatten hingegen überhaupt keine Möglichkeit zum Schulbesuch. Es ist anzumerken, dass die Kindheit zur Zeit Juda bar Jonas nicht als ein qualifizierter Lebensabschnitt galt, der durch freies Spielen und Lernen gekennzeichnet ist. Vielmehr galt die Kindheit Griechen und Römern nur als ein Durchgangsstadium auf dem Weg von der Unmündigkeit zu einem vollwertigen Bürger. Auch im zeitgenössischen Judentum wurden Kinder vor allem als zukünftige torakundige bzw. gebärfähige Mitglieder der Heilsgemeinde Israels wahrgenommen. Vor diesem Hintergrund sind auch die frühchristlichen Erzählungen von der demonstrativen Zuwendung Jesu zu Kindern (Mk 9,36f.parr; 10,13–16parr; vgl. Thomasevangelium, Logion 12) zu deuten. Darin geht es nicht um die Idealisierung kindlicher Naivität, sondern um die Umwertung menschlicher Maßstäbe angesichts der Nähe des Gottesreiches.

3.1 Sie gingen am Sabbat in die Synagoge

Auch die Synagoge in Kapernaum war ein solches Gemeindezentrum mit den verschiedensten Aufgaben und Nutzungen. Etwas anders verhielt es sich mit Synagogen in oder in der Nähe von Jerusalem und in all den Orten, die fast ausschließlich von Juden bewohnt waren.[111] Man hat gerade in Judäa kaum Überreste von Synagogenbauten gefunden. Daraus kann man durchaus folgern, dass hier das Bedürfnis nach einer Stätte für die gemeinsame religiöse Betätigung geringer war, denn der Tempel in Jerusalem war als Ort des Gebets im Angesicht der vollzogenen Opfer für jeden problemlos in relativ kurzer Zeit zu erreichen.

Der Fortbestand der Institution »Synagoge« hat nach der nationalen und religiösen Katastrophe der Tempelzerstörung im Jahre 70 n. Chr. den Fortbestand der gesamten jüdischen Religion erleichtert. Als Ersatz für den zerstörten Jerusalemer Tempel und das Tempelopfer wurden die Synagoge und der synagogale Gottesdienst aber erst viel später (und sicher nicht von allen Juden) verstanden. Überall dort, wo mehrheitlich Juden lebten, war die Synagoge auch in zahlreichen nichtreligiösen Angelegenheiten Versammlungsort der kommunalen Gemeinde. Wie schon gesagt, bedeutet das auch, dass alles, was im Entscheidungsbereich der jüdischen Selbstverwaltung des Ortes lag, hier beschlossen wurde.

Manchmal entstanden so auch Synagogen, in denen sich Angehörige einer bestimmten Berufsgruppe oder Landsmannschaft versammelten. In der Apostelgeschichte (6,9) hören wir von solchen Synagogen der Libertiner, Kyrenäer und Alexandriner in Jerusalem.

Wir haben am Eingang der Synagoge den *Proselyten* Aquila kennengelernt, der nun bereits seit über einem Jahr zu der jüdischen Gemeinde in Kapernaum gehört. Er ist Netzmacher und kommt aus Sepphoris, wo er ein Anhänger des hellenistischen Kultes der syrischen Göttin Atargatis war. Nachdem er die Jüdin Channah kennen gelernt hatte, seine jetzige Frau, in deren Vaterhaus in Kapernaum er nun wohnt und die Wurf-, Schlepp- und Spiegelnetze für die vielen Fischer des Ortes fertigt und flickt, war er in immer engeren Kontakt zu Juden und Judentum gekommen und hatte sich schließlich beschneiden lassen. Viele in der Gemeinde schätzen Aquila nicht nur als einen flinken und fähigen Handwerker, sondern auch wegen seiner außergewöhnlichen Bildung und Weltläufigkeit, die er sich in der hellenistischen Hafenstadt angeeignet hatte.

Aquila der Proselyt (»Hinzugekommener«; Martin Luther übersetzte das griechische Wort mit »Judengenosse« [Mt 23,15; Apg 2,11; 6,5; 13,43]) war im antiken Judentum kein Einzelfall.[112] In hellenistisch-römischer Zeit war die jüdische Religion für viele Menschen, denen die zeitgenössischen Formen griechischer und römischer Religion indifferent, primitiv oder antiquiert erschienen, derart attraktiv, dass es (besonders unter Frauen) zu zahlreichen Übertritten zum Judentum kam (Jos. Bell 2,463; Ap 2,281–284; Martial, Epigrammata VII 82; Juvenal, Saturae XIV 96–106). Gründe für diese Anziehungskraft des Judentums gibt es einige: Den als »vernünftig« betrachteten jüdischen Monotheismus (auch viele gebildete Römer glaubten nur an eine einzige und universelle höchste Gottheit), den textorientierten Synagogengottesdienst ohne blutige Opfer, die deutliche Hervorhebung der Ethik, die klare Gruppenidentität. Viele Nichtjuden wohnten jüdischen Gottesdiensten bei (Jos. Bell 7,45; Ant 14,110). Am Ende ihrer Annäherung an das Judentum standen oft die Befolgung der Weisungen der Tora, besonders das Halten des Sabbats und der Reinheits- und Speisegebote (vgl. Jos. Ap 2,282), die ausschließliche Verehrung des jüdischen Gottes, die allmähliche soziale Integration in die jeweilige jüdische Gemeinschaft und bei männlichen Proselyten die Beschneidung.[113]

Der Proselyt hatte Anteil am Fürsorgesystem seiner Gemeinde und auch am erhofften endzeitlichen Heil. Wie weit allerdings seine tatsächliche soziale Integration ging und welche gesellschaftliche Stellung er tatsächlich besaß, stand weniger in Abhängigkeit von den entsprechenden halachischen Bestimmungen als von vielen individuellen Faktoren. Nichtjuden, die mit der jüdischen Religion sympathisierten oder jüdische Lebensgewohnheiten übernahmen, den endgültigen Übertritt und das öffentliche Bekenntnis zum Judentum jedoch scheuten, da sie sich vor der Ausgrenzung durch ihre bisherigen nichtjüdischen Freunde und Bekannten – besonders in »besseren« Kreisen – fürchteten, konnten als »*Gottesfürchtige*« bezeichnet werden. Die Selbst- und Fremdwahrnehmung eines solchen »Gottesfürchtigen« war allerdings ebenso uneinheitlich wie der Grad seiner Annäherung an das Judentum. Das bedeutet, dass einer durchaus bewusst »jüdisch« leben konnte, ohne dass eine jüdische Gemeinschaft oder ein nichtjüdischer Betrachter (vgl. Apg 2,11; 6,5; 13,43) ihn deswegen als genuinen Juden ansehen mussten. Das bedeutet aber auch, dass er von seiner nichtjüdischen Umwelt aufgrund seines Verhaltens zuweilen als Jude behandelt wurde, obwohl er kein eigentliches Mitglied der Synagogengemeinde war. Die »Gottesfürchtigen« sind also keine »Halbproselyten« in dem Sinne, dass sie als vorläufige Mitglieder der jüdischen Gemeinschaft, etwa vergleichbar mit Novizen, Rekruten, Fuxen usw., angesehen worden wären.

Anregungen zur Weiterarbeit:
1. *Welche Gemeinsamkeiten und Unterschiede bestehen zwischen den antiken Synagogengemeinden und Ihrer eigenen Kirchengemeinde (Struktur, Aufgaben, Zusammenleben)?*
2. *In dem rabbinischen Bericht über die Einführung öffentlicher Elementarschulen spiegelt sich ein gesellschaftliches Problem. Wieso ist dessen Lösung für die antiken jüdischen Autoren so wichtig?*
3. *Was verstanden die neutestamentlichen Autoren unter einem »Proselyten«? Vergleichen Sie Mt 23,15 mit Apg 2,11; 13,43.*

3.2 Und Mose wird alle Sabbattage in den Synagogen gelesen (Apg 15,21)

Der Synagogenraum hat sich inzwischen mit zahlreichen Menschen gefüllt. An der Wand sitzen auch einige Frauen. Wir sehen keinen durch besondere Kleidung, Amtsinsignien oder Symbole ausgezeichneten Würdenträger, der den Gottesdienst leitet, nur einen Mann, der am Kopfende des Raumes sitzt, sich aber in keiner Weise von den anderen Anwesenden unterscheidet. Beim näheren Hinsehen erkennen wir in ihm den Fischer Ja'akov, Juda bar Jonas Schwager, den wir gestern noch in dessen Haus gesehen haben. Er steht auf geht auf einen der auf dem Boden sitzenden Männer zu. Der erhebt sich von seinem Platz und folgt Ja'akov. Bei dem hölzernen Kasten angekommen, nickt dieser ihm zu, und der Mann beginnt laut in hebräischer Sprache zu beten. Er preist Gott und seine Taten. Nach jedem Abschnitt des Gebetes antwortet die ganze Gemeinde mit »Amen«. Wir hören die Worte: »*Höre, Israel, der Herr ist Gott, der Herr allein*«. Ja'akov geht nun zu einem zweiten Mann und begleitet ihn von seinem Platz zu dem hölzernen Kasten, dem Toraschrein. Einige Augenblicke herrscht Schweigen, dann spricht der Man, ohne abzulesen, mit kräftiger Stimme nacheinander achtzehn *Berachot*. Jeden dieser Segenssprüche beantwortet die Gemeinde wieder mit »Amen«.

Nachdem sich auch der zweite Vorbeter wieder zu seinem Platz begeben hat, öffnet Schim'on der Synagogendiener, der Ja'akov seit einigen Monaten während der Gottesdienste hilft und auch sonst das Gebäude in Ordnung hält, den hölzernen Toraschrein. Er hebt die mit bunt besticktem Stoff umwickelte Torarolle heraus, hält sie hoch, spricht ein kurzes Gebet, legt sie auf ein kleines Lesepult und rollt sie auf. Wieder kommt einer der Männer zu ihnen und fängt an, einen Abschnitt zu verlesen, den Ja'akov ihm zeigt. Direkt nach ihm fährt ein anderer mit der Lesung fort. Ja'akov nickt nun auch seinem Schwager Juda bar Jona zu, er solle kommen und lesen. Wir spüren, dass Juda sich darüber freut, die Lesung für den heutigen Tag abzuschließen.

Am Ende des Gottesdienstes werden Hymnen gesungen, in denen die Gemeinde Gott preist. Rasch leert sich der dunkle Raum. Während wir mit Juda bar Jona wieder hinaus auf die Straße gehen, hören wir plötzlich hinter uns aufgeregte Stimmen und schauen uns noch einmal um. Im Synagogenraum ist nun niemand mehr, doch in der darüberliegenden Kammer können wir durch ein kleines Fenster zwei Männer erkennen, die sich laut unterhalten. Es sind Ja'akov und Aquila, und sie scheinen sich zu streiten.

Was die beiden miteinander besprechen, erfahren wir im nächsten Kapitel. Hier wollen wir uns nun zunächst etwas eingehender mit dem *Gottesdienst* in der Synagoge beschäftigen.[114]

Bereits auf den vorangegangenen Seiten wurde deutlich, dass für einen synagogalen Gottesdienst weniger der Ort wichtig ist, an dem

3.2 Mose wird alle Sabbattage in den Synagogen gelesen

er stattfindet, als die *Versammlung* derer, die ihn feiern. Aber ab wann können wir von einer solchen »Gemeinde« sprechen? Nach traditioneller Sichtweise müssen einige Gebete gemeinschaftlich sein, und deshalb muss ein »*Minjan*«, also mindestens zehn jüdische männliche, halachisch volljährige (d. h. mindestens dreizehn Jahre alte) Personen zusammenkommen, damit ein öffentlicher Gottesdienst stattfinden kann. Im heutigen Judentum zählen außerhalb der Orthodoxie zumeist auch Frauen zum »Minjan«.

Ein solcher Gottesdienst konnte täglich am frühen Morgen und am Nachmittag stattfinden und wurde regelmäßig an jedem Sabbatmorgen begangen. Ob die Mehrheit der jüdischen Bevölkerung eines Ortes die Möglichkeit hatte, ihm regelmäßig beizuwohnen, ist allerdings fraglich. Die Leitung des gottesdienstlichen Geschehens übernahm nach dem Zeugnis der jüngeren rabbinischen Quellen ein gewöhnliches Mitglied der Gemeinde, das sich durch Wissen und Talent (vielleicht auch durch Beziehungen) als würdig erwies, dieses Ehrenamt zu übernehmen. Als »*Synagogenoberhaupt*« hatte er die Aufgabe, über die Ordnung während des Gottesdienstes zu wachen.

Ihm zur Seite stand der »*Synagogendiener*« als sein liturgischer und praktischer Assistent. Ein eigentliches »Priesteramt« gab es im Gottesdienst der antiken Synagoge nicht. Auch das Amt des Rabbiners hatte seit seiner Entstehung in der Zeit nach der Tempelzerstörung bis auf den heutigen Tag keine eigentlichen liturgischen Funktionen, sondern war und ist vor allem mit der Aufgabe verbunden, über die Auslegung und Anwendung der Weisungen der mündlichen und der schriftlichen Tora im Alltag der Menschen zu entscheiden und zu lehren. Die Leitung der Gemeindegebete während des Gottesdienstes übernahmen wohl bereits in der Antike Gemeindeglieder als »*Abgesandte der Gemeinde*«. Auch zur gottesdienstlichen Lesung aus der Tora, in späterer Zeit auch aus den Prophetenbüchern, wurden möglicherweise mehrere der anwesenden Männer aufgerufen. Vereinzelte Quellen lassen vermuten, dass es in früherer Zeit Gemeinden gab, in denen (wie in heutigen Reformgemeinden) auch Frauen zur Toralesung aufgerufen werden konnten (vgl. T Megilla IV 11; b Megilla 23a). Mit der Zeit scheinen die Frauen im antiken Judentum allerdings aus dem öffentlichen religiösen Leben verdrängt worden zu sein. Vielleicht ist dies auch darauf zurückzuführen, dass man sich von Kulten der nichtjüdischen Umwelt, in denen Frauen eine wichtige Rolle spielten, absetzen wollte.

Gelesen wurden fortlaufende Abschnitte der Tora. Hinsichtlich dieser wöchentlichen Lesungen entwickelten sich mit der Zeit feste Zyklen, wobei seit dem frühen Mittelalter die gesamte Tora in Palästina in drei Jahren, in Babylonien in einem Jahr zum Vortrag kam. Der Lesung folgte wohl eine Schriftauslegung, die wir uns allerdings nicht im Sinne einer heutigen Predigt vorzustellen haben. Nicht wenige Fachleute nehmen zudem an, dass bereits im 1. Jahrhundert n. Chr. die Toralesung von einem *Targum*, einer umschreibenden, frei vorgetragenen Übertragung in die aramäische Sprache, begleitet wurde, die den heiligen, nicht die kleinste Abänderung gestattenden hebräischen Text in den Lebenshorizont seiner Hörer übertrug und ihn so erst verständlich und aktuell machte. Wo beispielsweise Redeweisen oder Inhalte, aber auch alte Maß- oder Münzeinheiten im hebräischen Text den Zuhörern nicht mehr klar waren, konnte man diese Stellen im versweise folgenden Targum »aktualisieren«, um so zum einen die prinzipielle Heiligkeit des hebräischen Textes zu wahren und zum anderen durch die freie aramäische Übersetzung seinen erforderlichen Gegenwartsbezug immer wieder zu erneuern. In jüdischen Gemeinden, in denen vorwiegend Griechisch gesprochen wurde (solche gab es auch in Palästina, wie zahlreiche Textfunde beweisen), verlas man statt des hebräischen Textes wahrscheinlich eine griechische Übersetzung der maßgeblichen heiligen Schriften.

Charakteristisch am synagogalen Gottesdienst waren besonders die aktive Beteiligung der Gemeinde und die öffentliche Verlesung der Tora. Kam dem einzelnen Juden im Tempel während des *Vollzugs* der Weisungen der Tora beim Opferdienst eigentlich nur eine Zuschauerrolle zu, so war die Synagoge der Ort, persönlich vor Gott zu beten und als Gemeinde gemeinschaftlich Gottesdienst zu feiern. Der Tora bzw. ihrer Verlesung und methodischen Auslegung kam also auch in der Synagoge eine zentrale Stellung zu. Dies drückte sich in der Ordnung des Gottesdienstes, aber auch in der

3.2 Mose wird alle Sabbattage in den Synagogen gelesen

Einrichtung des Versammlungsraumes aus. In dem – zu dieser Zeit zumeist hölzernen und transportablen – *Toraschrein*, der *Aron*, »Lade«, oder *Teva*, »Kasten«, genannt wird, bewahrte man die Torarollen auf. Der Toraschrein wurde in Richtung auf Jerusalem aufgestellt, sodass alle Gebete zum Schrein und zum Tempel hin verrichtet werden konnten.

Lokale Bräuche spielten in den Synagogen immer eine große Rolle. Es gab kaum eine jüdische Gemeinde, die nicht ihre eigenen besonderen Gebete oder Hymnen hatte. Allen gemeinsam waren allein zwei grundlegende Bestandteile des Gottesdienstes: Das »*Schma*« (s. o. S. 74f) und wahrscheinlich auch bereits die »*Amida*«. Die »*Amida*« bzw. »*Tefilla*«, das »*Achtzehngebet*«, unpräziserweise oft »Achtzehnbittengebet« genannt, besteht aus einer Reihe von *Berachot* »Segenssprüchen« (also nicht nur »Bitten«!).[115] Es ist im Stehen (hebr. *'amad;* daher sein Name) zu sprechen und wird nicht abgelesen, sondern vom Beter frei vorgetragen. Durchgesetzt hat sich später folgende Version der »*Amida*«:

1. *Gepriesen seist du JHWH, unser Gott und Gott unserer Väter, Gott Abrahams, Gott Isaaks und Gott Jakobs, großer, mächtiger und furchtbarer Gott, höchster Gott, Schöpfer des Himmels und der Erde, unser Schild und Schild unserer Väter, unser Vertrauen in allen Geschlechtern! Gepriesen seist du, JHWH, Schild Abrahams!*
2. *Du bist ein Held, der Hohe erniedrigt, der Starke, der die Gewalttätigen richtet, der ewig Lebende, der die Toten auferstehen lässt, der den Wind wehen lässt und den Tau herniederfallen, der die Lebenden versorgt und die Toten lebendig macht, in einem Augenblick möge uns Hilfe sprossen. Gepriesen seist du, JHWH, der die Toten lebendig macht!*
3. *Heilig bist du und furchtbar dein Name, und kein Gott ist außer dir. Gepriesen seist du, JHWH, heiliger Gott!*
4. *Verleihe uns, unser Vater, Erkenntnis von dir her und Einsicht und Verstand aus deiner Tora. Gepriesen seist du, JHWH, der Erkenntnis verleiht!*
5. *Bringe uns zurück, JHWH, zu dir, dass wir umkehren in Buße; erneuere unsere Tage wie vordem. Gepriesen seist du, JHWH, der Wohlgefallen an Buße hat!*

6. *Vergib uns, unser Vater, denn wir haben gesündigt gegen dich; tilge und entferne unsere Verfehlungen vor deinen Augen weg, denn groß ist deine Barmherzigkeit. Gepriesen seist du, JHWH, der viel vergibt!*
7. *Sieh an unser Elend und führe unsere Sache und erlöse uns um deines Namens willen. Gepriesen seist du, JHWH, Erlöser Israels!*
8. *Heile uns, JHWH, unser Gott, von dem Schmerz unseres Herzens und Seufzen und Stöhnen entferne von uns und bringe Heilung unseren Wunden. Gepriesen seist du, der die Kranken seines Volkes Israel heilt!*
9. *Segne an uns, JHWH, unser Gott, dieses Jahr zum Guten bei allen Arten seiner Gewächse und bringe eilends herbei das Jahr des Zeitpunktes unserer Erlösung und gib Tau und Regen auf den Erdboden und sättige die Welt aus den Schätzen deines Guten und gib Segen auf das Werk unserer Hände. Gepriesen seist du, JHWH, der die Jahre segnet!*
10. *Stoße in die große Posaune zu unserer Freiheit und erhebe ein Panier zur Sammlung unserer Verbannten. Gepriesen seist du, JHWH, der die Vertriebenen seines Volkes sammelt!*
11. *Bringe wieder unsere Richter wie vordem und unsere Ratsherren wie zu Anfang, und sei König über uns, du allein. Gepriesen seist du, JHWH, der das Recht liebhat!*
12. *Den Abtrünnigen sei keine Hoffnung, und die freche Regierung (= Rom) mögest du eilends ausrotten in unseren Tagen, und die Ketzer mögen umkommen in einem Augenblick, ausgelöscht werden aus dem Buch des Lebens und mit den Gerechten nicht aufgeschrieben werden. Gepriesen seist du, JHWH, der Freche beugt!*
13. *Über die Proselyten der Gerechtigkeit möge sich dein Erbarmen regen und gib uns guten Lohn mit denen, die deinen Willen tun. Gepriesen seist du, JHWH, Zuversicht der Gerechten!*
14. *Erbarme dich, JHWH, unser Gott, in deiner großen Barmherzigkeit über Israel, dein Volk, und über Jerusalem, deine Stadt, und über Zion, die Wohnung deiner Herrlichkeit, und über deinen Tempel und über deine Wohnung und über das Königtum des Hauses David, des Messias deiner Gerechtigkeit. Gepriesen seist du, JHWH, Gott Davids, der Jerusalem erbaut!*

3.2 Mose wird alle Sabbattage in den Synagogen gelesen

> 15. *Höre, JHWH, unser Gott, auf die Stimme unseres Gebets und erbarme dich über uns; denn ein gnädiger und barmherziger Gott bist du. Gepriesen seist du, JHWH, der Gebete erhört!*
> 16. *Es gefalle JHWH, unserem Gott, wohl zu wohnen in Zion, dass deine Knechte dir dienen in Jerusalem. Gepriesen seist du, JHWH, dass wir dienen werden in Furcht!*
> 17. *Wir danken dir, du bist JHWH, unser Gott und Gott unserer Väter, für alles Gute, die Liebe und die Barmherzigkeit, die du uns erwiesen und die du an uns getan hast und an unseren Vätern vor uns; und wenn wir sagten, unser Fuß wanke, hat deine Liebe, JHWH, uns gestützt. Gepriesen seist du, JHWH, Allgütiger, dir muss man danken!*
> 18. *Lege deinen Frieden auf dein Volk Israel und auf deine Stadt und auf dein Eigentum und segne allzumal. Gepriesen seist du, JHWH, der den Frieden schafft!*[116]

Die Sprache der »*Amida*« orientiert sich an den Psalmen und den poetischen Passagen der Prophetenbücher. Die einzelnen Segenssprüche waren Teil der von Ort zu Ort unterschiedlichen mündlichen liturgischen Tradition und wurden bereits im 1. Jahrhundert n. Chr. zu Sammlungen zusammengestellt. Fest stand dabei allein ihre Anzahl und die darin zum Ausdruck gebrachten Themen. Man muss sich vergegenwärtigen, dass es keine Instanz gab, die einen einheitlichen Wortlaut festlegen konnte. Ein solcher einheitlicher Wortlaut bildete sich erst in späterer Zeit heraus. Gegenüber einer palästinischen Version mit 18 *Berachot* (vgl. T Berachot III 25) setzte sich später mit der babylonischen Version eine Auswahl von 19 *Berachot* durch, die aufgrund der Trennung der Segenssprüche für den Wiederaufbau Jerusalems und für die davidische Dynastie zustande kam. Beide Versionen sind das Ergebnis eines längeren redaktionellen Vereinheitlichungsprozesses. Versuche, einen »Urtext« der »*Amida*« zu rekonstruieren, führen deshalb in die Irre. Jeder der Anwesenden konnte den Segenssprüchen der »*Amida*« individuelle formalisierte Gebetsanliegen hinzufügen. Schließlich beendete man den Gottesdienst mit einer Hymne, in der Gott für die Tora, den Opferdienst, die Propheten und am Sabbat auch für diesen besonderen Tag gedankt wurde.

Juden und Christen teilen heute zahlreiche liturgische Traditionen.[117] Die gedankenlose Übernahme jüdischer Riten und Gebete und die gewaltsame Einbettung jüdischer Festbräuche und Praktiken in den christlichen Gottesdienst und Religionsunterricht – z. B. die Simulation eines Sederabends – oder gar ihre profanierende Verwendung anlässlich sonstiger »festlicher« Anlässe ist jedoch weniger ein Zeichen der Nähe und Verbundenheit beider Religionen als liturgischer Raub.

Anregungen zur Weiterarbeit:
1. *Was ist ein »Scherf«? Lesen Sie Mk 12,40–44par. und vergleichen Sie die verschiedenen deutschen Bibelübersetzungen (Luther, Elberfelder, Einheitsübersetzung, Volxbibel usw.)*
2. *Vergleichen Sie die »Amida« mit dem »Vater Unser«. Welche Gemeinsamkeiten und Unterschiede fallen Ihnen auf?*

4. Der Tempel in Jerusalem

4.1 Es war aber nahe das Laubhüttenfest der Juden (Joh 7,2)

Ja'akov und Aquila sind nach dem Ende des Sabbatmorgengottesdienstes noch in der Synagoge geblieben. Sie sehen Juda bar Jona nach, wie er in Richtung seines Hauses geht. Ja'akov schüttelt den Kopf über seinen Schwager. Stolz hatte der ihnen nach dem Gottesdienst ein Amulett, ein rundes Stück Leder mit kantig eingekratzten Worten in griechischen Schriftzeichen präsentiert, die er kaum lesen konnte. Das Amulett möchte er Mirjam geben, damit diese es stets bei sich und vor allem in der Nähe seines Sohnes Simon habe. Der darauf eingekratzte Text solle Zauberkraft besitzen und den, der das Amulett bei sich trägt, vor Unfall und Krankheit beschützen. Ja'akov und Aquila sind sich einig, dass wohl die Sorge Juda bar Jonas, es könne wieder ein Unglück wie im vergangenen Jahr geschehen, ihn zu diesem – von dem einen als heidnisch, von dem anderen als naiv und primitiv bezeichneten – Aberglauben treibt.

Eigentlich wollten die beiden ihren gemeinsamen Aufbruch zum herbstlichen Pilgerfest, das in den nächsten Tagen in Jerusalem beginnt, miteinander besprechen. Doch dann hat Aquila angemerkt, Ja'akov möge doch bitte etwas vom Zweiten Zehnt wieder mit nach Hause bringen, um bei einem armen und hilfsbedürftigen Netzmacher endlich seine Schulden zu begleichen. Wutentbrannt wirft Ja'akov Aquila vor, dass er sich über das für sie alle so wichtige Fest lustig mache. Er sei ein Außenseiter und werde schon sehen, was er anrichte mit seinem Spott. Aquila entgegnet, Ja'akov sei genauso abergläubisch wie Juda bar Jona. Ein Wort gibt das andere, und es dauert nicht lange, bis Aquila mit zorngerötetem Kopf das Gebäude verlässt, um sich auf den Heimweg zu machen. Nein, er glaubt nicht wie Juda, Ja'akov und viele andere Menschen daran, dass das kommende Fest viel mehr sein wird als eine große gemeinschaftliche und fröhliche Feier zur Erinnerung daran, dass Gott einst das Volk Israel auf der Flucht aus Ägypten in der Wüste bewahrt und geleitet hat.

Juda bar Jona hat tatsächlich große Sorge um das Wohl seiner Familie. Er hat deshalb das Amulett mit dem schützenden Zaubertext besorgt. Wie wir anhand zahlreicher vergleichbarer Tonscherben, Papyri und aus dem Neuen Testament wissen, waren im 1. Jahrhundert n. Chr. solche primitiven mythischen und magischen Vorstellungen und das entsprechende religiöse Brauchtum auch im antiken Judentum und im frühen Christentum bekannt.[118] Natürlich war all dies bereits damals für manche Gebildeten blanker Aberglaube ihrer spöttisch belächelten Zeitgenossen, doch betraf die hellenistische »Aufklärung« durchaus nicht jeden Menschen an jedem Ort und in jeder Lebenssituation.

So bestand auch in hellenistisch-römischer Zeit stets eine religiöse »*Subkultur*«, in der viele Sagen und Mythen, magische Vorstellungen und Praktiken sowie folkloristische Überlieferungen aus den unterschiedlichsten Traditionsbereichen miteinander verschmolzen. Uralte kanaanäische Überlieferungen, babylonische und persische Vorstellungen, griechische und ägyptische Traditionen beeinflussten die Frömmigkeit und das Weltbild vieler antiker Menschen.

Dieser auch im Judentum verbreitete »*Aberglaube*«, also inoffizielle Formen der Religion, gründet im fortwährenden menschlichen Denken an die persönliche Zukunft mit ihren Angst auslösenden Gefahren und Glück verheißenden Möglichkeiten. Aberglaube ist eng verbunden mit der Überzeugung von der Existenz und dem Wirken guter und böser geheimnisvoller Kräfte, insbesondere in Situationen, die als bedrohlich und unbegreiflich empfunden wurden. Diese Kräfte erhielten im antiken Volksglauben Gestalt und Willen in Form von Engeln, Geistern und Dämonen. Die *Magie*, also die Technik, sich der schützenden und schadenden Kräfte zu bedienen bzw. sie fernzuhalten, ist in der Tora ausdrücklich verboten (Dtn 18,9–13). Dennoch finden wir im antiken Judentum neben einer ausgeprägten Engellehre und Dämonologie vielfach Zaubersprüche, Beschwörungen und Amulette, Exorzisten, Wahrsager und Traumdeuter. Im Neuen Testament begegnen uns wiederholt jüdische Magier (Apg 8,9; 13,6; 16,16; 19,13f u. ö.). Gerade Krankheiten wurden von vielen (jedoch nicht von allen!) Menschen mit dämonischen Einflüssen verbunden oder als göttliche Bestrafung verstanden (vgl. Dtn 32,39; 1. Kor 11,30).[119] Je gebildeter ein antiker

4.1 Es war aber nahe das Laubhüttenfest der Juden

Jude war, desto weniger wird er bei einer Erkrankung unheilvolle Kräfte und schädliche Mächte am Werk gesehen haben.

All diese volkstümlichen Formen der Religion waren nur Begleiterscheinungen, nicht aber der Kern jüdischer *Frömmigkeit* in der Antike. Der Glaube an den einen und einzigen Gott Israels, das tiefe Bedürfnis der Erfahrung seiner heilvollen Gegenwart, die das eigene Leben mit Sinn erfüllte, und auch die ständige Hoffnung auf Rechtfertigung und Erlösung durch ein Leben nach seinem offenbarten Willen verbanden alle Juden, einfache Bauern in Galiläa und »intellektuelle« Aristokraten in Jerusalem. Manche Juden erstrebten zudem durch ihre religiöse Betätigung die Sicherung ihres Status, andere hingegen die Sicherung ihrer blanken Existenz. So trachteten die einen, entweder durch ihre Annäherung an den Hellenismus gesellschaftlich aufzusteigen oder ihre Lebensgrundlage als Priester oder Tempelbeamte gegen die als Bedrohung empfundene religiöse und kulturelle Erosion zu verteidigen. Den anderen – und das waren weitaus die meisten! – diente die Religion zur Aufrechterhaltung der Ordnung in ihrem eigenen Leben und in der ganzen Welt. Keiner dieser Aspekte darf jedoch unabhängig vom prinzipiell rational unbegründbaren und unverfügbaren Glauben eines jeden Menschen betrachtet oder gar zur allgemeinen Begründung der Frömmigkeit im antiken Judentum herangezogen werden.

Frömmigkeit und Religion bestimmten auch im antiken Judentum das *Weltbild*. Das Weltbild eines jeden Menschen wiederum dient ihm dazu, seine Umwelt, die ihn umgebende Gesellschaft und seinen eigenen Standpunkt in der Welt zu bestimmen und zu deuten. Juda bar Jona, Ja'akov, Aquila: Jeder von den Dreien ist »fromm«, und zwar auf seine ganz persönliche Weise. Jeder von ihnen hat auch sein individuelles Verständnis der Welt, in der er lebt. Und jeder von ihnen versucht auf andere Art, im Leben zurechtzukommen und auf das Weltgeschehen um ihn herum Einfluss zu nehmen. Während also der eine mit der Mehrzahl der antiken Juden auf die Segen bringende Wirkung des ununterbrochenen Jerusalemer Tempelkultes hofft, sieht der andere sein Heil in einem vernünftigen Streben nach toragemäßem Lebenswandel, und der Dritte schließlich versucht zusätzlich, sich mit Hilfe magischer Praktiken abzusichern.

Jeder von ihnen hat dabei auch ein individuelles Verständnis des gemeinschaftlichen *Kultes* im Tempel; jeder von ihnen begibt sich mit anderen Absichten und Erwartungen auf seine Wallfahrt zum Laubhüttenfest nach Jerusalem. Deshalb ist noch ein Wort über die Ursprünge des Tempelkultes angebracht, bevor wir nun gemeinsam mit ihnen Kapernaum verlassen und uns auf die Wanderung hinauf nach Jerusalem begeben.

Im Kult suchten Menschen schon immer auf die Vorgänge in der Natur Einfluss zu nehmen. Im alten Israel existierten lange Zeit vor der Entstehung des Judentums solche am Leben von Ackerbauern und Hirten orientierte Kultformen (z. B. Baals- und Astartekulte), wenn auch die biblische Überlieferung vermitteln möchte, dass immer nur *die anderen* sich ihrer bedienten.

Solche öffentlichen und privaten naturhaften Kulte dienten ursprünglich der magischen Wirklichkeitsbewältigung. Durch entsprechende Praktiken versuchten die Kulttreibenden, Einfluss auf die Fruchtbarkeit des Landes zu nehmen, um das Leben zu ermöglichen und zu sichern. Die Voraussetzung aller dieser ursprünglichen Kultformen war die Annahme eines unmittelbaren Zusammenhangs von ritualgerechter Fest- und Kultpraxis und kosmischer Ordnung. Der korrekt vollzogene Kult am heiligen Ort sollte das Geschehen in der Welt beeinflussen. Das bedeutet, dass es für alle daran Beteiligten von größter Bedeutung für ihr eigenes Schicksal wie auch für das Geschick der ganzen Welt war, sämtliche Bestandteile und Regeln der vorgeschriebenen Kult- oder Festliturgie genauestens zu beachten bzw. richtig auszuführen. Schon ein kleiner Fehler konnte im Glauben der Menschen zu einer großen Katastrophe führen.

In der biblischen Tradition kann man generell beobachten, wie die beschriebene ursprüngliche Funktion des Kultes als »*Diskurs mit der Natur*« immer mehr in den Hintergrund tritt.[120] Das liegt einerseits daran, dass in dieser »offiziellen« jüdischen Überlieferung letztendlich nicht sein konnte, was nicht sein durfte. Schließlich galt die Natur als dem einen Gott Israels prinzipiell untergeordnet. Andererseits begründete die exklusive Forderung nach ausschließlicher Verehrung des *einen Gottes* an dem *einen Kultort* die sukzessive

Verdrängung der meisten konkurrierenden oder als Konkurrenz empfundenen Kulte, Kultformen und Kultbegründungen.

Bereits die Zerstörung des Ersten Tempels im August des Jahres 587/86 v. Chr. hatte das Vertrauen der Menschen auf die Segen stiftende und bewahrende Kraft des Kultes im *Haus Gottes* tief erschüttert. Seit dem babylonischen Exil war zudem seine sühnende (d. h. das intakte Bundesverhältnis aufrechterhaltende bzw. wiederherstellende) Bedeutung immer mehr in den Mittelpunkt gerückt.[121] In hellenistischer Zeit schließlich suchten auch manche Juden nach zeitgemäßen »vernünftigen« Erklärungen der überlieferten Formen ihres religiösen Lebens.

Zudem war über die Jahrhunderte aus einer halbnomadischen Stammesgesellschaft – deren Existenz neuerdings bestritten wird – die sesshafte Bevölkerung eines zentral verwalteten Tempelstaates geworden. Der Jahreslauf der Bauern und Hirten verlor dabei recht früh die Funktion einer direkten Begründung des zentralisierten Kultes und auch der Feste, von deren großer Bedeutung im Leben vieler antiker Juden bereits die Rede war (s. o. S. 82ff).

Diese alten kultischen Feiern wurden schon in den hebräischen Heiligen Schriften nachträglich historisiert und auf grundlegende und idealisierte Ereignisse in der Geschichte Israels bezogen. Sie erhielten so eine neue, eine *heilsgeschichtliche* Bedeutung, durch die man sich auch von seiner religiösen Umwelt abgrenzte. Dennoch werden uns – etwa in der Überzeugung Juda bar Jonas, Ja'akovs und vieler ihrer jüdischen Zeitgenossen, dass zwischen dem Laubhüttenfest und ihrem zukünftigen Geschick ein Zusammenhang besteht – auch einige Bestandteile des alten mythischen Weltordnungsdenkens im Zusammenhang mit der Feier dieses Festes wiederbegegnen. Die heilsgeschichtliche Umdeutung der Feste erstreckte sich nämlich auch im 1. Jahrhundert n. Chr. nicht auf das gesamte Judentum bzw. alle Lebensbereiche.

Anregungen zur Weiterarbeit:
1. Was schreibt Lukas in Apg 19,11–40 zum Thema »Aberglaube«?
2. Fallen Ihnen Beispiele für die Existenz einer religiösen »Gegenkultur« im heutigen Christentum ein?

4.2 Geht ihr hinauf zum Fest! (Joh 7,8)

Auf der staubigen Straße, die das Kidrontal durchschneidet, zieht eine gewaltige Volksmenge hinauf zum Jerusalemer Tempelberg. In einer bunten Menschenmenge laufen, reiten, marschieren und humpeln ganze Familien mit ihren Kindern, alte und junge Menschen, Gruppen von Männern, einzelne Gestalten, in fremde Trachten gekleidet, Bauern und Hirten, Händler und Handwerker, Seeleute und Söldner, aus Caesarea, Nazaret und Kapernaum, aus Alexandria, Tarsus und Damaskus, aus Rom, Athen und Babylonien. Es ist Herbst, die Zeit des Laubhüttenfestes *Sukkot*. Die Wein- und Olivenernte ist nun vorbei, und auch Juda bar Jona, Ja'akov und Aquila haben sich mit ihren Familien auf den Weg gemacht, um den feierlichen Opfern im Tempel beizuwohnen.

Zu den drei großen *Wallfahrtsfesten*, dem Pesachfest im Frühling, dem Wochenfest im Frühsommer und dem Laubhüttenfest im Herbst, kamen zehntausende Besucher, darunter auch Frauen (Jos. Bell 5,199) und ganze Familien (Jos. Ant 11,109), aus Palästina und aus den Ländern der Diaspora nach Jerusalem (Philon, Über die Einzelgesetze 1,69; Jos. Ant 17,214).[122] Die Zahl der Pilger konnte dabei die der Einwohner der Stadt (zu jener Zeit immerhin mehr als 100.000)[123] sogar übertreffen. Eine solche Wallfahrt, also das Verlassen der heimatlichen Umgebung und der Besuch eines besonderen Kultorts außerhalb des alltäglichen Lebenskreises, war ein seltener Höhepunkt im Leben der Menschen und vermittelte ihnen zugleich ein religiöses Gemeinschaftsgefühl.

Im Rahmen ihrer heilsgeschichtlichen Bedeutung dienten alle drei Feste im Judentum der Vergegenwärtigung des Bundes, den Gott mit seinem Volk Israel geschlossen hatte. Den einzelnen Frommen dienten sie auch dazu, Gott für seine Wohltaten zu danken und ihn um seine Unterstützung und Bewahrung im kommenden Jahr, aber auch um Vergebung der begangenen Sünden zu bitten. Zudem boten sie den Menschen die willkommene Gelegenheit, den zuvor beiseite gelegten Zweiten Zehnt in angenehmer Weise zu verbrauchen.

Das Gebot, in jedem Jahr zu allen drei Festen in Jerusalem zu erscheinen (Ex 23,17; Dtn 16,16), wird bei Josephus (Ant 4,203) auf

4.2 Geht ihr hinauf zum Fest!

zweifache Weise begründet: »*Dreimal im Jahr sollen die Juden aus allen Gegenden des Landes, das sie bewohnen, in der Tempelstadt zusammenkommen, um Gott für die empfangenen Wohltaten zu danken und ihn um künftige zu bitten, sodann auch um durch engeren Verkehr und gemeinschaftliche Mahlzeiten die gegenseitige Freundschaft zu pflegen.*«

Dieses biblische Gebot war jedoch ein Ideal. In Wirklichkeit kamen die Pilger aus Palästina im 1. Jahrhundert n. Chr. wohl nur einmal im Jahr, aus der Diaspora zumeist wohl nur einmal im Leben, zum Tempel nach Jerusalem. Letzteres ist weniger angesichts der Entfernungen (z. B. zwischen der ägyptischen Diaspora und Jerusalem), als hinsichtlich der langsamen, beschwerlichen und wegen der zahlreichen Banditen und Wegelagerer durchaus nicht ungefährlichen Fortbewegungsmöglichkeiten verständlich, ganz abgesehen davon, dass die Mehrzahl aller Juden in der Diaspora sich eine solche Reise kaum leisten konnte. Doch auch bereits an Orten, von denen aus der Tempel eigentlich innerhalb weniger Tage zu erreichen gewesen wäre, war es besonders für jüdische Ackerbauern und Hirten nicht ohne weiteres möglich, Feld oder Herde im Stich zu lassen, um sich zum Haus Gottes in Jerusalem zu begeben.

Hiervon waren besonders Pesach- und Wochenfest betroffen, denn beide Feste fanden während der Aussaat- bzw. Ernteperiode statt. Zur Zeit des Herbstfestes Sukkot hingegen endete im Vorderen Orient das agrikulturelle Jahr, und die Menschen konnten sich eher für einige Zeit von den täglichen Pflichten lösen, um nach Jerusalem zu wallfahrten.

In der Nacht zum 15. Nisan (März/April) beginnt das Frühlingsfest *Pesach*.[124] Ursprünglich war Pesach (die in deutschen Bibelübersetzungen geläufigen Bezeichnungen *Pascha* [sprich: *Pas-cha*] bzw. *Passa* beruhen auf der determinierten aramäischen Bezeichnung des Festes) überhaupt kein Pilgerfest. In Ex 12f wird der Tempel noch nicht einmal erwähnt. Das Fest geht vielmehr auf einen uralten kanaanäischen Nomadenbrauch anlässlich des jährlichen Weidewechsels im Frühjahr zurück, durch den die Herde vor schädlichen Dämonen geschützt werden sollte. In der biblischen Überlieferung wurde das kanaanäische Fest dann mit dem Auszug des Volkes Israel aus Ägypten (Ex 12,21.23) bzw. mit der Erinnerung an den *Wüstenzug* verknüpft (Dtn 16,1; Ex 12,11–14).

Bereits in biblischer Zeit wurde Pesach mit *Mazzot*, dem ursprünglich eigenständigen *Fest der ungesäuerten Brote*, verbunden (Ex 12f; vgl. Lev 23,4–8; Ez 45,21–24; Esr 6,19–22) und als zentrales Wallfahrtsfest im Tempel begangen (Dtn 16,1–8). Zu dem Fest im Tempel gehörten besondere Opfer, Lieder und Gebete (2. Chr 35,1–19; Philon, Über die Einzelgesetze 2,145ff; Jos. Ant 3,248–251). Außerhalb des Tempels kamen Familien, Nachbarn und Kreise von Gleichgesinnten – um ein ganzes Lamm zu verzehren, durften das nicht zu wenige sein! – an vielen Orten in Jerusalem zu einer häuslichen Feier mit ritueller Mahlgemeinschaft zusammen (Philon, Über die Einzelgesetze 2,148).

Solange der Zweite Tempel stand, kamen Pilger aus dem ganzen Land und aus aller Welt zum Pesachfest nach Jerusalem (vgl. Lk 2,41; Joh 11,55). Sie wohnten den Opfern und der Musik im Tempel bei; sie aßen in den Häusern der Stadt das Pesachlamm zur Erinnerung an die Befreiung aus der Knechtschaft Ägyptens, aber auch zum Zeichen ihrer Hoffnung auf die kommende Erlösung.

Nach 70 n. Chr. gab es das Pesachopfer im Tempel und auch das Pesachlamm als Festmahl in Jerusalem nicht mehr. Die rabbinische *Pesach-Haggada*, die genaue Beschreibung des Verlaufs eines solchen häuslichen Pesachmahls mit vier Bechern Wein, Matzen aus ungesäuertem Teig, Bitterkräutern, Salzwasser, der Süßspeise *Charoset*, einem nahezu vom Fleisch befreiten Knochen, einem hart gekochten Ei sowie der Rezitation von Passagen der Exodusüberlieferung und der Psalmen 113–118 (»Hallel«), wie sie im Judentum in zahlreichen zum Teil außerordentlich prächtig verzierten Buchausgaben existiert, ist ebenso wie die in M Pesachim X überlieferte Tradition ein Zeugnis jüdischer Frömmigkeit lange Zeit *nach* der Tempelzerstörung. Beschrieben wird hier, wie Pesach in Jerusalem gefeiert werden *soll*, und weniger, wie es hier zur Zeit des Zweiten Tempels tatsächlich gefeiert *wurde*. Auch wie die jüdische Landbevölkerung damals Pesach feierte, bleibt dabei im Dunkeln. Die Pesach-Haggada ist deshalb nur mit großen Vorbehalten zum Vergleich mit den Erzählungen vom letzten Abendmahl Jesu aus Nazaret und des Zwölferkreises, das von den Synoptikern als Pesachmahl dargestellt wurde (Mk 14,22–25parr; vgl. 1. Kor 11,23–26 [Joh 19 verbindet hingegen die Kreuzigung Jesu mit dem Pesachtermin]) oder gar zur Rekonstruktion seines »tatsächlichen« Hergangs heranzuziehen.[125] Aus der Zeit *vor* der Tempelzerstörung gibt es kaum vergleichbares Quellenmaterial zu den einschlägigen neutestamentlichen Texten (von denen vielleicht allein das Zeugnis des Paulus im 1. Brief an die Korinther mit Sicherheit aus der Zeit des zweiten Tempels stammt).

Das Wochenfest *Schavuot* war das kleinste und wohl auch das jüngste der drei jährlichen Pilgerfeste.[126] Es begann am 50. Tag nach Pesach (Lev 23,15f), dem 6. Siwan (Mai/Juni). Nach der Tora (Ex 34,22; Num 28,26; Dtn 16,10) sollte an diesem Tag nicht gearbeitet werden. Die Menschen sollten sich im Tempel versammeln, um dort der feierlichen Darbringung von Broten und den Brandopfern, die an diesem Tag besonders reichhaltig waren, beizuwohnen. Zu diesem Festtag nach Jerusalem zu ziehen, galt vielen Juden als Zeichen wahrer Frömmigkeit (vgl. 2. Makk 12,31f).

Josephus (Ant 3,252) beschreibt das Wochenfest folgendermaßen: »*Sieben Wochen nach Beendigung des [Pesach-]Opferfestes, also nach neunundvierzig Tagen, an dem Fest, das die Hebräer »Asarta« nennen, das heißt Pentekoste [der fünfzigste Tag], brachte man vor Gott Brot, das aus zwei Assaron gesäuerten Weizenmehls gebacken ist, und dazu zwei Lämmer.*«

Mit dem Wochenfest begann auch der Zeitraum, in dem von den jüdischen Bauern aus dem ganzen Land die Erstlingsfrüchte (*Bikkurim*; s. o. S. 65) im Tempel dargebracht werden konnten (M Bikkurim I 3; vgl. Ex 23,19; Dtn 26,1–11).

Der Termin des Wochenfestes markierte das Ende der Weizenernte (T Sukka III 18; T Rosch ha-Schana I 12). Ebenso wie Pesach entsprach auch Schavuot einem alten kanaanäischen Ernte- und Sommerfest. Eine explizite heilsgeschichtliche Begründung des Wochenfestes gibt es in den Heiligen Schriften des Judentums hingegen nicht. Auch wissen weder Josephus noch Philon (Über die Einzelgesetze 2,176ff) von einem öffentlichen Gedenken an die Sinaioffenbarung im Rahmen des Wochenfestes, wie es im Judentum bis heute üblich ist. Zu einem solchen allgemeinen Fest der Gabe der Tora am Sinai (vgl. b Pesachim 68b) wurde das Wochenfest wohl frühestens im 2. Jahrhundert n. Chr., jedoch lässt sich bereits viel früher eine allmähliche Entwicklung in diese Richtung erkennen.

Bereits in der Zeit kurz nach dem babylonischen Exil nämlich wurde die Sinaioffenbarung auf den Termin des Wochenfestes gelegt (vgl. Ex 19,1). Der Verfasser der Chronikbücher gibt später auch für das Bundesfest des Königs Asa diesen Zeitpunkt an (2. Chr 15,10). Im Buch der Jubiläen finden dann sämtliche Bundesschlüsse in der Bibel zur Zeit des Wochenfestes statt (vgl. Jub 6,17–31; 15,1–3 u. ö.). Schließlich weist die lukanische Darstellung der Ausgießung des Geistes über die urchristliche Gemeinde, des späteren Pfingstfestes (Apg 2), dessen Termin zunächst dem des Wochenfestes entsprach, darauf hin, dass auch den ersten Christen das Motiv des Empfangs des Wortes Gottes und seines Geistes (vgl. Apg 2,2f) als Begründung des Festes bewusst gewesen zu sein scheint.

Das Laubhüttenfest *Sukkot*, das letzte der drei jährlichen Wallfahrtsfeste, begann am 15. Tischri (September/Oktober). Von diesem Tag an sollten alle Juden an allen Orten eine Woche lang in einer eigens zu diesem Zweck unter freiem Himmel errichteten Laubhütte aus Ästen und Zweigen essen und schlafen. Während der Festtage fanden zu den zahlreichen Opfern im Tempel feierliche Prozessionen um den Brandopferaltar statt. Von den Priestern wurden grüne Feststräuße aus Myrthe, Bachweiden- und Palmzweigen geschwungen, die als Symbole der Regenerationskraft des Landes dienten. Das Gottesverhältnis wurde fassbar im Umgang mit den Dingen, die die Menschen ihrem Gott zu verdanken haben.

Auch die Wein- und Olivenernte war nun zu Ende; die Menschen konnten ihre Wohnorte und Felder für einige Zeit verlassen und feierten in Jerusalem Erntedank. Sie versicherten sich im Laubhüttenfest auch des Beistandes Gottes im kommenden Jahr. Vielen antiken Juden galt Sukkot als *das* Fest überhaupt (Neh 8,14; vgl. Ri 21,19; Ez 45,25). Aus allen Orten, an denen Juden lebten, kam man nun nach Jerusalem, um Gott für den Ertrag des Landes zu danken und um Regen und Fruchtbarkeit im kommenden Jahr zu bitten.[127]

Auch dem Laubhüttenfest (vgl. Lev 23,34–36.39–43; Num 29,12–38; Dtn 16,13–15; Neh 8,14–18) lag ursprünglich wohl ein altes kanaanäisches Bauernfest zum Abschluss von Obst- und Weinlese im Herbst zugrunde, während der man in den Weinbergen und Olivenhainen in provisorischen Unterkünften übernachtete. Im Verlauf der

4.2 Geht ihr hinauf zum Fest!

Religionsgeschichte Israels bekam es dann den Charakter eines Wallfahrtsfestes von zentraler Bedeutung (vgl. Dtn 16,16), dessen Begehung mit der Weltschöpfung, der Feier der Tempelweihe (1. Kön 8,2), der Königsherrschaft Jahwes vom Zion her (Ps 93; 96–99) oder der göttlichen Bewahrung der Israeliten während der Zeit des Exodus (Lev 23,42f) verknüpft wurde.

Die biblischen Autoren in der Zeit kurz nach dem babylonischen Exil taten sich schwer mit einem nachträglichen Bezug des populären Erntedankfestes auf die Geschichte Israels. So wirkt die Begründung in Lev 23,42f auch etwas weit hergeholt, denn die Israeliten in der Wüste wohnten nach der Überlieferung der Bücher Exodus bis Josua nicht in Laubhütten, sondern in Zelten. Dies war bereits Josephus und Philon klar. Während Philon (Über die Einzelgesetze 2,204–213) sichtlich um eine »vernünftige« Erklärung dieses Festbrauches bemüht ist, betont Josephus besonders das Ausmaß der Brandopfer während der Festtage, an denen alle Juden zur Zeit der Wüstenwanderung ihrer Vorfahren gedenken (Ant 3,244–247).

Zu den Festbräuchen des Laubhüttenfestes gehörte in der Spätzeit des Zweiten Tempels auch eine *Wasserlibation* (»Gussopfer«) am Brandopferaltar (M Sukka IV 9; vgl. Joh 7,37f).[128] Diese Wasserspende kann als der für das gesamte Tempelritual wichtigste Teil des Festes angesehen werden. Das Wasser wurde dabei von den Priestern am Brandopferaltar ausgegossen und floss in eine Grube an der Südwestecke unter seinem Fundament hinab (vgl. M Middot III 3). Ein Zusammenhang zwischen diesem Ritus und dem Bestreben nach Sicherung der Fruchtbarkeit des Landes im kommenden Jahr ist augenfällig, denn bald nach Sukkot setzte im Vorderen Orient normalerweise der für den Ackerbau unentbehrliche Herbstregen ein (vgl. T Taanit I 3).

Juda bar Jonas Gedanke, dass zwischen dem feierlichen Gussopfer am Brandopferaltar im Jerusalemer Tempel und dem Eintreten des erhofften Herbstregens eine direkte – gar eine kausale – Verbindung bestehe (vgl. b Taanit 25b), ist somit nicht nur Ausdruck antiker »Bauernfrömmigkeit«. Es liegt nämlich der auch in schriftgelehrten Kreisen verbreitete Gedanke einer Repräsentation des Kosmos durch den Tempel als Mikrokosmos zugrunde (Philon, Über das Leben

Mosis 2,117–126; Jos. Ant 3,122ff.179–187). Hier kommt uraltes orientalisches Weltordnungsdenken zum Vorschein, das in der biblischen Überlieferung ebenso wie die ursprünglichen Bedeutungen des Kultes und der Feste in den Hintergrund gedrängt wurde, jedoch im Denken und Handeln vieler Menschen aller Bildungsschichten auch im 1. Jahrhundert n. Chr. noch immer präsent war.[129]

Der Jerusalemer Tempel als erhöhtes Zentrum der Welt und als Ausgangspunkt und Garant allen Heils begegnet in der Hebräischen Bibel (Jes 2,2f; Ez 5,5; 38,12; Mi 4,1; Ps 48,1–3 u. ö.) und auch in jüdischen religiösen Schriften aus hellenistisch-römischer Zeit (Tob 13,14; äthHen 26,1–5; Arist 88–91), bei Philon (Gesandtschaft an Caligula 294ff) und bei Josephus (Bell 3,52; Ap 1,198). In diesem offenkundig populären Weltmodell ist der Tempel das geographische Zentrum und der höchste Punkt der Welt. Aus seinem Zentrum wiederum, also aus dem Mittelpunkt der Welt, strömen Heil und Segen, Fruchtbarkeit und Leben in das Land ringsum (Ez 47,1–8; Joel 4,18; Sach 14,8).

Der Tempel wurde dabei als maßstabsgetreue Abbildung der Welt verstanden. Hier wähnten die meisten Juden in der Antike den Ausgangspunkt der Weltschöpfung, der – von Gott verschlossene – direkte Zugang zur Urflut und den Grundstein der Welt, auf der sie lebten (M Joma V 2; T Jom ha-Kippurim III 6).[130]

Alles, was im Tempel geschah, hatte somit auch in der Welt außerhalb des Tempels seine unmittelbaren Auswirkungen. War der Kult in Ordnung, war auch die Welt in Ordnung. Und brachte man beim Laubhüttenfest ein Wasseropfer im Tempel dar, bewirkte man Regen und Fruchtbarkeit im ganzen Land (vgl. Sach 14,8.16). Wie wir noch sehen werden, macht sich dieses mythische Denken auch in der architektonischen Gestalt des Jerusalemer Tempelareals deutlich bemerkbar.

Anregungen zur Weiterarbeit:
1. *Was könnte Joh 7,37–39 vor dem Hintergrund der Bedeutung des Laubhüttenfestes im Judentum bedeuten?*
2. *Warum war es für viele antike Juden so wichtig, dass keiner der Priester im Tempel beim Opfergottesdienst einen Fehler machte?*

4.3 Und er soll Gott täglich ein Brandopfer darbringen (Ez 46,13)

Es ist noch früh am Vormittag, doch die verwinkelten Straßen und engen Marktgassen Jerusalems sind bereits von zahllosen Menschen überfüllt. Inmitten des aufgeregten und lärmenden Gewühls auf dem festlich geschmückten Tempelvorplatz versuchen Juda bar Jona und Mirjam mitsamt ihren Kindern langsam durch das Gedränge in Richtung des Tempeltores vorzudringen. Mit sich führt Juda ein soeben gekauftes Opferlamm. Mirjam drückt zwei Tauben, deren Füße zusammengebunden sind, an ihre Brust. Juda bar Jona richtet den Blick zum Tempel. Seine gewaltige Front wird von der Sonne angestrahlt. Kurz zuvor hatte er sich von Ja'akov und Aquila verabschiedet, die in einer der vielen Laubhütten, die auf den Straßen, Plätzen und Dächern der Stadt für die Festpilger errichtet worden sind, zurückgeblieben waren, um sich hier zunächst einmal von den Strapazen der mehrtägigen Wanderung zu erholen. Danach war jeder von ihnen in eines der rituellen Bäder der Stadt gegangen, um den Tempel im geforderten Zustand der kultischen Reinheit zu betreten.

Vorbei an den prächtig verzierten Säulenhallen entlang der Umfassungsmauer des Tempelplatzes gelangen die Pilger zunächst an eine niedrige Mauer, aufmerksam beobachtet von den Soldaten der römischen Kohorte, die in der Burg Antonia an der Nordseite des Platzes Wache hält. Vor dem schmalen Durchgang drängen sich bereits zahllose Menschen, deren Opfertiere, zumeist Tauben, von den Tempelbeamten aufmerksam untersucht werden. Neben dem Durchgang ist eine gut sichtbare Warntafel in lateinischer und griechischer Sprache angebracht:

»*Kein Andersbürtiger [Nichtjude] darf eintreten in das um das Heiligtum gehende Gitter und Gehege. Wer dabei ergriffen wird, wird sich selbst die Folge zuschreiben müssen: den Tod!*«[131]

Nach und nach rücken auch Juda und Mirjam zum Eingang des Tempelbezirks vor. Endlich an der Reihe, mustert einer der Tempelbeamten zunächst ihre Opfertiere. Dann befragt er sie, ob sie sich den erforderlichen Waschungen unterzogen haben und ob auch mit ihren Kindern alles in Ordnung sei. Beides können sie bejahen. Sie gehen rasch weiter und betreten den nächsten Vorhof, an dessen Seite einige Gruppen von Männern zusammensitzen, sichtlich vertieft in Torastudium und hitzige Kontroversen.

Hier verabschiedet sich Juda von Mirjam und seinen Kindern, denn weiterzugehen in den Vorhof der Israeliten ist allein ihm als jüdischem Mann gestattet. Mirjam winkt ihm noch mal zu, während er mit vielen anderen Männern in Richtung des Tempelgebäudes durch ein Tor geht. Dann suchen ihre Blicke nach einem der Tempelbeamten, um ihm die beiden Tauben zu übergeben, die sie anlässlich der glücklichen Geburt ihres Sohnes Simon opfern will, um so das Gebot der Tora zu erfüllen.

Inzwischen ist Juda bar Jona weitergegangen und an einen Zaun gelangt, der den Blick auf das Tempelgebäude und den großen Brandopferaltar im Priesterhof freigibt. Dichter Qualm steigt empor. Es riecht streng nach dem verbrannten Fleisch der Opfertiere. Juda bar Jona hält zwischen den vielen Männern, die auf dem überfüllten Platz miteinander sprechen, rufen, singen und beten, Ausschau nach den weißen Leinenkleidern eines Priesters, dem er sein Opfertier anvertrauen kann.

Der *Jerusalemer Tempel*, wie er sich für Juda bar Jona präsentiert, war das Produkt einer langen und bewegten Baugeschichte. Der unter König Salomo fertiggestellte und eingeweihte Erste Tempel (vgl. 1. Kön 6,1–8,66) war von den Babyloniern nach der endgültigen Einnahme Jerusalems im August 587/86 v. Chr. nahezu vollständig zerstört worden (vgl. 2. Kön 25,8f u. ö.). Der nach dem Ende des babylonischen Exils mit persischer Unterstützung neu erbaute und im Jahre 515 v. Chr. eingeweihte Zweite Tempel (vgl. Esr 3,1ff; 6,4.6ff) besaß zwar längst nicht mehr die Ausmaße und die Pracht seines Vorgängers, wurde jedoch bald zum religiösen und nationalen Mittelpunkt des antiken Judentums, später auch zum politischen und wirtschaftlichen Zentrum des Tempelstaates Judäa. Die große Mehrheit der Juden, auch in der Diaspora, erkannte diese außerordentliche und exklusive Bedeutung des Jerusalemer Tempels an.[132]

Bei der römischen Eroberung Jerusalems durch Pompeius Magnus im Jahre 63 v. Chr. war auch der Tempel stark beschädigt worden.

4.3 Und er soll Gott täglich ein Brandopfer darbringen

Im Jahre 19 v. Chr. hatte Herodes der Große (37 v. Chr.–4 n. Chr.) mit der Renovierung und Erweiterung des Tempelbezirks im aufwändigen Stil der damals »modernen« hellenistischen Monumentalbauweise (Jos. Ant 15,380–423) begonnen; ein Werk, bis zu dessen endgültiger Fertigstellung nur wenige Jahre vor seiner erneuten Zerstörung mehrere Jahrzehnte vergehen sollten (vgl. Joh 2,20; Jos. Ant 20,219). Die stark befestigte herodianische Tempelanlage war eingeteilt in verschiedene Bereiche und Vorhöfe. Diese waren zugleich Bereiche abgestufter Heiligkeit, die als konzentrische Kreise das Allerheiligste umgaben (Jos. Bell 5,184–227; Ant 15,417–420; M Kelim I 7ff).

Das Allerheiligste galt, wie bereits erwähnt (s. o. S. 138), als Wohn- und Thronstätte der Gegenwart Gottes, als Zentrum und Ausgangspunkt allen Heils. Dies spiegelt sich auch in der frühchristlichen Überlieferung (Mt 23,21; vgl. Joh 1,14).

Bei der Rekonstruktion der Ausmaße und der exakten Gestalt des herodianischen Tempels und seiner Vorhöfe anhand der verlockend ausführlichen schriftlichen Quellen ist Vorsicht geboten. Die biblischen (vgl. Esr 6,3f) und außerbiblischen Angaben (vgl. Sir 50,1–3; Arist 83–120) beziehen sich – wenn überhaupt – auf eine viel frühere bauliche Gestalt. Auch die auswertbaren archäologischen Überreste lassen vieles im Dunkeln, wenngleich die archäologischen Grabungen rund um den Tempelberg immer wieder neue Erkenntnisse an den Tag bringen.[133]

Unsere literarischen Hauptzeugen hinsichtlich des herodianischen Tempels sind Josephus (Ant 15,380–423) und die rabbinische Literatur (M Middot). Die Rabbinen, die lange Zeit nach der Zerstörung des Zweiten Tempels eine Aufstellung aller seiner baulichen Maße verfassten, haben jedoch wohl nicht die überwucherten Trümmer auf dem Schutthügel vermessen, der im 2. Jahrhundert n. Chr. die Überreste des Zweiten Tempels barg. Vielmehr haben sie aus biblischen Angaben, Erinnerungen ihrer Lehrer und zeitgenössischen Vorbildern ein *ideales Modell* des Hauses Gottes geschaffen für die (auch heute noch von manchen orthodoxen Juden) erhoffte Heilszeit, in der wieder ein neuer Tempel in Jerusalem stehen werde. Josephus hingegen übertreibt zwar immer wieder gern, wenn er

Zahlenangaben macht, doch kommt ihm, dem Jerusalemer Priestersohn, der im Gegensatz zu den Redaktoren der Mischna den Tempel noch selbst gesehen hatte, hier der Rang unseres wichtigsten Zeugen zu.

In dem baulichen Gestaltungsprinzip des herodianischen Tempels, aber auch bereits seiner Vorläuferbauten, zeigt sich das Weltverständnis vieler Menschen in der Antike. Somit unterscheiden sich die Räume im Tempel und die verschiedenen Vorhöfe und Bereiche rund um das und vor dem Gebäude durch die von innen nach außen abnehmende Heiligkeit, die sie repräsentierten und die sie auch von allen Personen, die sie betraten, erforderten.

So durfte das *Allerheiligste* nur einmal im Jahr vom Hohenpriester am Versöhnungstag betreten werden. Nur seine Heiligkeit bzw. Reinheit, auf deren Bewahrung er ganz besonders achten musste, und nur diese eine heilige Festzeit entsprachen der extremen Heiligkeit des Ortes. In dem leeren verdunkelten Raum, der (wahrscheinlich durch einen bunt bestickten doppelten Vorhang; vgl. Hebr 9,3) vom vorderen Bereich des Raumes, dem *Heiligtum*, abgetrennt war, stand nach dem biblischen Bericht zu König Salomos Zeit die *Bundeslade* mit den Gesetzestafeln und dem Stab Aarons. Spätestens mit der Zerstörung des Ersten Tempels (vgl. z. B. 1. Kön 14,25f) verschwand die Lade. Nur der von einer dicken Staubschicht bedeckte Fels, auf dem sie gestanden hatte, war noch da. Über den Verbleib der Bundeslade lassen sich nur Spekulationen anstellen, wie sie in populären Abenteuerfilmen wie »Jäger des verlorenen Schatzes« von Steven Spielberg (1981) begegnen. Vermutlich wurde die Bundeslade von den Truppen Nebukadnezzars II. im Jahre 587/86 v. Chr. zerstört.

Im *Heiligtum*, das dem Allerheiligsten vorgelagert war, befanden sich drei bedeutende Kultgegenstände: Der goldene *Räucheraltar*,[134] der goldene siebenarmige Leuchter (»*Menora*«)[135] und der Tisch mit den zwölf *Schaubroten* (Brote, die vor das *Angesicht* Gottes gelegt wurden; vgl. Ex 25,30).[136] Zutritt zum Heiligtum hatten nur die diensthabenden Priester, die hier im geforderten Zustand ritueller Reinheit ihre Aufgaben versahen. Dem Heiligtum vorgelagert war ein weiterer Vorraum, den man durch ein prachtvolles Tor verließ,

4.3 Und er soll Gott täglich ein Brandopfer darbringen

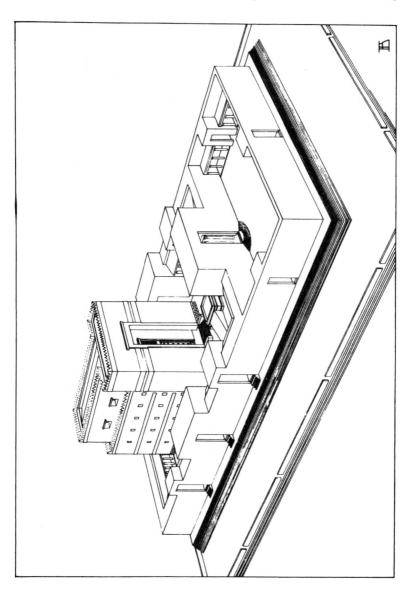

um in den *Priesterhof* zu gelangen. Der Zutritt zu diesem Hof war, wie schon der Name sagt, allein den diensthabenden Priestern gestattet. Auch die *Leviten*, die im 1. Jahrhundert n. Chr. in erster Linie als den Priestern untergeordnete Tempelmusiker, Chorsänger und Türsteher fungierten, durften hier nicht hinein. Eine ihrer Aufgabe während des Opfergeschehens war es vielmehr, zu kontrollieren, ob die Besucher des Tempels rituell rein und ob die Opfertiere, Rinder, Schafe, Ziegen oder Tauben, je nach Opferart und Vermögen des Opfernden, tauglich waren (vgl. Lk 10,32; Joh 1,19).

Auf dem freien Platz im Priesterhof östlich vom eigentlichen Tempelgebäude befand sich der steinerne *Brandopferaltar*, der über eine lange, ansteigende Rampe auf der Südseite zu erreichen war. Die Darbringung des regelmäßigen Brandopfers auf diesem Altar stand neben der Darbringung des Räucheropfers im Heiligtum im Mittelpunkt des regelmäßigen *Opfergottesdienstes*, der an jedem Tag am frühen Morgen (»*Schacharit*«) und am späten Nachmittag (»*Mincha*«) vor den Augen der im Vorhof der Israeliten versammelten Gemeinde stattfand. Ursprünglich waren die Opferzeiten am Stand der Sonne orientiert. Solche Tieropfer, rituelle Hingaben eines lebenden Besitzes an Gott, waren auch außerhalb des Judentums überall in der antiken Welt üblich und verbreitet.

Das besondere Kennzeichen, das den *jüdischen* Opfergottesdienst im Jerusalemer Tempel in hellenistisch-römischer Zeit von anderen zeitgenössischen Kultformen unterschied, war der Grundsatz: *Ein Gott – ein Tempel*. Verbunden mit dieser *Zentralisation*, die von fast allen Frommen bejaht wurde, war sein grundlegender Charakter als gemeinschaftlicher, von der *Allgemeinheit* getragener Kult, der die gesamte Gemeinde bzw. ganz Israel betraf.[137]

Die individuellen Aspekte des Opfers, die uns in den älteren Schichten der biblischen Überlieferung, etwa in den Vätergeschichten, noch begegnen, waren im 1. Jahrhundert n. Chr. bereits seit langer Zeit in den Hintergrund getreten. Der Aspekt der *allgemeinen* Sühnefunktion des Opfers (Lev 17,11 u. ö.) war hingegen umso bedeutender geworden (s. o. S. 131). Im Opfer geschah die Begegnung Gottes mit seinem Volk. Wie die Erhaltung der Weltordnung (s. o. S. 130) durch den ununterbrochenen Tempelkult waren auch die

4.3 Und er soll Gott täglich ein Brandopfer darbringen

Sühne und Sündenvergebung Beweggrund und Zweck vieler Opferhandlungen. Beides wurde dem gesamten Volk Israel und jedem einzelnen Frommen durch die fortwährenden und korrekt vollzogenen Opfer im Jerusalemer Tempel immer wieder von neuem geschenkt. Nicht nur die Tora, sondern auch der Kult als Möglichkeit, immer wieder von neuem das Verhältnis zwischen Gott und seinem Volk Israel in Ordnung zu bringen, galt als Heil stiftende Gabe Gottes.

Beide Bedeutungen des Tempelkultes waren im Glauben nahezu aller Juden in hellenistisch-römischer Zeit von grundlegender Bedeutung. Die anstandslose Entrichtung der Tempelsteuer durch Juden aller gesellschaftlichen Schichten aus aller Welt weist darauf hin, dass dieses Verständnis des Opfergottesdienstes im Tempel durchaus als allgemeines Kennzeichen antiker jüdischer Frömmigkeit angesehen werden kann.

Wie ging das eigentliche Opfergeschehen nun vor sich? Geopfert wurden an gewöhnlichen Tagen einjährige Lämmer. Als private Brandopfer kamen nur makellose männliche Tiere in Betracht, und zwar Rinder, Schafe oder Ziegen (Lev 1). Der *Hohepriester* selbst amtierte nur am Versöhnungstag, während der Sabbate, an Neumondtagen und bei festlichen Anlässen (Jos. Bell 5,230; M Joma I 2). War der Spender bedürftig, konnten auch Turteltauben oder Tauben geopfert werden (Lev 14,21f; vgl. Mk 11,15). Beim täglichen Opfer und beim Brandopfer eines Privatmannes wurde das Opfertier ganz verbrannt, ohne dass die Priester oder der Spender etwas davon bekamen. Lediglich die Haut des Opfertieres fiel dabei den diensttuenden Priestern zu (Lev 7,8; Jos. Ant 3,227).

Nachdem man das Opfertier den Priestern übergeben hatte, wurde es nochmals auf seine Makellosigkeit hin begutachtet, dann stemmte ihm ein Priester seine Hände auf. Das Tier wurde sogleich geschlachtet und sein Blut aus einer Schale an die Ecken des Altars gesprengt. Andere Priester zerteilten den Kadaver. Darauf sprachen sie Gebete und Benediktionen, bei denen die Männer, die dem Opfer im Vorhof der Israeliten beiwohnten, betend respondierten. Einige Priester verrichteten währenddessen das Weihrauchopfer im Heiligtum, danach wurden von anderen die einzelnen Stücke des

Opfertiers nacheinander in das Feuer geworfen, wo sie die Flammen verzehrten. Begleitet wurde das gesamte Opfergeschehen vom Gesang des Tempelchores.

An Sabbat- und Festtagen fanden zusätzliche Opfer statt (Num 28,9–23; Philon, Über die Einzelgesetze 1,170; Jos. Ant 3,237). Besonders zu den Wallfahrtsfesten wurden die täglichen Opfer noch um viele private Dank- und Schuldopfer ergänzt. Als solche Fest- bzw. Heilsopfer kamen auch weibliche Tiere in Betracht. Verbrannt wurde nur ein Teil des Heilsopfertieres, nämlich die Fettteile, Nieren, Herz und Leber. Der opfernde Priester erhielt die Brust und den rechten Schenkel (Lev 7,31f). Der Rest musste vom Spender im Kreis seiner Familie, Nachbarn oder Freunde innerhalb von 48 Stunden gegessen werden (Jos. Ant 3,228f; vgl. Mk 14,12).

In diesem Zusammenhang ist auch zu erwähnen, dass beim täglichen *Kaiseropfer* im Jerusalemer Tempel (vgl. Jos. Bell 2,408ff) selbstverständlich nicht dem vergöttlichten Kaiser, sondern *zugunsten* des römischen Herrschers (und von diesem selbst bezahlt!) zwei Lämmer und ein Stier (Philon, Gesandtschaft an Caligula 157.317) geopfert wurden. Der Sinn des Kaiseropfers im Tempel bestand auch darin, die fortgesetzte Loyalität der jüdischen Provinzbevölkerung öffentlich unter Beweis zu stellen. Diese war aufgrund des biblischen Monotheismusgebots vom Kaiserkult befreit, der seit Julius Caesar in allen anderen römischen Provinzen üblich war. Als der Hohepriester Ananias das Kaiseropfer im Jahre 66 n. Chr. einstellen ließ und rebellische Juden zugleich die Steuerzahlung verweigerten, fasste Rom dies als Aufkündigung der geforderten Gefolgschaftstreue auf. Kaiser Nero entsandte die XII. Legion in die Provinz, um gewaltsam gegen die jüdischen Aufrührer vorzugehen.

Die jeweiligen Aufgaben und Arbeiten der *Priester* im Tempel[138] – insgesamt schätzt man die Zahl der an einem solchen Festtag anwesenden Tempelangestellten auf über 1800 – wurde zwischen den 24 Dienstabteilungen (»*Mischmarot*«) ausgelost, denen man aufgrund seiner Abstammung bzw. Familienzugehörigkeit angehörte. Die Abteilungen wechselten einander im wöchentlichen Turnus ab (vgl. Lk 1,8f). Das Losverfahren zur Verteilung der Priesterdienste bei den täglichen Opfern, den Fest- und Privatopfern (vgl. Neh 10,35) wurde nach einer Notiz in der rabbinischen Überlieferung eingeführt, nachdem es bei dem lange Zeit üblichen Wettlauf der Priester auf der Rampe des Brandopferaltars, dessen Sieger die ehrenvollsten Dienste versehen durfte, zu bedrohlichen Rangeleien gekommen war. Einer der Priester hatte seinen Konkurrenten beim Laufen mit einem Messerstich in den Rücken gebremst (M Joma II 2; T Jom ha-Kippurim I 12).

Die meisten Priester kamen nicht aus Jerusalem, sondern arbeiteten und lebten außerhalb ihrer Dienstzeiten zumeist an verschiedenen Orten im gesamten Land, vorwiegend von der Landwirtschaft (vgl. Lk 10,31). Daneben hatten sie aber auch Einkünfte aus Abgaben, Spenden und dem Opferhandel. Sie repräsentierten bei ihrem Dienst die gesamte Gemeinde, das Volk Israel. Folgt man den späteren rabbinischen Quellen, wechselten sich nicht nur die priesterlichen *Mischmarot* und die Leviten (1. Chr 25,8–31), sondern auch die entsprechenden *Ma'amadot*, Abordnungen aus der Gemeinde als Repräsentanten aller zwölf Stämme Israels (tatsächlich gab es zur Zeit Juda bar Jonas nur noch die beiden Stämme Benjamin und Juda), im wöchentlichen Turnus im Tempel ab (M Taanit IV 2f; b Taanit 27b).[139]

Vor dem Priesterhof und durch eine Umzäunung hiervon abgetrennt, befand sich der *Vorhof der Israeliten*, von dem aus jeder männliche und rituell reine Jude dem Tempelgottesdienst beiwohnen konnte. Niemand drang, wenn er nicht Priester war, weiter vor als bis in diesen Bereich. Durch einen Zugang in einer weiteren Quermauer im Osten gelangte man in den *Vorhof der Frauen*. Diese Bezeichnung verleitet zu der falschen Annahme, der Bezirk sei allein den jüdischen Frauen vorbehalten gewesen. Es befanden sich hier allerdings nicht nur Frauen, sondern auch Männer. Den Frauen war es aber entsprechend ihrer als vergleichsweise gering erachteten Heiligkeit und aufgrund der Tatsache, dass sie wegen ihrer Menstruation stets im Verdacht der Unreinheit standen, nicht gestattet, sich dem Tempelgebäude weiter zu nähern als bis zur Innengrenze eben dieses Bereichs.

Der Jerusalemer Tempel war nicht allein eine Stätte des Opfers, sondern auch der Lehre und des Gebets. Die rabbinische Literatur berichtet besonders vom Unterricht in der Tora, der im Tempelbereich stattfand (T Sanhedrin VII 1; vgl. Jos. Ant 17,149). Im Lukasevangelium tritt auch Jesus aus Nazaret hier wiederholt als Lehrer auf (Lk 19,47; 20,1; 21,37; vgl. 2,41–52). Zum Tempel gehörte schließlich auch ein Archiv zur Aufbewahrung heiliger Schriften (Jos. Ant 3,38; 4,303; 5,61).

Verließ man den Tempelberg, kam man durch ein weiteres Tor im Osten in einen erst unter Herodes dem Großen erbauten Bereich, den *äußeren Tempelvorhof*. Bis hierher durften auch Nichtjuden sich dem Tempel nähern (die entsprechende Warnung wurde offenbar sehr erst genommen [vgl. Apg 21,28]); hier konnte man Opfertiere kaufen und fremde Währungen in die besonders wertbeständige und deshalb einzige akzeptierte Leitwährung, den tyrischen Schekel, umtauschen. Die geläufige Bezeichnung »*Vorhof der Heiden*« (vgl. Apk 11,2) für diesen Bereich findet sich allerdings weder bei Josephus noch in der rabbinischen Literatur. Weitere Bereiche mit eigenem Heiligkeitscharakter waren Jerusalem als die Stadt des Heiligtums, zwei begrenzte Zonen um die Stadt herum und schließlich das gesamte Land Israel.

Bis heute erhalten ist die Erinnerung an das regelmäßige Tempelopfer im Judentum im täglichen Morgen- und Nachmittagsgebet, deren Zeitpunkt und Bezeichnung den Opferzeiten im Jerusalemer Tempel entsprechen.

Anregungen zur Weiterarbeit:
1. *Was schreibt der Verfasser des Hebräerbriefs über den Opfergottesdienst im Tempel und sein Verhältnis zum Christusgeschehen (vgl. Hebr 9,1–28)?*
2. *Es gibt auch in christlichen gottesdienstlichen Räumen unterschiedlich abgegrenzte Bereiche. Wodurch unterscheiden sich diese Bereiche? Haben nur bestimmte Personen Zugang?*

4.4 Abschied von Juda und Mirjam

Die Fanfarenstöße, die das Ende der heutigen Opfer ankündigten, sind bereits seit über einer Stunde verklungen. Den Menschen, die vom Tempelberg aus über die verschachtelten Dächer Jerusalems blicken, bietet sich nun ein eindrucksvoller Anblick. Überall in der Stadt erleuchten zahllose Lichter und Fackeln die Dunkelheit. In den Höfen und auf den Plätzen brennen offene Feuerstellen, an denen die Festpilger zusammensitzen, essen und trinken, reden und lachen, singen und spielen, einander zuhören, miteinander streiten, Erfahrungen und Erlebnisse austauschen.

In gebührendem Abstand um eine große Feuerstelle, über deren lodernder Glut sich eine Ziege langsam an einem langen Spieß dreht, sitzen Juda bar Jona, Mirjam mit dem schlafenden Simon an ihrer Brust und Salome, die sich an ihre Schulter lehnt. Juda bar Jona ist hungrig; er kann sich kaum daran erinnern, wann er zum letzten Mal Fleisch essen durfte. Es muss Monate her sein. Neben der Familie lagern Ja'akov, Aquila und andere Juden aus Kapernaum, die mit ihnen zum Laubhüttenfest nach Jerusalem gekommen sind. Mirjam schlingt ihren Umhang enger um sich und ihr Kind. Der Ostwind, der bereits den ganzen Abend den Staub durch die Straßen und Gassen der Stadt wehte, ist stärker geworden. Hat sie da nicht gerade einen Regentropfen auf ihrer Stirn gespürt? Sie blickt hinauf zum Himmel.

Für uns ist es nun Zeit, Juda, Mirjam und die anderen wieder zu verlassen. Während der Tage, die wir sie bei ihren alltäglichen Verpflichtungen und Verrichtungen, aber auch bei ihren festtäglichen Feiern begleiten durften, haben wir vieles gelernt über ihr Leben und über ihren Glauben. Wir haben einen kleinen Eindruck davon gewonnen, wie schwierig und wie unsicher die Lebensumstände eines Großteils dieser Menschen waren. Wir haben erkannt, dass das religiöse Leben im antiken Judentum sehr vielgestaltig war. Wir haben die drei Orte kennen gelernt, an denen dieses Leben vor allem stattfand: Im eigenen Wohnhaus, in der örtlichen Synagoge und im Jerusalemer Tempel. In Alltag und Festtag lebten und liebten, arbeiteten und ruhten, aßen und tranken, feierten und fasteten, beteten hier die Juden in der Antike. Hier lehrten und lernten, lasen und hörten sie die Tora, hier versammelten sie sich, berieten sich und richteten, hier wallfahrteten und opferten sie.

Wir haben aber auch festgestellt, dass drei grundlegende Bestandteile dieses religiösen Lebens die jüdische Frömmigkeit bestimmten. Die biblische Tradition, die »*Religion der Väter*«, die befruchtende Verflechtung des Judentums mit dem allgegenwärtigen *Hellenismus*, aber auch die vielfältigen überkommenen Formen orientalischer *Volksfrömmigkeit* waren die wesentlichen Komponenten, aus denen sich das religiöse Weltbild der Menschen zusammensetzte. Welche dieser Komponenten jeweils im Vordergrund stand, hing hauptsächlich davon ab, wann, wo, innerhalb welcher Gruppen und unter welchen wirtschaftlichen, gesellschaftlichen und kulturellen Bedingungen man lebte. Allen Frommen gemeinsam war jedoch der Glaube an die fundamentale Bedeutung der Tora als *des* Heilswegs des Einzelnen und des gesamten Volkes Israel. Auch diejenigen, die in Jesus aus Nazaret den gekreuzigten und auferstandenen Messias sahen, gaben dieses Glaubensprinzip zunächst nicht auf.

Anhang

Zeittafel zur Geschichte des palästinischen Judentums von Alexander d. Gr. bis zum Ende des weströmischen Reichs

1.

332–63 v. Chr.	Von Alexander d. Gr. bis zum Ende der Hasmonäerherrschaft
332 v. Chr.	Alexander (356–323 v. Chr.) erobert Syrien
323 v. Chr.	Tod Alexanders »Diadochenkämpfe« der Generäle Alexanders um die Aufteilung seines Reiches

1.1

301–198 v. Chr.	Ptolemäerzeit
301 v. Chr.	Judäa kommt unter ptolemäische Herrschaft
274–271 v. Chr.	1. Syrischer Krieg zwischen den Ptolemäern (Ägypten) und den Seleukiden (Syrien)
260–253 v. Chr.	2. Syrischer Krieg
246–241 v. Chr.	3. Syrischer Krieg
221–217 v. Chr.	4. Syrischer Krieg
202–199 v. Chr.	5. Syrischer Krieg
199 v. Chr.	Der Seleukidenherrscher Antiochos III. (223–187 v. Chr.) schlägt Ptolemaios V. (205–181 v. Chr.); Judäa kommt unter seleukidische Herrschaft

1.2

198–140 v. Chr.	Seleukidenzeit
188 v. Chr.	Römisches Friedensdiktat von Apameia; die Seleukiden müssen Rom hohe Reparationen zahlen
175 v. Chr.	Machtergreifung des Antiochos IV. (175–164 v. Chr.)
167 v. Chr.	»Religionsverfolgung« unter Antiochos IV.
164 v. Chr.	»Tempelreinigung« des Judas Makkabaios
152 v. Chr.	Jonatan (161–143 v. Chr.) wird Hoherpriester

1.3

140–63 v. Chr.	Hasmonäerherrschaft
140 v. Chr.	Judäa als »selbständiger« Staat; Simon (143–134 v. Chr.) wird Hoherpriester

134–104 v. Chr.	*Johannes Hyrkanos I.*
104–103 v. Chr.	*Aristobulos I.* herrscht als König und annektiert Galiläa
103–77 v. Chr.	König *Alexander Jannai*
77–67 v. Chr.	Königin *Salome Alexandra*
	König *Hyrkanos II.* als Hoherpriester
67 v. Chr.	Sein Bruder *Aristobulos II.* erhebt sich zum König und Hohenpriester
67–63 v. Chr.	Konflikt zwischen *Aristobulos II.* und *Hyrkanos II.*; Rom wird als Schiedsrichter angerufen

2.

63 v. Chr.–73 n. Chr.	*Vom Eingreifen des Pompeius bis zum Ende des Jüdischen Krieges*
63 v. Chr.	*Pompeius* besetzt Judäa und erobert Jerusalem
63–40 v. Chr.	Judäa ist dem Statthalter der römischen Provinz Syria unterstellt
	Hyrkanos II. als Hoherpriester
47–44 v. Chr.	*Julius Caesar*
40 v. Chr.	*Antigonos* regiert in Judäa als König und Hoherpriester; währenddessen wird auch *Herodes* in Rom zum König von Judäa ernannt
37 v. Chr.	*Herodes* erobert Jerusalem mit Hilfe römischer Truppen
37–4 v. Chr.	*Herodes* regiert als »verbündeter König«
30 v. Chr.–10 n. Chr.	*Hillel* und *Schammai*
27 v. Chr.–14 n. Chr.	Kaiser *Augustus*
19. v. Chr.	Beginn der Bautätigkeit am Jerusalemer Tempel
4. v. Chr.	Tod des *Herodes;* Rom teilt sein Reich unter seinen Söhnen *Archelaos, Herodes Antipas* und *Philippos* auf
4 v. Chr.–6 n. Chr.	*Archelaos* als Ethnarch von Judäa und Samaria
6 n. Chr.	*Archelaos* wird wegen Unfähigkeit abgesetzt; Judäa wird prokuratorische Provinz unter direkter römischer Verwaltung; Census (Volkszählung) des *Quirinius*
6–15 n. Chr.	*Hannas* als Hoherpriester
14–37 n. Chr.	Kaiser *Tiberius*
18–36 n. Chr.	*Kajafas* als Hoherpriester
26–36 n. Chr.	*Pontius Pilatus* als Statthalter von Judäa
4 v. Chr.–39 n. Chr.	*Herodes Antipas* als Tetrarch von Galiläa und Peräa
4 v. Chr.–34 n. Chr.	*Philippos* regiert im nördlichen Ostjordanland

37–41 n. Chr.	Kaiser *Caligula*
37/38 n. Chr.	*Josephus* wird geboren
39 n. Chr.	*Herodes Antipas* wird nach Gallien verbannt
	Agrippa I. erhält von *Caligula* die Tetrarchien des *Philippos* und des *Herodes Antipas*
39/40 n. Chr.	*Philon* als Mitglied der Gesandtschaft der alexandrinischen Juden nach Rom
41–54 n. Chr.	Kaiser *Claudius*
41 n. Chr.	*Claudius* verleiht *Agrippa I.* die Königswürde
41–44 n. Chr.	*Agrippa I.* herrscht als König
44 n. Chr.	*Agrippa I.* stirbt; Judäa wird wieder römische Provinz
44–46 n. Chr.	*Cuspius Fadus* als Statthalter
46–48 n. Chr.	*Tiberius Alexander* als Statthalter
48–52 n. Chr.	*Ventidius Cumanus* als Statthalter
52–60 n. Chr.	*Felix* als Statthalter
53 n. Chr.	*Agrippa II.* wird König über die ehemalige Tetrarchie des *Philippus* mit der Aufsicht über den Tempel und dem Recht, Hohepriester zu ernennen
54–68 n. Chr.	Kaiser *Nero*
60–62 n. Chr.	*Porcius Festus* als Statthalter
62–64 n. Chr.	*Albinus* als Statthalter
64–66 n. Chr.	*Gessius Florus* als Statthalter
66 n. Chr.	Beginn des Aufstandes gegen Rom
67 n. Chr.	Offensive *Vespasians*
68/69 n. Chr.	Zerstörung der Siedlung von Qumran
69–79 n. Chr.	Kaiser *Vespasian*
70 n. Chr.	*Titus* erobert und zerstört Jerusalem
73 n. Chr.	Fall Masadas

3.

70–135 n. Chr.	*Von der Tempelzerstörung bis zum Ende des zweiten jüdisch-römischen Krieges (»Periode von Jabne«)*
nach 70 n. Chr.	Rabbinische Schülerkreise in Jabne ziehen unter römischer Duldung Aufgaben des früheren Synhedriums an sich
81–96 n. Chr.	Kaiser *Domitian*
98–117 n. Chr.	Kaiser *Trajan*
117–138 n. Chr.	Kaiser *Hadrian*
130 n. Chr.	Kaiser *Hadrian* beschließt die Umgestaltung Jerusalems zur östlichen Reichsmetropole *Aelia Capitolina*
132–135 n. Chr.	*Bar Kochba*-Aufstand in und um Jerusalem

4.

135–212 n. Chr.	*Syria-Palaestina als römische Provinz*
135 n. Chr.	Umbenennung Jerusalems in Aelia Capitolina
ca. 135–170 n. Chr.	»Periode von Uscha«
138–161 n. Chr.	Kaiser *Antoninus Pius*
nach 138 n. Chr.	Das Patriarchat in Galiläa erreicht die Stellung der offiziellen Vertretung aller Juden im Römischen Reich
165–217 n. Chr.	Rabbi *Jehuda ha-Nasi* als Repräsentant der Juden im Römischen Reich Redaktion der Mischna

5.

3.–5. Jahrhundert	*Von Uscha bis zum Ende des Römischen Reichs; Entstehung des Jerusalemischen und wesentlicher Teile des Babylonischen Talmuds*
212 n. Chr.	Kaiser *Caracalla* (198–217 n. Chr.) proklamiert die »*Constitutio Antoniniana*«; alle Provinzbewohner, auch alle Juden, erhalten die römischen Bürgerrechte und -pflichten
325 n. Chr.	Das Christentum wird unter *Konstantin I.* (306–337 n. Chr.) staatlich privilegierte Religion
358 n. Chr.	*Hillel II.* (ca. 320–365) fixiert den jüdischen Kalender
410 n. Chr.	Eroberung und Plünderung Roms durch die Westgoten unter *Alarich*
425 n. Chr.	Aufhebung des Patriarchats nach dem Tod *Gamaliels VI.*
476 n. Chr.	Absetzung des letzten weströmischen Kaisers *Romulus Augustulus*; Ende des weströmischen Reichs

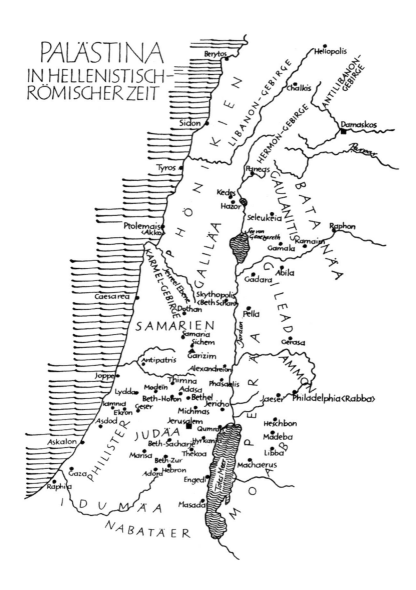

Glossar zu den Quellen

Apokryphen
»Verborgene (Bücher)«, antike jüdische Schriften überwiegend lehrhaften Charakters, die vor allem der frommen Unterhaltung, Erbauung und Propaganda dienten. Sie sind in jüdischen Sammlungen heiliger Schriften nicht enthalten, sondern begegnen als Sammlungen allein in christlichen Bibelhandschriften. Vgl. S. 31f.

Dekalog
»Zehnwort«, auf der Basis von Dtn 34,28 entstandene Fachbezeichnung der »Zehn Gebote«, erhalten in einer älteren (Ex 20,1–17) und einer jüngeren Fassung (Dtn 5,6–21). Vgl. S. 26f.

Epitaph
»Grabinschrift«, Inschrift auf Grabsteinen und -stelen, die Aufschluss gibt sowohl über den Verstorbenen, seine Familienbeziehungen und seine Position in der Gesellschaft als auch über die Todes- und Auferstehungsvorstellungen seiner Hinterbliebenen. Vgl. S. 80.

Hagiographen
»Heilige Schriften«, neben *Tora* und Propheten dritter Teil der Hebräischen Bibel. Zu den Hagiographen gehören Psalmen, Sprüche, Hiob, Rut, Hoheslied, Prediger, Klagelieder, Ester, Daniel, Esra, Nehemia sowie die beiden Chronikbücher. Vgl. S. 24.

Halacha
»Wandel«, 1. Gesamtheit der das jüdische Leben bestimmenden und strukturierenden Vorschriften, 2. eine Einzelvorschrift. Die *Halacha* ist grundsätzlich nicht abgeschlossen. Sie im Einzelfall herauszufinden ist Sache des Rabbiners. Vgl. S. 27.

Flavius Josephus
Antiker jüdischer Schriftsteller, lebte 37/27 bis ca. 100 n. Chr., wichtiger Zeitzeuge, verfasste den *»Jüdischen Krieg«*, die *Jüdischen Altertümer«*, eine Selbstbiographie (*»Vita«*) sowie eine Verteidigungsschrift des Judentums (*»Gegen Apion«*). Vgl. S. 40–42.

Midrasch
»Auslegung (der Bibel)«, dann auch die bis ins Mittelalter hinein entstandene Auslegungsliteratur. Drei Gattungen: Exegetischer, homiletischer, narrativer *Midrasch*. Vgl. S. 36

Glossar zu den Quellen 157

Mischna
»Lehre«, normativ gewordene Sammlung des Lehrstoffs aus den rabbinischen Schulen Palästinas, als ideale Verfassung gedacht, um 200 n. Chr. abgeschlossen. Die Mischna gliedert sich in sechs Ordnungen und 63 Einzeltraktate. Vgl. S. 35.37f.

Ostrakon
»Tonscherbe«, kostenloses und überall verfügbares Beschreibmaterial für nichtliterarische Texte wie z. B. Notizen, Abrechnungen, Schreibübungen, Briefe usw., die über das antike Alltagsleben informieren. Vgl. S. 43.

Pentateuch
»Fünfbuch«, aus dem Griechischen übernommene Bezeichnung der fünf Bücher Moses; seit hellenistischer Zeit gleichbedeutend mit »(schriftliche) *Tora*«.

Philon von Alexandrien
Antiker jüdischer Religionsphilosoph und Schriftsteller, lebte ca. 20/15 v. Chr. bis ca. 50 n. Chr., Verfasser von allegorischen *Tora*auslegungen, philosophischen und zeitgeschichtlichen Schriften. Vgl. S. 39f.

Pescher
»Deutung«, im Kontext der Qumrantexte eine inspirierte Auslegung von biblischen Propheten- und Psalmentexten für aktuelle Anliegen und Auseinandersetzungen, die Geschichte und Gegenwart als Bestandteile eines göttlichen Plans begreift. Vgl. S. 92.

Pseudepigraphen
»Fälschlich zugeschriebene (Schriften)« in der religiösen Literatur des antiken Judentums, die unter einem Pseudonym im Umlauf waren, um sie mit einer bekannten bzw. bedeutenden (biblischen) Gestalt zu verbinden und an ihrer besonderen Autorität Anteil zu haben. Vgl. S. 32f.

Septuaginta
Lat. »Siebzig« (abgekürzt »LXX«), Bezeichnung einer ab dem 3. Jahrhundert v. Chr. in Ägypten entstandenen griechischen Übersetzung der *Tora*, später für eine Version der ganzen griechischen Bibel gebraucht. Vgl. S. 18f.

Targum
»Übersetzung«, in Synagoge und Schule entstandene deutende und aktualisierende Übertragung des hebräischen Bibeltextes in die aramäische Sprache. Vgl. S. 122.

Talmud
»Belehrung«, der nach dem System der *Mischna* angeordnete schriftlich fixierte Lehrstoff der rabbinischen Schulen in Palästina und Babylonien nach Abschluss der *Mischna*. Es gibt einen Palästinischen (Jerusalemischen) und einen Babylonischen *Talmud*. Als »der *Talmud*« schlechthin gilt der Babylonische *Talmud*, die Hauptquelle der *Halacha*. Vgl. S. 36.

Tora
»Weisung«, 1. die schriftliche *Tora* = die fünf Bücher Moses, 2. die Gesamtheit der Sinai-Offenbarung, bestehend aus der schriftlichen *Tora* und der mündlichen *Tora* (durch die ununterbrochene Traditionskette der Rabbinen überliefert), 3. Beschäftigung mit der *Tora*. Vgl. S. 24ff.

Tosefta
»Ergänzung«, einesteils unabhängig von der *Mischna* entstandene, andernteils auf diese Bezug nehmende Sammlung thematisch vergleichbarer und ähnlich angeordneter Stoffe. Vgl. S. 35.

Quellennachweis

S. 143:
Das Innenheiligtum des herodianischen Tempels. Aus: Theodor A. Busink, Der Tempel von Jerusalem, Bd. 2: Von Ezechiel bis Middot. Verlag E. J. Brill, NL-Leiden 1980.

Karte S. 155:
Palästina in hellenistisch-römischer Zeit. Aus: Martin Metzger, Grundriss der Geschichte Israels. Neukirchener Verlag, Neukirchen-Vluyn ⁹1994.

Sachregister

Aberglaube 127f, 131
Abgaben 37, 58, 62f, 64ff, 69, 115, 147
Abtreibung 53
Achtzehnbittengebet 123
Ackerecke 76
Allerheiligstes 77, 141f
Almosen 76, 84f, 97
Amida 123, 125f
Amoräer 36
Amulett 127f
Antrauung 51
Apokalyptik 34
Apokryphen 31ff, 156
Aramäisch 18, 41, 55f, 80, 122, 133, 157
Arbeitslohn 62
Archäologie 8, 43f, 109
Armenfürsorge 75
Armenzehnt 65, 76
Astarte 130
Aussatz 78

Baal 130
Begräbnis 79ff
Bergpredigt 27, 85
Berufe 60
Beschneidung 23, 53, 72f, 82, 118
Bestattung 79ff
Beten (siehe auch: Gebet) 75f, 84, 97
Bibel 11, 18, 30ff, 37, 44, 126, 133, 136, 138, 155ff
Bilderverbot 108
Brandopfer 46, 135ff, 139f, 144f, 147
Brot 9, 53, 57, 59, 61ff,70f, 134f, 142
Bundeslade 142

Dämonen 128, 133

Diadochen 16, 151
Diaspora 15, 42, 65, 72, 80, 107, 110, 112, 132f, 140

Ehe 22f, 49, 51f, 57, 115
Einehe 51
Engel 108, 128
Epitaph 80, 156
Erstlingsfrüchte 64f, 135
Essener 86ff, 94f
Existenzminimum 62

Familie 9, 35, 39f, 46, 50ff, 58, 60, 62f, 65, 67, 71f, 79ff, 112, 128, 132, 134, 146, 149, 156
Fasten 72, 76, 84f, 97,
Felskammergrab 71, 80
Fest 29, 61, 64, 71f, 82ff, 94, 114, 126f, 130ff, 142, 146, 149
Festopfer 146
Frauen 20, 51ff, 57, 61f, 71ff, 78, 80, 105, 118f, 121f, 132, 147
Friedhof 49, 55, 81
Frömmigkeit 7, 25, 28, 73, 75f, 84, 86, 95, 98, 109, 128f, 134f, 145, 150
Frühjudentum 10f

Gebet (siehe auch: Beten) 31, 71ff, 76, 106ff, 110f, 117, 120f, 123, 125f, 134, 145, 147
Gebote 23f, 26, 35f, 53, 68, 71, 74ff, 84f, 104, 132f, 140, 156
Geburt 23, 52f, 55, 72, 78, 140
Gegenkultur 131
Gemeinde 7, 14, 29f, 58, 61, 72, 76, 80, 97, 102, 105ff, 110ff, 115, 117f, 120ff, 136, 144, 147
Gemeinderat 112
Gericht 68, 96, 115

Sachregister

Gerusia 34, 113
Gesetz 16, 22, 25, 36, 39, 41, 73, 96ff, 100, 104, 142
Getränk 61
Gottesdienst 24, 31, 46, 55, 72, 83, 96, 102f, 105ff, 110, 115, 117ff, 120ff, 125ff
Gottesfürchtige 118f
Grab 44, 80ff, 112
Grabsteine 20, 55, 80, 156
Griechisch 15, 18ff, 24, 31, 33, 39f, 42, 49, 55ff, 68, 80, 93, 102, 104, 106f, 112, 118, 122, 127f, 157
Grundsteuer 63

Hagiographen 24, 156
Halacha 27f, 35, 38, 78, 89f, 99, 112, 156
Handel 15, 23, 34
Händler 9, 45, 50, 56, 59, 132
Hebräisch 18f, 24, 27, 36, 41, 48, 55ff, 80, 101, 107, 116, 120, 122, 131, 135, 138, 148, 156
Heiligkeit 77, 109, 122, 141f, 147f
Heiligtum 25, 39, 77, 139, 142, 144f, 148
Heilsopfer 146
Heimführung 51f
Hellenismus 15ff, 19, 22ff, 28, 87, 96, 129, 150
Hochzeit 82
Hoherpriester 113f, 151f
Homosexualität 51
Hygiene 62

Kaiseropfer 146
Kalender 83, 95, 113, 154
Kanon 31f
Kindesaussetzung 53
Kinder 20, 23, 34, 46, 50ff, 55, 71, 73ff, 82, 115f, 132, 139f, 149
Kindersterblichkeit 52f
Kleidung 53, 61, 119

Koiné 18
Kopfsteuer 63
Krankheit 44, 55, 61, 63, 78, 127f
Kult 7, 44, 77, 85, 95, 108f, 113f, 117, 122, 130ff, 138, 142, 144f
Kynismus 20

Landwirtschaft 59, 69, 147
Latein 56, 80, 139
Laubhüttenfest 71, 82, 127, 130ff, 136ff, 149
Lebensweisung 23, 25f, 85
Lehre 16, 22, 25, 27, 29f, 33, 35, 38, 40, 69, 147, 157
Lehrer 9, 27, 56, 59, 69, 98, 116, 141, 148
Lesung 64, 76, 105, 120ff
Levit 64, 144, 147
Lohnarbeiter 60

Magie 128
Makkabäer 17, 31, 151
Mazzot 134
Megillot 24, 76
Mehrehe 51
Menora 142
Messias 26, 29, 124, 150
Middle Judaism 11
Midrasch 36, 156
Mikwe 78
Minim 90
Minjan 121
Mischna 35ff, 67f, 91, 99, 142, 154, 157f
Mittelschicht 58, 98
Monotheismus 28, 118, 146
Mutter 23, 52, 78, 115

Nahrungsmittel 44, 58, 76
Namengebung 53
Neujahrsfest 83

Oberschicht 47, 54, 59, 90, 113, 116

Opfer 37, 61, 64f, 85, 105, 110, 117f, 122, 125, 132, 134f, 136, 139f, 144ff
Opfergottesdienst 37, 138, 144f, 148
Ossuar 81
Ostraka 43

Pentateuch 16, 24f, 157
Pesachfest 83, 132ff
Pesach-Haggada 134
Pharisäer 86ff, 91, 96ff
Pilger 9, 46, 104f, 127, 132ff, 139
Priester 15, 37, 40f, 50, 59, 64ff, 74, 77, 83, 89ff, 94, 98, 104f, 113, 121, 129, 136ff, 140, 142, 144ff
Priesterhebe 64, 66
Priesterhof 140, 144, 147f
Priestersegen 74
Prosbol 68f
Proselyten 65, 117ff, 124
Prostitution 54
Pseudepigraphen 32f, 157
Ptolemäer 16, 151

Qumran 86, 92ff, 153, 157

Rabbiner 27, 31, 35ff, 68f, 79, 89f, 96, 99, 109, 121, 141, 153f, 156, 158
Räucheraltar 142
Recht 15, 23, 33, 35, 37, 51, 68, 73, 80, 91, 111ff, 124, 153
Reinheit 7, 64, 77, 79, 91, 95, 97ff, 115, 118, 139, 142
Reisen 9, 50, 71, 111, 133
Rennbahn 23
Römisches Reich 49, 100

Sabbat 53, 67f, 71ff, 75f, 83, 97, 102, 104f, 109, 118f, 121, 125, 127, 145f
Sabbatjahr 67f, 76
Sadduzäer 86ff, 96f, 99

Sanhedrin 37, 114
Schaltmonat 84
Schaubrote 142
Schavuot 135
Schma 74, 123
Schöpfung 24, 72, 74, 123
Schriftgelehrte 23, 27, 73, 79, 98
Schriftrollen 24, 55, 92, 94f, 105
Schuldopfer 146
Schule 20f, 35f, 69, 99, 116, 157f
Second Temple Judaism 11
Selbstverwaltung 37, 112, 117
Seleukiden 16, 114, 151
Septuginta 18f, 31, 107, 157
Sexualität 51, 78
Signum 56f
Sikarier 99, 101
Sklaven 49f, 59f, 65, 73, 116
Söhne des Lichts 96
Söhne der Finsternis 96
Söldner 60, 111, 132
Spätjudentum 10
Sprachen 15, 18ff, 40, 55ff, 80, 93, 101, 107, 120, 122, 125, 139, 157
Stadion 49
Statthalter 17, 46f, 50, 55, 63, 101, 112ff, 152f
Steuern 47, 58, 62ff, 87, 100, 112f, 146
Stoa 20ff, 82
Sühne 144f
Sukkot 82, 132f, 136f
Synagoge 20, 46, 48f, 55f, 70, 72, 75f, 102ff, 114f, 117ff, 127, 149, 157
Synagogendiener 105, 120f
Synagogenoberhaupt 104, 121
Synagogenvorsteher 105
Synhedrium 34, 37, 113f, 153

Talmud 36, 67f, 115, 154, 158
Tannaiten 35
Targum 109, 122, 157

Sachregister

Tempel 16, 25, 27, 35ff, 41, 46, 49, 58, 62ff, 69, 71f, 74, 77f, 80, 83, 85ff, 89ff, 94ff, 103, 108, 110f, 113f, 117, 121ff, 127ff
Tempelsteuer 64ff, 145
Tetrarch 17, 48f, 152f
Theater 23
Theokratie 35
Tod 49, 51, 79ff, 93
Tora 16ff, 22ff, 34f, 39, 67ff, 72, 74, 76ff, 84f, 89f, 97ff, 105, 109ff, 118, 120ff, 128, 135, 140, 145, 148, 150, 156ff
Toralesung 110, 121f
Torarolle 120, 123
Toraschrein 12, 123
Tosefta 35f, 67, 91, 158
Triglossia 56

Unreinheit 49, 77ff, 147
Unterschicht 44, 59

Vater 23, 51, 53, 60, 65, 71, 105, 115ff, 123f

Verbote 24
Verfassung 34, 38, 64, 90, 112ff, 157
Versöhnungstag 76f, 83, 142, 145
Verwaltung 17, 47, 49f, 63, 111f, 114, 152
Volksfrömmigkeit 20, 28, 150
Volkszählung 63, 152

Wallfahrt 37, 39, 46, 64f, 71, 83, 105, 130, 132, 134, 136f, 146
Wallfahrtsfest 83, 105, 132, 134, 136f
Wein 52, 57, 59, 61f, 76, 112, 132, 134, 136
Wochenfest 133f, 135f

Zehnte 64ff, 71, 76, 127, 132
Zeloten 86ff, 100f
Zirkus 23
Zöllner 63, 98
Zweitbestattung 81

Anmerkungen

1 Vgl. L. Casson, Travel in the Ancient World, Baltimore – London 1994; B.P. Rapske, Acts, Travel and Shipwreck, in: D.W.J. Gill, C. Gempf (Hg.), The Book of Acts in Its Graeco-Roman Setting, Grand Rapids, Mich. 1994, S. 1–47.
2 Vgl. M. Bar-Ilan, Scribes and Books in the Late Second Commonwealth and Rabbinic Period, in: M.J. Mulder (Hg.), Mikra (CRI II/1), Assen – Philadelphia 1988, S. 21–38; H.Y. Gamble, Books and Readers in the Early Church, New Haven – London 1995; C. Hezser, Jewish Literacy in Roman Palestine (TSAJ 81), Tübingen 2001.
3 G. Boccaccini, Middle Judaism, Minneapolis 1991.
4 Siehe M. Hadas, Hellenistische Kultur, Stuttgart ³1963; W. Tarn, Die Kultur der Hellenistischen Welt, Darmstadt 1966; R. Bichler, »Hellenismus«. Geschichte und Problematik eines Epochenbegriffs (IdF 41), Darmstadt 1983; B. Meißner, Hellenismus (Geschichte Kompakt), Darmstadt 2007.
5 Einen geschichtlichen Überblick bieten: Sh. Safrai, Das jüdische Volk im Zeitalter des Zweiten Tempels, Neukirchen-Vluyn 1978; P. Schäfer, Geschichte der Juden in der Antike, Neukirchen-Vluyn 1983; J. Maier, Geschichte des Judentums im Altertum, Darmstadt ²1989; L.L. Grabbe, Judaism from Cyrus to Hadrian, 2 Bde., Minneapolis 1991. 1992.
6 Vgl. E.M. Smallwood, The Jews under Roman Rule (SJLA 20), Leiden u.a. 1976; K.L. Noethlichs, Das Judentum und der römische Staat, Darmstadt 1996; E. Baltrusch, Die Juden und das Römische Reich, Darmstadt 2002; M. Bernett, Der Kaiserkult in Judäa unter den Herodiern und Römern (WUNT 203), Tübingen 2007.
7 Vgl. M. Hengel, Judentum und Hellenismus, Tübingen ³1989; Ders.; The »Hellenization« of Judaea in the First Century after Christ, London – Philadelphia 1989; L.I. Levine, Judaism and Hellenism in Antiquity, Seattle – London 1998; T. Rajak, The Jewish Dialogue with Greece and Rome (AGJU 48), Leiden u.a. 2001.
8 Vgl. S. Lieberman, Greek in Jewish Palestine, New York ²1965; Ders., How Much Greek in Jewish Palestine?, in: Ders., Texts and Studies, New York 1974, S. 216–234.
9 Vgl. M. Hengel, A.M. Schwemer (Hg.), Die Septuaginta zwischen Judentum und Christentum (WUNT 72), Tübingen 1994; M. Tilly, Einführung in die Septuaginta, Darmstadt 2005.
10 Vgl. M.J. Vermaseren (Hg.), Die orientalischen Religionen im Römerreich (EPRO 93), Leiden 1981; N. Belayche, Iudaea – Palaestina: The Pagan Cults in Roman Palestine (Religion der römischen Provinzen 1), Tübingen 2001.
11 Abb. z. B. in: E.R. Goodenough, M. Avi-Yonah, Art. Dura-Europos, in: Encyclopaedia Judaica, Bd. 6 (1972), S. 300f.; C.H. Kraeling, The Excavations at Dura-Europos: The Synagogue, New Haven 1956.
12 Vgl. die repräsentative Textsammlung bei W. Weinkauf, Die Philosophie der Stoa, Stuttgart 2001, sowie A. Graeser, Stoa, in: O. Höffe (Hg.), Klassiker der Philosophie, Bd. 1, München 1981, S. 116–136; P. Steinmetz, Die Stoa, in: H. Flashar (Hg.), Grundriß der Geschichte der Philosophie, Bd. IV/2: Die Philosophie der Antike, Basel 1994, S. 495–716; sowie (als »light«-Version) W. Weischedel, Die philosophische Hintertreppe, Darmstadt 1973, S. 70–81.
13 Vgl. H.A. Fischel, Art. Stoicism, in: EJ 15 (1972), Sp. 409f.
14 Vgl. die Textsammlung bei G. Luck, Die Weisheit der Hunde, Stuttgart 1996.

15 Vgl. D. Daube, Rabbinic Methods of Interpretation and Hellenistic Rhetoric, in: HUCA 22 (1949), S. 239–264; G. Stemberger, Midrasch. Zum Umgang der Rabbinen mit der Bibel, München 1989; G. Mayer, Art. Midrasch/Midraschim, in: TRE 22 (1992), S. 734–744.
16 Vgl. H. Hausmaninger, W. Selb, Römisches Privatrecht, Wien – Köln [5]1989; M. Kaser, R. Knütel, Römisches Privatrecht, München [17]2003.
17 Vgl. F. Avemarie, Tora und Leben (TSAJ 55), Tübingen 1996; H. Seebaß, Art. Pentateuch, in: TRE 26 (1996), S. 185–209; E. Zenger (Hg.), Die Tora als Kanon für Juden und Christen (HBSt 10), Freiburg i.Br. u.a. 1996; F. Crüsemann, Die Tora, Gütersloh [3]2005; E. Otto, Das Gesetz des Mose, Darmstadt 2007.
18 Vgl. G. Mayer, Die Bibel und ihre Geschichte, in: Ders. (Hg.), Das Judentum (RdM 27), Stuttgart u.a. 1994, S. 124–158; J. Trebolle Barrera, The Jewish Bible and the Christian Bible, Leiden u.a. 1998. Für den Gebrauch im Unterricht ist zu empfehlen: M. Landgraf, Bibel. Einführung – Materialien – Kreativideen (ReliBausteine 3), Speyer – Stuttgart 2006.
19 Vgl. hierzu ausführlich J. Maier, Entstehung der Bibel, in: A. Grabner-Haider (Hg.), Kulturgeschichte der Bibel, Göttingen 2007, S. 149–180.
20 Vgl. J.H. Charlesworth (Hg.), The Messiah. Developments in Earliest Judaism and Christianity, Minneapolis 1992; G. Oegema, Der Gesalbte und sein Volk (Schriften des IJD 2), Göttingen 1994; H.-J. Fabry, K. Scholtissek, Der Messias, Würzburg 2002.
21 Vgl. P. Segal, G. Mayer, Halaka und Leben, in: G. Mayer (Hg.), Das Judentum (RdM 27), Stuttgart u.a. 1994, S. 73–123; P. Heger, The Pluralistic Halakhah (SJ 22), Berlin – New York 2003. Für den Religionsunterricht: M. Landgraf, S. Meißner, Judentum (ReliBausteine 4), Stuttgart 2007, S. 130–136.
22 Zur Schriftauslegung der Rabbinen vgl. G. Stemberger, in: Ch. Dohmen, Ders., Hermeneutik der Jüdischen Bibel und des Alten Testaments (Kohlhammer Studienbücher Theologie 1,2), Stuttgart u.a. 1996, S. 75–109; J. Neusner, The Hermeneutics of the Law in Rabbinic Judaism: Mishnah, Midrash, Talmuds, in: M. Sæbø (Hg.), Hebrew Bible/Old Testament. The History of Its Interpretation, Bd. I/1, Göttingen 1996, S. 303–322.
23 Vgl. K.H. Schelkle, Israel im Neuen Testament, Darmstadt 1985; J.H. Charlesworth, Jesus within Judaism, New York u.a. 1988; G. Vermes, Jesus and the World of Judaism, London [3]1993.
24 Vgl. z. B. W.G. Kümmel, Einleitung in das Neue Testament, Wiesbaden [21]1983; J. Roloff, Einführung in das Neue Testament, Ditzingen 1995; G. Theissen, Das Neue Testament, München 2002; U. Schnelle, Einleitung in das Neue Testament, Göttingen [5]2005.
25 Vgl. W. Eckert u.a. (Hg.), Antijudaismus im Neuen Testament?, München 1967; D. Henze u.a., Antijudaismus im Neuen Testament?, Gütersloh 1997.
26 Vgl. S. Safrai, M. Stern (Hg.), The Jewish People in the First Century (CRI I/1.2), 2 Bde., Assen – Philadelphia 1974.1987; E. Schürer, Geschichte des jüdischen Volkes im Zeitalter Jesu Christi, 3 Bde., Leipzig [4]1901–1909; überarbeitet und neu hrsg. von G. Vermes, F. Millar, The History of the Jewish People in the Age of Jesus Christ, 3 Bde. in 4, Edinburgh 1973–1987; K.C. Hanson, D.E. Oakman, Palestine in the Time of Jesus, Minneapolis 1998.
27 Die Zeitschriften, Serien und Lexika sind abgekürzt nach dem Abkürzungsverzeichnis der Theologischen Realenzyklopädie (TRE), zusammengestellt von S.M. Schwertner, Berlin – New York [2]1992.

28 Die deutsche Übersetzung bei E. Kautzsch (Hg.), Die Apokryphen und Pseudepigraphen des Alten Testaments, Tübingen u.a. 1900 (Ndr. Darmstadt 1992), ist an manchen Stellen überholt. Die beste vollständige (und finanzierbare) aktuelle Übersetzung ist die (englische) von J.H. Charlesworth (Hg.), The Old Testament Pseudepigrapha, 2 Bde., Garden City, NY 1983. 1985.
29 Vgl. G.W.E. Nickelsburg, Jewish Literature between the Bible and the Mishnah, Philadelphia 1981; R. Beckwith, The Old Testament Canon of the New Testament Church and its Background in Early Judaism, Grand Rapids, Mich. 1985; S. Meurer (Hg.), Die Apokryphenfrage im ökumenischen Horizont (Bibel im Gespräch 3), Stuttgart ²1993.
30 K. Müller, Die Pseudepigraphie im Schrifttum der frühjüdischen Apokalyptik, in: BZ.NF 26 (1982), S. 179–207; M. Hengel, Anonymität, Pseudepigraphie und »literarische Fälschung« in der jüdisch-hellenistischen Literatur, in: Ders., Judaica et Hellenistica. Kleine Schriften I (WUNT 90), Tübingen 1996, S. 196–251.
31 W.G. Kümmel, H. Lichtenberger (Hg.), Jüdische Schriften aus hellenistisch-römischer Zeit (JSHRZ), Gütersloh 1973ff. (bisher 44 Lieferungen).
32 Vgl. K. Müller, Studien zur frühjüdischen Apokalyptik (SBA 11), Stuttgart 1991; S. Beyerle, Von der Löwengrube ins himmlische Jerusalem: Erwägungen zur jüdischen Apokalyptik, in: GlLern 14 (1999), S. 23–34; G. Oegema, Apokalypsen (JSHRZ IV 1,5), Gütersloh 2001.
33 Eine gründliche und umfassende Übersicht zahlreicher moderner Textausgaben und Übersetzungen der jüdischen Traditionsliteratur findet sich bei G. Stemberger, Einleitung in Talmud und Midrasch, München ⁸1993. Die nach ihrem jeweiligen sachlichen Zusammenhang mit der neutestamentlichen Überlieferung geordnete Textsammlung aus der rabbinischen Traditionsliteratur bei [H.L. Strack,] P. Billerbeck, Kommentar zum Neuen Testament aus Talmud und Midrasch, 4 Bde. in 5, München ³1961, ist zwar beeindruckend materialreich und leicht zugänglich. Das Werk hat jedoch die Nachteile, dass ihm zum einen teilweise veraltete und vorkritische Textausgaben der deutschen Übersetzung zugrunde liegen und dass zum anderen diese Texte (ungeachtet ihres Alters und ihrer Herkunft) in ungeordneter Weise als religionsgeschichtliches Vergleichsmaterial für die Zeit des Neuen Testaments präsentiert werden.
34 Vgl. G. Stemberger, Das klassische Judentum, München 1979; C. Hezser, The Social Structure of the Rabbinic Movement in Roman Palestine (TSAJ 66), Tübingen 1997.
35 Eine ebenso gründliche wie preisgünstige deutsche Übersetzung bietet D. Correns, Die Mischna, Wiesbaden 2005.
36 Eine Auswahl aus dem Jerusalemischen Talmud bietet H.-J. Becker, Der Jerusalemer Talmud, Stuttgart 2005. Leicht verfügbar ist die monumentale Übersetzung von L. Goldschmidt, Der babylonische Talmud, 12 Bde., Berlin 1929–1936 (Ndr. Frankfurt/-Main 2007). Vgl. auch G. Stemberger, Der Talmud. Einführung, Texte, Erläuterungen, München 1982.
37 Einen guten Einblick bietet G. Stemberger, Midrasch. Vom Umgang der Rabbinen mit der Bibel, München 1989. Für den Religionsunterricht: M. Landgraf, S. Meißner, Judentum (ReliBausteine 4), Stuttgart 2007, S. 68–70.
38 So der orthodoxe Rabbiner S.Ph. De Vries, Jüdische Riten und Symbole, Wiesbaden 2005, S. 364.
39 Vgl. J. Neusner, Die Verwendung des späteren rabbinischen Materials für die Erforschung des Pharisäismus im 1. Jahrhundert n. Chr., in: ZThK 76 (1979), S. 292–309;

W. Horbury, Rabbinic Literature in New Testament Interpretation, in: Ders., Herodian Judaism and New Testament Study (WUNT 193), Tübingen 2006, S. 221–235.
40 Vgl. M. Frenschkowski, Art. Philon von Alexandrien, in: BBKL 7 (1994), Sp. 523–539; R. Deines, K.-W. Niebuhr, Philo und das Neue Testament (WUNT 172), Tübingen 2004.
41 Philon von Alexandrien, Die Werke in deutscher Übersetzung, 7 Bde., Berlin – New York ²1962–1964.
42 Vgl. I. Heinemann, Philons griechische und jüdische Bildung, Breslau 1932; H. Wolfson, Philo. Foundations of Religious Philosophy in Judaism, Christianity and Islam, 2 Bde., Cambridge, Mass. 1948; I. Christiansen, Die Technik der allegorischen Auslegungswissenschaft bei Philon von Alexandrien (BGBH 7), Tübingen 1969; P. Borgen, Philo of Alexandria. An Exegete for His Time (NT.S 86), Leiden u.a. 1997.
43 Vgl. T. Rajak, Josephus. The Historian and His Society, London 1983; G. Mayer, Art. Josephus Flavius, in: TRE 17 (1988), S. 258–264; S. Mason, Josephus and the New Testament, Peabody, Ma. 1992; S. Mason, Flavius Josephus und das Neue Testament, Tübingen – Basel 2000. Einen guten Gesamtüberblick über Leben, Werk und Bedeutung des Josephus bietet: Welt und Umwelt der Bibel 32 (2004). Für den Religionsunterricht: M. Landgraf, S. Meißner, Judentum (ReliBausteine 4), Stuttgart 2007, S. 92 u. 112.
44 Das Gesamtwerk des Josephus wurde ins Deutsche übersetzt von dem beruflich unausgelasteten Pulheimer Landarzt H. Clementz (mit der gebräuchlichen Paragraphenzählung nach B. Niese: 2 Bde., Wiesbaden 2004f.). Weitere Übersetzungen: H.St.J. Thackeray, R. Marcus, Josephus (LCL), 10 Bde., Cambridge, Mass. – London 1926–1965; O. Michel, O. Bauernfeind, De Bello Judaico, 3 Bde. in 4, München 1963–1969, F. Siegert u.a., Flavius Josephus, Aus meinem Leben (Vita), Tübingen 2000; D. Labow, Flavius Josephus. Contra Apionem, Buch I (BWANT 167), Stuttgart 2005.
45 Griechische und lateinische Texte mit französischer bzw. englischer Übersetzung in: Th. Reinach, Textes d´auteurs grecs et latins relatifs au judaïsme, Paris 1895; M. Stern, Greek and Latin Authors on Jews and Judaism, 3 Bde., Jerusalem ³1981.
46 Vgl. G. Strecker, Literaturgeschichte des Neuen Testaments, Göttingen 1992; H.-J. Klauck, Die antike Briefliteratur und das Neue Testament, Paderborn 1998; M. Reiser, Sprache und literarische Formen des Neuen Testaments, Paderborn u.a. 2001; D.E. Aune, The Westminster Dictionary of New Testament and Early Christian Literature and Rhetoric, Louisville – London 2003.
47 Immer noch lesenswert ist das klassische Werk von A. Deißmann, Licht vom Osten, Das Neue Testament und die neuentdeckten Texte der hellenistisch-römischen Welt, Tübingen ⁴1923.
48 Vgl. Th. Levy, The Archaeology of Society in the Holy Land, New York 1995; J. Zangenberg, Archäologie und Neues Testament. Denkanstöße zum Verhältnis zweier Wissenschaften, in: ZNT 13 (2004) S. 2–10.
49 Ausführliche Informationen bieten K. Galling (Hg.), Biblisches Reallexikon, Tübingen ²1977 und O. Betz u.a. (Hg.), Calwer Bibellexikon, 2 Bde., Stuttgart ⁶2003.
50 Zum folgenden Abschnitt vgl. neben den bereits genannten Werken vor allem E.W. Stegemann, W. Stegemann, Urchristliche Sozialgeschichte, Stuttgart u.a. ²1997; M. Aberbach, Labor, Crafts and Commerce in Ancient Israel, Jerusalem 1994; Z. Safrai, The Economy of Roman Palestine, London – New York 1994; J. Pastor, Land and Economy in Ancient Palestine, London – New York 1997. Die beiden »klassischen«

Werke (S. Krauss, Talmudische Archäologie, 3 Bde., Leipzig 1910; G. Dalman, Arbeit und Sitte in Palästina, 8 Bde. in 9, Gütersloh 1928–1942; Berlin – New York 2001) können eine große Hilfe sein, wenn man bei der Lektüre berücksichtigt, dass Ersteres nahezu ausschließlich auf den schriftlichen Quellen fußt und Letzteres hauptsächlich von Beobachtungen ausgeht, die Dalman als Orientreisender (1899/1900), später als Vorsteher des »Deutschen Evangelischen Instituts für Altertumswissenschaften des Heiligen Landes« in Jerusalem (1902–1917) mit seinen eigenen Augen und Ohren gemacht hat. Für den Einsatz im Religionsunterricht sind zu empfehlen: H.K. Berg, U. Weber, So lebten die Menschen zur Zeit Jesu (Freiarbeit Religion), München 1996; W. Zwickel, Die Welt des Alten und Neuen Testaments, Stuttgart 1997.

51 Zur Landeskunde Palästinas vgl. O. Keel u.a., Orte und Landschaften der Bibel, bisher 4 Bde., Göttingen – Zürich u.a. 1984ff.; W. Zwickel, Einführung in die biblische Landes- und Altertumskunde, Darmstadt 2002. Als Kartenwerke sind zu empfehlen: S. Mittmann, G. Schmitt (Hg.), Tübinger Bibelatlas, Stuttgart 2001 (beeindruckend ausführlich und genau, doch sehr unhandlich); W. Zwickel, Calwer Bibelaltas, Stuttgart 2002 (gründlich und kompakt).

52 Vgl. S. Freyne, Galilee from Alexander the Great to Hadrian: 323 B.C.E. to 135 C.E. (University of Notre Dame Center for the Study of Judaism and Christianity 5), Wilmington 1980; L.I. Levine (Hg.), The Galilee in Late Antiquity, New York – Jerusalem 1992; K.-H. Ostmeyer, Armenhaus und Räuberhöhle?, Galiläa zur Zeit Jesu, in: ZNW 96 (2005), S. 147–170; R.H. Horsley, Archaeology, History, and Society in Roman Galilee, Harrisburg 1996.

53 Vgl. D. Flusser, Paganism in Palestine, in: CRI I/2, S. 1065–1100; P.W. Haider u.a. (Hg.), Religionsgeschichte Syriens, Stuttgart u.a. 1996, S. 145–241; J. Zangenberg, Realizing Diversity. Reflections on Teaching Pagan Religion(s) in Late Hellenistic and Early Roman Palestine, in: M.C. Moreland (Hg.), Between Text and Artefact, Atlanta, Ga. 2003, S. 181–194.

54 Vgl. M. Tilly, Art. Kafarnaum, in: NBL II (1995), Sp. 474; J. Zangenberg, Kapernaum – Zu Besuch in Jesu «eigener Stadt», in: G. Fassbeck u.a., Leben am See Gennesaret, Mainz 2003, S. 99–103.

55 Diese Synagoge hat mit dem in Kapernaum gefundenen Synagogenbau aus dem 4. Jahrhundert n. Chr., dessen Nachbildung immer wieder in Lehrbüchern und Unterrichtsmaterialien zur neutestamentlichen Zeitgeschichte auftaucht, kaum etwas zu tun. Vgl. S. Laffreda, V. Tzaferis, Art. Capernaum, in: NEAEHL I (1993), Jerusalem 1993, S. 291–296.

56 Vgl. Z. Weiss, Art. Sepphoris, in: NEAEHL IV, Jerusalem 1993, S. 1324–1328; J.F. Strange, Eine Stadt des Herodes Antipas: Sepphoris, in: Welt und Umwelt der Bibel 24 (2002), S. 22–25.

57 Vgl. G. Foerster, Art. Tiberias, in: NEAEHL IV, Jerusalem 1993, S. 1464–1473; S. Fortner, Tiberias – Eine Stadt zu Ehren des Kaisers, in: G. Fassbeck u.a., Leben am See Gennesaret, Mainz 2003, S. 86–92.

58 Vgl. S. Safrai, Home and Family, in: CRI I/2, S. 728–792; Sh.J.D. Cohen (Hg.), The Jewish Family in Antiquity (BJS 289), Atlanta, Ga. 1993; S. Guijarro, The Family in First-Century Galilee, in: H. Moxnes (Hg.), Constructing Early Christian Families, London – New York 1997, S. 42–65.

59 Vgl. G. Mayer, Die jüdische Frau in der hellenistisch-römischen Antike, Stuttgart u.a. 1987, S. 73; T. Ilan, Jewish Women in Greco-Roman Palestine (TSAJ 44),

Tübingen 1995; B. Mayer-Schärtel, Das Frauenbild des Josephus, Stuttgart u.a. 1995; M. Satlow, Jewish Marriage in Antiquity, Princeton – Oxford 2001. Eine feministisch-befreiungstheologische Sozialgeschichte der Frau im 1. Jahrhundert n. Chr. bietet L. Schottroff, Lydias ungeduldige Schwestern, Gütersloh 1994.

60 E. Schüssler Fiorenza, Zu ihrem Gedächtnis ..., München – Mainz 1988, S. 149.
61 Vgl. Ch. Rabin, Hebrew and Aramaic in the First Century, in: CRI I/2, S. 1007–1039; H. Cotton, The Languages of the Legal and Administrative Documents from the Judaean Desert, in: ZPE 125 (1999), S. 219–231.
62 Vgl. R. Degen, Sprachen und Sprachprobleme, in: J. Maier, J. Schreiner (Hg.), Literatur und Religion des Frühjudentums, Würzburg – Gütersloh 1973, S. 107–116; M. Silva, Bilingualism and the Character of Palestinian Greek, in: Biblica 61 (1980), S. 198–219; B. Spolsky, Triglossia and Literacy in Jewish Palestine of the First Century, in: IJSL 42 (1983), S. 95–109.
63 Vgl. G. Mayer, Die jüdische Frau in der hellenistisch-römischen Antike, Stuttgart u. a. 1987, S. 33.
64 Vgl. B. Otzen, Judaism in Antiquity, Sheffield 1990, S. 109–156.
65 Vgl. C. Hezser, Jewish Slavery in Antiquity, Oxford 2005.
66 Vgl. M. Rostovtzeff, Gesellschafts- und Wirtschaftsgeschichte der hellenistischen Welt, 3 Bde., Darmstadt 1955; A. Ben-David, Talmudische Ökonomie. Die Wirtschaft des jüdischen Palästina zur Zeit der Mischna und des Talmud, Bd. 1, Hildesheim 1974; Z. Safrai, The Economy of Roman Palestine, London – New York 1994.
67 Diese Stelle bei Josephus ist nicht eindeutig. Vgl. E.W. Stegemann, W. Stegemann, Urchristliche Sozialgeschichte², S. 356 Anm. 86.
68 So E.P. Sanders, Judaism: Practice & Belief 62 BCE – 66 CE, London – Philadelphia 1992, S. 167. Andere Forscher gehen von höheren Abgaben aus. Vgl. auch W. Stenger, »Gebt dem Kaiser, was des Kaisers ist ... !« (BBB 68), Frankfurt/Main 1988, S. 129ff; G. Theissen, Die Jesusbewegung. Sozialgeschichte einer Revolution der Werte, Gütersloh 2004, S. 99ff.
69 Vgl. A. Ben-David, Talmudische Ökonomie, Bd. 1, Hildesheim 1974, S. 97ff.
70 Vgl. C.J.H. Wright, Art. Sabbatical Year, in: ABD 5 (1992), S. 857–861.
71 Vgl. P. Sigal, G. Mayer, Halaka und Leben, in: G. Mayer (Hg.), Das Judentum (RdM 27), Stuttgart u.a. 1994, S. 88.
72 Vgl. E.E. Urbach, The Sages. Their Concepts and Beliefs, 2 Bde., Jerusalem ²1987, S. 576–593. Für den Religionsunterricht: M. Landgraf, S. Meißner, Judentum (ReliBausteine 4), Stuttgart 2007, S. 93.
73 Vgl. G.F. Hasel, Art. Sabbath, in: ABD 5 (1992), S. 849–856; L. Doering, Schabbat. Sabbathalacha und -praxis im antiken Judentum und Urchristentum (TSAJ 78), Tübingen 1999.
74 Vgl. E. Bickermann, Der Gott der Makkabäer, Berlin 1937; D.J. Harrington, The Maccabean Revolt, Wilmington 1988; E. Haag, Das hellenistische Zeitalter (Biblische Enzyklopädie 9), Stuttgart 2003, S. 73–80.
75 Vgl. L. Trepp, Der jüdische Gottesdienst, Stuttgart u.a. ²2004, S. 209–212; M. Tilly, Das Judentum, Wiesbaden ²2008, S. 192f.
76 Vgl. J.J. Petuchowski, Die Geschichte des synagogalen Gottesdienstes, in: G. Mayer (Hg.), Das Judentum (RdM 27), Stuttgart u. a. 1994, S. 424–432; A. Böckler, Jüdischer Gottesdienst: Wesen und Struktur, Berlin 2002.
77 Nach dem jüdischen Gebetbuch Sidur Sefat Emet, übers. v. S. Bamberger, Basel 1986, S. 36.38.

78 Vgl. W. Schottroff, L. Schottroff, Art. Armut, in: NBL I (1991), Sp. 171–174.
79 Vgl. H. Mantel, Art. Fasten/Fasttage II. Judentum, in: TRE 11 (1983), S. 45–48; M. Tilly, Johannes der Täufer und die Biographie der Propheten (BWANT 137), Stuttgart u.a. 1994, S. 176–185 sowie P.R. Arbesman, Das Fasten bei den Griechen und Römern (RVV 21), Gießen 1929; L. Trepp, Der jüdische Gottesdienst, Stuttgart u.a. ²2004, S. 201–203.
80 Vgl. S. Safrai, Religion in Everyday Life, in: CRI I/2, S. 793–833.
81 Vgl. W. Paschen, Rein und unrein (StANT 24), München 1970; J. Neusner, The Idea of Purity in Ancient Judaism (SJLA 1), Leiden 1973.
82 Vgl. O. Böcher, Wasser und Geist, in: Ders., K. Haacker (Hg.), Verborum Veritas, FS G. Stählin, Wuppertal 1970, S. 197–209.
83 Vgl. R. Deines, Jüdische Steingefäße und pharisäische Frömmigkeit (WUNT 2. Reihe 52), Tübingen 1993; Y. Magen, The Stone Vessel Industry in the Second Temple Period, Jerusalem 2002; J.L. Reed, Stone Vessels and Gospel Texts. Purity and Socio-Economics in John 2, in: S. Alkier, J. Zangenberg. (Hg.), Zeichen aus Text und Stein (TANZ 42), Tübingen – Basel 2003, S. 381–401.
84 Vgl. R. Hachlili, A. Killebrew, Jewish Funerary Customs During the Second Temple Period in the Light of the Excavations at the Jericho Necropolis, in: PEQ 115 (1983), S. 109–132; D. Kraemer, The Meanings of Death in Rabbinic Judaism, London – New York 2000; M. Tilly, «Wenn ein Stein bewegt wird...» Tod und Trauer im Judentum in der römischen Kaiserzeit, in: AW 34 (2003), S. 143–150.
85 Vgl. P.W. van der Horst, Ancient Jewish Epitaphs, Kampen 1991.
86 Vgl. E.M. Meyers, Jewish Ossuaries: Reburial and Rebirth (Biblica et Orientalia 24), Rom 1971.
87 Vgl. E. Otto, T. Schramm, Fest und Freude, Stuttgart 1977; I. Müllner, P. Dschulnigg, Jüdische und christliche Feste (NEB Themen 9), Würzburg 2002.
88 Vgl. J. Milgrom, Art. Day of Atonement, in: EJ 5 (1972), Sp. 1376–1387; S. Safrai, Der Versöhnungstag in Tempel und Synagoge, in: D. Ellenson, H.-P. Heinz (Hg.), Versöhnung in der jüdischen und christlichen Liturgie (QD 124), Freiburg i.Br. u.a. 1990, S. 32–55.
89 Vgl. M.D. Herr, The Calendar, in: CRI I/2, S. 834–864; R.T. Beckwith (Hg.), Calendar, Chronology and Worship (Ancient Judaism and early Christianity 61), Leiden u.a. 2005. Für den Religionsunterricht: M. Landgraf, S. Meißner, Judentum (ReliBausteine 4), Stuttgart 2007, S. 30–43.
90 Vgl. M. Luther, Vorlesung über den Römerbrief (1515/16) zu Röm 1,17, sowie Confessio Augustana XXIV 28; XXVII 52 u. ö. Als neuere Darstellungen des Verhältnisses von göttlicher Gnade und menschlichen Werken bei Luther sind zu empfehlen: B. Lohse, Luthers Theologie, Göttingen 1995, insb. S. 274–283; D. Korsch, Glaube und Rechtfertigung, in: A. Beutel (Hg.), Luther Handbuch, Tübingen 2005, S. 372–381.
91 Vgl. E.E. Urbach, The Sages. Their Concepts and Beliefs, 2 Bde., Jerusalem ²1987, S. 649–692; J. Maier, Geschichte der jüdischen Religion, Freiburg i.Br. – Basel – Wien ²1992, S. 136–140.
92 Vgl. A.J. Saldarini, Pharisees, Scribes and Sadducees in Palestinian Society, Edinburgh 1989; B. Otzen, Judaism in Antiquity, Sheffield 1990, S. 109–156; G. Stemberger, Pharisäer, Sadduzäer, Essener (SBS 144), Stuttgart 1991; P. Schäfer, Der vorrabbinische Pharisäismus, in: M. Hengel, U. Heckel (Hg.), Paulus und das antike Judentum (WUNT 58), Tübingen 1991, S. 125–175; E.P. Sanders, Judaism. Practice

and Belief 63 BCE – 66 CE, London – Philadelphia 1992, S. 317–490; M. Hengel, E.P. Sanders' »Common Judaism«, Jesus und die Pharisäer, in: Ders., Judaica et Hellenistica. Kleine Schriften I (WUNT 90), Tübingen 1996, S. 393–479.

93 Diesem Befund widerspricht die Darstellung der »Parteien« im antiken Judentum in nicht wenigen aktuellen Lehrbüchern und Unterrichtsmaterialien.

94 Vgl. P.R. Callaway, The History of the Qumran Community (JSPE.S 3), Sheffield 1988; J. Frey, H. Stegemann (Hg.), Qumran kontrovers (Einblicke 6), Paderborn 2003; H. Stegemann, Die Essener, Qumran, Johannes der Täufer und Jesus, Freiburg i.Br. ^{10}2007.

95 Zu empfehlen sind Übersetzung, Einleitung, Wortregister und ausführliche kommentierte Bibliographie von J. Maier, Die Qumran-Essener: Die Texte vom Toten Meer, 3 Bde., München – Basel 1995f; Ders., Die Tempelrolle vom Toten Meer und das »Neue Jerusalem«, München – Basel ^{3}1997.

96 Vgl. M.P. Horgan, Pesharim (CBQ.MS 8), Washington 1979.

97 Bei der Kennzeichnung der Textfunde von Qumran hat man sich mittlerweile mehrheitlich auf ein System verständigt, wonach die Zahl vor dem »Q« den Fundort bzw. die Höhle und die Zahl nach dem »Q« die Nummer des Fundstücks anzeigt. Wo die Texte bereits einen Namen haben, wird dieser abgekürzt verwendet. Zusätzlich werden Kolumnen und Zeilen bezeichnet.

98 Vgl. H. Lichtenberger, The Dead Sea Scrolls and John the Baptist: Reflections on Josephus' Account of John the Baptist, in: D. Dimant, U. Rappaport (Hg.), The Dead Sea Scrolls. Forty Years of Research (STDJ 10), Leiden u.a. 1992, S. 340–346; M. Tilly, Was seid ihr hinausgegangen in die Wüste zu sehen?, in: RHS 35 (1992), S. 271–281; O. Betz, R. Riesner, Jesus, Qumran und der Vatikan. Klarstellungen, Gießen ^{6}1995.

99 Vgl. M. Petit, Les Esséens de Philon d'Alexandrie et les Esséniens, in: D. Dimant, U. Rappaport (Hg.), The Dead Sea Scrolls. Forty Years of Research (STDJ 10), Leiden u.a. 1992, S. 139–155; R. Bergmeier, Die Essenerberichte des Flavius Josephus, Kampen 1993; J. C. VanderKam, Einführung in die Qumranforschung, Göttingen 1998; J. Zangenberg, Qumran und Archäologie, in: S. Alkier, Ders. (Hg.), Zeichen aus Text und Stein (TANZ 42), Tübingen – Basel 2003, S. 262–306; U. Dahmen u.a., Qumran – Bibelwissenschaften – Antike Judaistik, Paderborn 2006; Y. Hirschfeld, Qumran – die ganze Wahrheit, Gütersloh 2006; K. Galor u.a. (Hg.), Qumran – The Site of the Dead Sea Scrolls (STDJ 57), Leiden – Boston 2006.

100 Vgl. G. Baumbach, Die antirömischen Aufstandsgruppen, in: J. Maier, J. Schreiner (Hg.), Literatur und Religion des Frühjudentums, Würzburg – Gütersloh 1973, S. 273–283; M. Hengel, Die Zeloten (AGJU 1), Leiden –Köln ^{2}1976; R.A. Horsley, J.S. Hanson, Bandits, Prophets and Messiahs. Popular Movements in the Time of Jesus, Minneapolis u.a. 1985; H.-P. Kuhnen (Hg.), Mit Thora und Todesmut: Judäa im Widerstand gegen die Römer, Stuttgart ^{2}1995.

101 Vgl. S. Krauss, Synagogale Altertümer, Berlin – Wien 1922 (Ndr. Hildesheim 1966); K. Hruby, Die Synagoge (SJK 3), Zürich 1971; F.G. Hüttenmeister, G. Reeg, Die antiken Synagogen in Israel (BTAVO.B 12), 2 Bde., Wiesbaden 1977; S. Safrai, The Synagogue, in: CRI I/2, S. 908–944; L.I. Levine, The Ancient Synagogue. The First Thousand Years, New Haven – London 2000; C. Claußen, Versammlung, Gemeinde, Synagoge (StUNT 27), Göttingen 2002.

102 Abb. in: J. Leipoldt, W. Grundmann (Hg.), Umwelt des Urchristentums, Bd. III. Bilder zum neutestamentlichen Zeitalter, Berlin ^{6}1987, Nr. 179.

103 Vgl. H.-P. Stähli, Antike Synagogenkunst, Stuttgart 1988; M. Tilly, Antijüdische Instrumentalisierungen des biblischen Bilderverbots, in: A. Wagner u. a. (Hg.), Gott im Wort – Gott im Bild, FS K. Bümlein, Neukirchen-Vluyn 2005, S. 23–30.

104 Vgl. S. Schreiner, Wo man Tora lernt, braucht man keinen Tempel. Einige Anmerkungen zum Problem der Tempelsubstitution im rabbinischen Judentum, in: B. Ego u. a. (Hg.), Gemeinde ohne Tempel (WUNT 118), Tübingen 1999, S. 371–392.

105 Vgl. S. Zeitlin, The Origins of the Synagogue, in: PAAJR 2 (1930/31), S. 69–81; J.M.G. Barclay, Jews in the Mediterranean Diaspora from Alexander to Trajan (323 BCE – 117 CE), Edinburgh 1996, S. 413–442.

106 Vgl. S.B. Hoenig, The Ancient City-Square: The Forerunner of the Synagogue, in: ANRW II 19.1 (1979), S. 448–476.

107 Vgl. S. Safrai, Jewish Self-Government, in: CRI I/1, S. 377–419.

108 Vgl. H. Mantel, The High Priesthood and the Sanhedrin in the Time of the Second Temple, in: M. Avi-Yonah (Hg.), The World History of the Jewish People I/7. Society and Religion in the Second Temple Period, Jerusalem 1977, S. 264–281; Z. Safrai, The Role of the Jerusalem Elite in National Leadership in the Late Second Temple Era, in: M. Poorthuis, Ch. Safrai (Hg.), The Centrality of Jerusalem. Historical Perspectives, Kampen 1996, S. 65–72.

109 Vgl. D. Goodblatt, The Monarchic Principle (TSAJ 38), Tübingen 1984; J.S. McLaren, Power and Politics in Palestine (JSNT.S 63), Sheffield 1991.

110 Vgl. P. Müller, »Verstehst du auch, was du liest?« Lesen und Verstehen im Neuen Testament, Darmstadt 1994; G. Mayer, Erziehung und Schule im antiken Judentum, in: Forschungsmagazin der Johannes Gutenberg-Universität Mainz 11/1 (1995), S. 4–13; A.R. Millard, Pergament und Papyrus, Tafeln und Ton: Lesen und Schreiben zur Zeit Jesu, Gießen – Basel 2000; B. Ego, H. Merkel (Hg.), Religiöses Lernen in der biblischen, frühjüdischen und frühchristlichen Überlieferung (WUNT 180), Tübingen 2005; T. Vegge, Paulus und das antike Schulwesen (BZNW 134), Berlin – New York 2006.

111 Vgl. R. Riesner, Synagogues in Jerusalem, in: R. Bauckham (Hg.), The Book of Acts in Its Palestinian Setting, Grand Rapids, Mich. 1995, S. 179–211.

112 Vgl. M. Goodman, Mission and Conversion. Proselytizing in the Religious History of the Roman Empire, Atlanta, Ga. 1994; B. Wander, Gottesfürchtige und Sympathisanten (WUNT 104), Tübingen 1998; M. Görg, Woher kommt der »Proselyt«, in: BN 103 (2000), 9–10.

113 Vgl. Sh.J.D. Cohen, Crossing the Boundary and Becoming a Jew, in: HThR 82 (1989), S. 13–33.

114 Vgl. I. Elbogen, Der jüdische Gottesdienst in seiner geschichtlichen Entwicklung, Frankfurt/Main ³1931 (Ndr. Hildesheim 1995); L. Trepp, Der jüdische Gottesdienst. Gestalt und Entwicklung, Stuttgart u. a. ²2004; A. Böckler, Jüdischer Gottesdienst: Wesen und Struktur, Berlin 2002. Für den Religionsunterricht: M. Landgraf, S. Meißner, Judentum (ReliBausteine 4), Stuttgart 2007, S. 53–59.

115 Vgl. J.J. Petuchowski, Die Geschichte des synagogalen Gottesdienstes, in: G. Mayer (Hg.), Das Judentum, Stuttgart u. a. 1994, S. 413–424; U. Kellermann, Das Achtzehn-Bitten-Gebet. Jüdischer Glaube in neutestamentlicher Zeit, Neukirchen-Vluyn 2007. Für den Religionsunterricht: M. Landgraf, S. Meißner, Judentum (ReliBausteine 4), Stuttgart 2007, S. 64.

116 Aus: H.G. Kippenberg, G.A. Wewers (Hg.), Textbuch zur neutestamentlichen Zeitgeschichte (GNT 8), Göttingen 1979, S. 141–143.

117 Vgl. P.F. Bradshaw, L.A. Hoffman (Hg.), The Making of Jewish and Christian Worship, Notre Dame, In. – London 1991; P. Wick, Die urchristlichen Gottesdienste, Stuttgart ²2003.
118 Vgl. L. Blau, Das altjüdische Zauberwesen, Budapest 1898; J. Trachtenberg, Jewish Magic and Superstition, New York 1939; O. Böcher, Dämonenfurcht und Dämonenabwehr (BWANT 90), Stuttgart u. a. 1970; M. Meyer, P. Mirecki (Hg.), Ancient Magic and Ritual Power (Religions in the Graeco-Roman World 129), Leiden u. a. 1995; T. Klutz (Hg.), Magic in the Biblical World (JSNT.S 245), London – New York 2003; P. Busch, Magie in neutestamentlicher Zeit (FRLANT 218), Göttingen 2006.
119 Vgl. J. Preuss, Biblisch-talmudische Medizin, Berlin ³1923 (Ndr. Wiesbaden 1992); M. Quesnel, Krankheit und Heilung im Neuen Testament. in: Welt und Umwelt der Bibel 18 (2000), S. 85.
120 Vgl. E. Otto, T. Schramm, Fest und Freude, Stuttgart u. a. 1977; M. Tilly, Jerusalem – Nabel der Welt, Stuttgart u. a. 2002, S. 23f.
121 Vgl. B. Janowski, Sühne als Heilsgeschehen (WMANT 55), Neukirchen-Vluyn ²2000.
122 Vgl. S. Safrai, Die Wallfahrt im Zeitalter des Zweiten Tempels, Neukirchen-Vluyn 1981; A.M. Rabello, L'observance des fêtes juives dans l'Empire Romain, in: ANRW II 21.2 (1984), S. 1288–1312; M. Goodman, The Pilgrimage Economy of Jerusalem in the Second Temple Period, in: Ders., Judaism in the Roman World (AJEC 66), Leiden – Boston 2006, S. 59–67.
123 Vgl. W. Reinhardt, The Population Size of Jerusalem and the Numerical Growth of the Jerusalem Church, in: R. Bauckham (Hg.), The Book of Acts in Its Palestinian Setting, Grand Rapids, Mich. 1995, S. 237–265.
124 Vgl. J.B. Segal, The Hebrew Passover from the Earliest Times to A.D. 70, London 1963; G. Braulik, Pascha – von der alttestamentlichen Feier zum neutestamentlichen Fest, in: BiKi 36 (1981), S. 159–165; M. Rösel, F. Schnider, Art. Pesach, in: TRE 26 (1996), S. 231–240; J. Briend, Vom Weidewechsel zum Tempelfest. Die Pesachfeier von Mose bis Jesus, in: Welt und Umwelt der Bibel 40 (2006), S. 18–21. Für den Religionsunterricht: M. Landgraf, S. Meißner, Judentum (ReliBausteine 4), Stuttgart 2007, S. 38–41.
125 Vgl. G. Stemberger, Pesachhaggada und Abendmahlsberichte des Neuen Testaments, in: Ders., Studien zum rabbinischen Judentum (SBA 10), Stuttgart 1990, S. 357–374; P. Stuhlmacher, Das neutestamentliche Zeugnis vom Herrenmahl, in: ZThK 84 (1987), S. 1–35; B. Kollmann, Ursprung und Gestalten der frühchristlichen Mahlfeier (GTA 43), Göttingen 1990; P. Caban, Jüdisches Pascha und das letzte Abendmahl Christi, in: Folia Theologica 17 (2006), S. 17–25.
126 Vgl. L. Jacobs, Art. Shavuot, in: EJ 14 (1972), Sp. 1319–1322; D. Vetter, Zum jüdischen Wochenfest Chag Schabuot, in: Ders., Das Judentum und seine Bibel (Religionswissenschaftliche Studien 40), Würzburg 1996, S. 354–363. Für den Religionsunterricht: M. Landgraf, S. Meißner, Judentum (ReliBausteine 4), Stuttgart 2007, S. 41.
127 Vgl. A. Angerstorfer, Art. Laubhüttenfest, in: NBL 2 (1995), Sp. 591–593; J.L. Rubenstein, The History of Sukkot in the Second Temple and Rabbinic Periods (BJS 302), Atlanta, Ga. 1995; H. Ulfgard, The Story of Sukkot (BGBE 34), Tübingen 1998. Für den Religionsunterricht: M. Landgraf, S. Meißner, Judentum (ReliBausteine 4), Stuttgart 2007, S. 34.

128 Vgl. D. Feuchtwang, Das Wasseropfer und die damit verbundenen Zeremonien, in: MGWJ 54 (1910), S. 535–552; 713–729; MGWJ 55 (1911), S. 43–63; M. Tilly, Jerusalem – Nabel der Welt, Stuttgart 2002, S. 230f.

129 Vgl. J. Maier, Tempel und Tempelkult, in: Ders., J. Schreiner (Hg.), Literatur und Religion des Frühjudentums, Würzburg – Gütersloh 1973, S. 371–390; J. Maier, Zwischen den Testamenten (NEB.AT Erg.Bd. 3), Würzburg 1990, S. 218–220.

130 Vgl. R. Patai, Man and Temple, London u. a. 1947; P. Schäfer, Tempel und Weltordnung, in: Kairos 16 (1974), S. 122–133; M. Tilly, Das jüdische Tempelopfer vor und nach der Tempelzerstörung, in: Welt und Umwelt der Bibel 32 (2004), S. 62–64.

131 Abb. in: J. Leipoldt, W. Grundmann (Hg.), Umwelt des Urchristentums, Bd. III. Bilder zum neutestamentlichen Zeitalter, Berlin ⁶1987, Nr. 166.

132 Vgl. Th.A. Busink, Der Tempel von Jerusalem, 2 Bde., Leiden u. a. 1970.1980; S. Safrai, The Temple, in: CRI I/2, S. 865–907; D. Jacobson, The Jerusalem Temple of Herod the Great, in: N. Kokkinos (Hg.), The World of the Herods (Oriens et Occidens 14), Stuttgart 2007, S. 145–176. Für den Religionsunterricht: M. Landgraf, S. Meißner, Judentum (ReliBausteine 4), Stuttgart 2007, S. 89–92.

133 Vgl. K. Bieberstein, H. Bloedhorn, Jerusalem. Grundzüge der Baugeschichte vom Chalkolithikum bis zur Frühzeit der osmanischen Herrschaft (BTAVO.B 100, 1–3), 3 Bde., Wiesbaden 1994; M. Küchler, Jerusalem (OLB IV/2), Göttingen 2007.

134 Vgl. J. Milgrom, Art. Altar, in: EJ 2 (1972), Sp. 765–767; M. Görg, Der Altar – Theologische Dimension im Alten Testament, in: J. Schreiner (Hg.), Freude am Gottesdienst. Aspekte urchristlicher Liturgie, FS J. Plöger, Stuttgart 1983, S. 291–306.

135 Vgl. J. Voß, Die Menora. Gestalt und Funktion des Leuchters im Tempel zu Jerusalem (OBO 128), Göttingen – Fribourg 1993; R. Hachlili, The Menorah (JSJ.S 68), Leiden u. a. 2001.

136 Vgl. M. Haran, Art. Shewbread, in: EJ 14 (1972), Sp. 1394–1396; A. Ruwe, Schaubrot, Schaubrotritual und Schaubrottisch im Alten Testament, in: Leqach 4 (2004), S. 43–58.

137 Vgl. R. Rendtorff, Studien zur Geschichte des Opfers im Alten Israel (WMANT 24), Neukirchen-Vluyn 1967; L. Rost, Studien zum Opfer im Alten Israel (BWANT 113), Stuttgart u. a. 1981; I. Willi-Plein, Opfer und Kult im alttestamentlichen Israel (SBS 153), Stuttgart 1993; R.T. Beckwith, Sacrifice in the World of the New Testament, in: Ders. (Hg.), Sacrifice in the Bible, Carlisle 1995, S. 105–110.

138 Vgl. A. Büchler, Die Priester und der Cultus im letzten Jahrzehnt des jerusalemischen Tempels (II. Jahresbericht der israelitisch-theologischen Lehranstalt in Wien), Wien 1895; M. Stern, Aspects of Jewish Society: The Priesthood and other Classes, in: CRI I/2, S. 561–630; L.L. Grabbe, Priests, Prophets, Diviners, Sages, Valley Forge, Pa. 1995.

139 Vgl. D. Sperber, Art. Mishmarot and Ma'amadot, in: EJ 12 (1972), Sp. 89–93.

Weitere Bücher zum Thema aus dem Calwer Verlag

Wolfgang Zwickel
Die Welt des Alten und Neuen Testaments
Ein Sach- und Arbeitsbuch
272 Seiten, 178 s/w Abb.
ISBN 978–3–7668–3412–6

Die meisten Texte der Bibel sind nur zu verstehen, wenn man sich die jeweiligen historischen Hintergründe vor Augen führt. Dies gilt auch und gerade für den Unterricht in Schule und Gemeinde. Das vorliegende Buch stellt in verständlicher und ansprechender Weise eine Vielzahl archäologisch und theologisch fundierter Sachinformationen und historischer Abbildungen zur Verfügung, die eine anschauliche Vorstellung der Welt des Alten und Neuen Testaments vermitteln. Sämtliche Bilder werden ausführlich beschrieben und erläutert. Sie bilden eine Fundgrube für alle, die am Thema »Bibel« interessiert sind, und eignen sich in hervorragender Weise als Kopiervorlagen für den Unterricht. Zahlreiche Unterrichtsideen, Spiel- und Bastelanregungen am Ende jedes Kapitels laden zur kreativen Umsetzung und Vertiefung des jeweiligen Themas ein.

Aus dem Inhalt:
- Einführung
- Das Land der Bibel
- Stadt, Haus und Zelt: Unterkünfte in biblischer Zeit
- Kleidung
- Tod und Bestattung
- Tägliches Leben
- Kult
- Stätten des Wirkens Jesu

Weitere Bücher zum Thema aus dem Calwer Verlag

Wolfgang Zwickel
Calwer Bibelatlas
54 Seiten mit 18 farb. Karten,
5 s/w Karten und Register
ISBN 978-3-7668-3702-1 (broschierte Ausgabe),
ISBN 978-3-7668-3701-1 (gebundene Ausgabe)

»Wer einen geschichtlichen Vorgang verstehen will, muss ein klares Bild von dem Raum gewinnen, in dem die Geschichte spielte.« – Mit diesen Worten leitete Theodor Schlatter das Vorwort für den im Calwer Verlag erschienenen »Kleinen historischen Bibelatlas« ein, der in zahlreichen Auflagen seit vier Jahrzehnten in Schule, Hochschule und Gemeinde weiteste Verbreitung gefunden hat.

Dieser Verpflichtung an eine sachkundige Bibellektüre ist der völlig neu bearbeitete CALWER BIBELATLAS treu geblieben. Die insgesamt 17 zeitlich gegliederten Karten (davon 16 farbige) basieren auf den neuesten Erkenntnissen der Bibelwissenschaft. Sie vermitteln in bislang einzigartiger Weise und Vollständigkeit sämtliche kartographischen Informationen, die für das Verständnis biblischer Texte in ihrer jeweiligen Zeit nötig sind.

Jede Karte wird durch eine Erläuterung der dargestellten Themen und Epochen zusätzlich erschlossen.

Das beigegebene Register ist ein handliches und in dieser Art bisher nicht verfügbares Nachschlagewerk für alle lokalisierbaren biblischen Ortslagen.

Damit ist der CALWER BIBELATLAS ein unverzichtbares Hilfsmittel in Schule, Hochschule, Gemeinde und für die private Bibellektüre.